历史文化文库

LISHI WENHUA WENKU

民间庙会稳态性研究

——以天津皇会为例

蒲　娇◎著

中国文史出版社

图书在版编目（CIP）数据

民间庙会稳态性研究：以天津皇会为例 / 蒲娇著
. —北京：中国文史出版社，2015.10
　ISBN 978 - 7 - 5034 - 6940 - 4

Ⅰ.①民… Ⅱ.①蒲… Ⅲ.①庙会－文化遗产－保护
－研究－天津市 Ⅳ.①K892.1

中国版本图书馆 CIP 数据核字（2015）第 254294 号

责任编辑：李晓薇
封面设计：人文在线

出版发行：**中国文史出版社**
网　　址：www.chinawenshi.net
社　　址：北京市西城区太平桥大街 23 号　邮编：100811
电　　话：010－66173572　66168268　66192736（发行部）
传　　真：010－66192703
录　　排：人文在线
印　　装：北京天正元印务有限公司
经　　销：全国新华书店
开　　本：16 开
印　　张：18.5　　　字数：265 千
版　　次：2016 年 1 月第 1 版
印　　次：2016 年 1 月第 1 次印刷
定　　价：55.00 元

前　言

"皇会"起源于民间"娘娘会",是天津本地为纪念海神妈祖诞辰,在天后宫及周边街区举办的大型庆典活动,会期在农历三月二十三,不定年份举办。皇会在天津历史文化发展中起着重要的作用,体现出了浓郁的天津地域文化性格,当地流传着"先有天后宫,后有天津卫"的说法,皇会也被冠以"中国狂欢节"之美誉。

然而,在强大的全球经济一体化浪潮侵袭下,生发于农耕文明中的民间文化所赖以生存的文化空间与植根土壤已被严重破坏,各道花会也在劫难逃,纷纷面临传承后继乏人、会所荡然无存的窘境。虽然来自外界的破坏力极大,但皇会人依然秉承祖辈传承的办会传统,并以一种极为罕见的稳态性特征传承至今,这与大部分民间文化在生存困境中的销蚀、溃散形成了鲜明对比。因此,在"非遗后"的时代背景中,选择天津皇会作为典型案例进行剖析,可以实现双重研究目的:其一,通过对天津皇会稳定性成因进行源头式探究,找寻其现象背后保持稳态性的普适性因素,为诸多面临传承窘境的民间庙会的稳态发展提供指导意义;其二,由天津皇会个案上升至整个民间文化的保护,并在民间仪式的混杂与交融中,找寻其所发挥的普遍作用,为民间文化的未来发展提供启示。

皇会的稳态性是在社会多方面因素作用下合力促成的:首先源自于当地民众对妈祖信仰的笃信,这使得妈祖信仰渗透其精神与生活中的各个层面,随后在国家与民间相互借势的过程中,完成了信仰本身的扩大与对皇会的加冕，并借助"文化场域"所产生的集体、主动的传承力，来实现传播与扩布，为皇会传承提供源源不竭的动力。此外，皇会还调和了国家与民间、正祀与淫祀、大传统与小传统、日常生活与节日狂欢、祭祀圈内与祭祀圈外、传承主体与传承客体等因素之间的对立关系，并在一种上至国家、下至民众集体稳定的社会氛围中存在、均衡并发展至今。国家、地方政府、地方文化精英、民众之间的关系，是一种信仰、一种组织、一种集会形成与稳定的基础。因此，研究皇会的稳定性，须从社会构成、血缘地缘、宗教信仰、礼治秩序、维系道德和社会阶层等多方面来全方位考察。

目　录

第一章 绪 论

生活的一切成为过去的时候，它就变成了一种文化。有些事物的历史文化价值，必须站在未来才能看到。文化，不仅是站在现在看未来，更重要的是站在明天看现在。

文化的最深刻的东西，就是一种历史的精神。

——冯骥才

第一节 研究缘起

天津皇会作为一种精神建构活动及农耕时期民众生活形态的载体，其中渗透着不同时期的文化观念、地域心理、民族特征、时代精神与审美，所蕴含的象征性仪式与日常生活实践更是紧密结合，可以说是记录历史、文化、信仰、风俗、社会变迁等地域民俗风情的"活化石"，体现出浓郁的地域集体文化性格。然而，皇会的最大价值在于：目前还保有原生态及活态传承的特点，并且保有大量珍贵的文化遗存，堪称"国宝"。[1]

在皇会发展的鼎盛时期，民间自发创造的会组织甚至达上千道之多，

---

[1] 新华网天津，2012年6月9日电（周润健、翟永冠），中国文联副主席冯骥才在第七个国家文化遗产日关于"抢救和保护天津皇会"的发言。

百姓们通过各式各样丰富多彩的活动表达着对美好生活的祈福与向往。1936 年是民国历史上最后一次出会，后因种种因素，皇会陷入了沉寂。在停办了大半个世纪后，皇会于 20 世纪 80 年代重回民众视野。据不完全统计，至 20 世纪 90 年代末，已有三十多类会种，五百余道会得以恢复。特色鲜明、技艺高超的老会、圣会重拾"手彩儿"、勤练"绝活儿"，纷纷加入"复会"大潮中。一时间，天津的民间会组织又活跃起来，如散落在沙滩上的珍珠发出熠熠光芒。然而，随着世纪末城市化进程的不断加快，传统社区被大规模改造，守望相助的乡村格局遭到严重破坏，皇会正在面临着新一轮暴风雨的侵袭。大部分会组织中都存在传承人年事已高，传承后继乏人，会所荡然无存的窘境，这导致了大批传承了几百年的老会、圣会在一夜间消逝湮灭。就在这关乎皇会危急存亡之时，国家意识到了作为"民族文化另一半"的民间文化的独特价值与意义，于 2003 年开始了对中华大地上民间文化"大到古村落，小到荷包"的全面普查。2004 年 8 月，中国加入了联合国《非物质文化遗产公约》，2006 年 6 月，国务院批准文化部确定并公布第一批国家级非物质文化遗产名录。2008 年，挂甲寺庆音法鼓、杨家庄永音法鼓、刘园祥音法鼓、汉沽飞镲和天津妈祖祭典（天津皇会）都被列入国家级非物质文化遗产名录。

"在全球化时代中，社会转型是不可抗拒的，文化必然会随之改变"。[①] 皇会作为具有天津地域性代表性的文化遗产，逐渐走入了政府、专家、学者等社会各界的视野。但是纵是如此，也并不意味着进入名录或接受资助的老会就可高枕无忧，其传承现状依然不容乐观。目前，活态传承的老会约有一百余道，其中二十余道会缺乏会所，传续乏人已经成为制约其发展的最大困难。2010 年 6 月 8 日，在冯骥才的倡导下，组织成立了"民间保护天津皇会基金"，此项目作为中国第一个纯民间的文化保护基金组织意义非凡，为凋敝已久的天津民间会组织注入了活力。然而，新的问题随之出现，进入了"非遗后"时代，传统的民间文化遗产所面临的

---

① 冯骥才. 灵魂不能下跪 [M]. 银川：宁夏出版社，2007：368.

困难与挑战或许更加猛烈。皇会在未来的发展之路上应怎样保护？如何最大化地发挥文化遗产的精神影响，而避免走商业开发追求利益最大化的道路？如何形成全民的文化自觉、自省态度？如何形成全民保护、形成民众自发参与，最终完成对文化资源共享？这些问题都关系着皇会未来的发展及命运。

针对"非遗"所处窘境，冯骥才作为国内首批对"非遗"实施保护行动的"急先锋"，他提出这样的观点："当社会迷惘的时候，知识分子应当先清醒。应当任何时候都站守文化的前沿，保持先觉，主动承担。还需要有国家的文化自觉，国家也要有文化的使命感，还要有清晰的时代性的文化方略，只有国家在文化上自觉，社会文明才有保障。"[①] 在冯骥才的带领下，天津大学冯骥才文学艺术研究院自 2008 年伊始，开始对天津皇会进行相关调研。我自硕士阶段起，有幸在冯老师的指导下开始了相关的案头研究与田野调研相结合的学习方式，并参与国家社会科学基金艺术学项目（艺术文化综合研究）——"现代社会转型期天津皇会的研究"课题工作（项目编号 11BG073）。此项目联合社会各界力量展开了深入的田野调查，通过录音、录像、拍照等多媒体手段，完成了对北辰区刘园祥音法鼓老会、西码头百忍老会、杨家庄永音法鼓老会、挂甲寺庆音法鼓銮驾老会、中营后同乐高跷老会、南头窑同心法鼓老会、锦衣卫桥和音法鼓老会及邵公庄萃韵音乐会等各会会头、传承人、有经验的年长者、不同角色扮演者及皇会知情者近七十人的采访，力求为这些百年老会进行源头记录，并建立保护式档案，为实现下一步的科研、教学及文化资源共享，建设数字化交互平台打下基础。

皇会的稳态性具体体现在：首先，皇会仪式的运转模式没有商业化，参与皇会的会组织所获得的经济收益仅用于会组织的开销与运转，会员个人并未有任何收益，因此可以说，皇会依然是以会员自发参与的方式进行；其次，皇会的传承模式没有改变，依然是以"乡亲会""子孙会"的

---

① 冯骥才. 文化怎么自觉？[J].党政论坛（干部文摘），2011（11）：1.

方式薪火相传；再者，时至今日，传统庙会的文化功能已有诸多演变，神灵的威慑力和号召力已大不如前，但是作为一种地方性的文化象征符号，妈祖信仰仍然在天津民间有一定地位。妈祖信仰及皇会诞生的文化空间——天后宫，也依然作为城市坐标点，是本地文化、经济的流向地，在民众心中依然具有巨大的向心力作用；最后，皇会自形成伊始至今，在其所存的社会与历史时空中所发挥的作用，或者说是作为局内人的民众所认可并在生活中实际使用的价值发生改变较少，皇会中所蕴含的妈祖信仰及生活民俗等精神因素也较少发生改变。为此，围绕皇会的"民俗文化内价值"展开探讨，并运用文化人类学的研究方法进行"文化深描"，将当代皇会的稳态性发展的原因及表现形式进行一一剖析。

皇会作为一种生发于农耕社会，在商业都市中发展、繁荣的民间文化现象，受商业化和产业化的冲击尚浅，具备极强的"稳态性"与"活态性"特征。具体可从以下几个层面分析：一、皇会中的"皇"字，首先就表明了皇会较之其他的民间庙会形式而言，更多地表达了一种对"国家话语权"的认可。无论是传统皇会中，民间对官方的主动靠近，还是现代社会中，"小我"对"大我"的彰显，虽然社会意识形态的不同，但是毋庸置疑都在某种程度上表达了一种皇会的参与者在对国家实践过程中，通过接触、协商，而逐渐完成了"借用"与"挪用"。而从国家的角度出发，在传统社会中，统治者通过民间信仰与仪式完成对民间的控制过程。今日社会中，民间艺人通过国家在皇会中所实行的一系列措施中，如对文化的关怀与建设、城市形象的塑造，甚至旅游业发展、政绩的完成，也成功地完成了个人人性的满足、精神与物质价值的追求。可以说两者之间是一个"借势"的关系。另外，"皇"字使得天津的娘娘宫庙会与其他的民间庙会从本质上区分开来。虽然参加皇会与其他民间庙会的会组织是相同的一道会，但是皇会中所象征"官方"与"国家"的部分符号是名正言顺的，其他民间庙会虽然也可以运用，但并没有得到广泛认可。并且，参与皇会的民间花会是通过在城市与乡村中若干口碑与技艺都优良的会组织中"选拔"而出，这也可以解释，对于不同时代中，乡村占有的社会资源较之城市偏少，更想通过民间庙会的形式来实现向主流话语权与社会认同感靠拢的现象。此外，参与皇会中的民间花会，在参与皇会与其他民间庙会的"态度"不同，在皇会中鲜有挑衅国家权利的花会表演，但在部分民间庙会中相对来说较为轻松，不会像皇会一般"严肃"。二、皇会中的"会"字，表明了皇会无论场面如何恢宏、仪式规格如何不凡，却总归是众多诸多庙会形式中的一种。但需要注意的是，皇会较之其他形式的庙会又有自身的独特之处，最重要的一点就表现在皇会是一种在"城市"文化土壤中孕育而生的民间庙会。因此，将天津独特的地域文化性格作为贯穿全文的脉络，并着重加强与妈祖信仰、天津皇会之间勾连因素的分析。无论是这座城市为妈祖信仰提供了得天独厚的发展条件、是妈祖信仰塑造了这座城市的文化性格，还是城市文化性格塑造了独具特色的皇会，抑或是皇会反之又加强了城市居民对妈祖信仰的笃信与崇拜，总之几者之间的关系像是坚固锁链中的环环相扣，缺一不可。

在一次次把田野作为书斋的调查中，一次次面对那些老人真挚脸庞和倾尽所知的诚恳讲述之时，一次次抚摸着那些虽然历经风霜但依旧被悉心保存的老执事儿之时，一次次看到铮铮的男儿因老会深陷传承困境无能为力洒下热泪之时……我深深地被触动了。我开始为这些凝结着数十代人心血却面临传承困境的老会的命运感到担心，为这些经历过战争、"文革"却逃不过自然风化命运的老器具的最终归属感到忧虑，但是，我更为这些身处经济大潮中风雨飘零，却依然出钱出力不取分毫、秉承传统、遵循会规、仍然凭借着一腔热情进行传承的"守会"老人。我感受到了皇会人的坚持，也看到了坚持道路上的举步维艰。然而，面对他们时，除却感动和震撼，我还能做什么？唯有化感动为文字，用自己稚嫩的笔墨为美丽、厚重、庄严的皇会浅书一笔。期望寄予此文来还原一个真实的皇会，捕捉到皇会中那些最原始、最自然、最具有原生状态的文化基因，将其原汁原味地保存记录下来，引起专家、学者及政府部门的重视。同时，也希望可唤醒更多民众对民族文化的热爱，早日实现文化共享、"民众自发参与"的传承模式，并达到将"民间文化还给人民"的目的。具体而言，选题有以下几方面意义：

一、从文化人类学角度阐释皇会稳态性的价值和意义

皇会，原被称为"娘娘会"或"天后圣会"。据《续天津县志·风俗志》记载："（三月）二十三日天后诞辰，预演百会，俗呼为'皇会'……先之以杂剧，填塞街巷，连宵达旦，游人如狂，极太平之景象。"徐肇琼所撰《天津皇会考》载："皇会乃酬神所献之百戏也。至皇会之始，有谓因康熙三十年（西历 1691 年）圣祖幸天津谒天妃宫时，民间作百戏以献神，又借此以娱圣祖，于是有'皇会'之称。"之后的几百年间，皇会庆典仪式都在如火如荼地开展着。随后，因社会动荡、时局不稳、历史事件等内外因素，皇会自 20 世纪 30 年代开始沉寂。直至 1988 年，天津皇会才以"民间花会"的身份重现"天津民俗文化博览周"的舞台。2001 年至 2014 年，天津已先后举办了七届"妈祖文化旅游节"。时至今日，皇会不仅恢复了其祭典功能，同时衍生出了大量新的社会功能与时代特点。

从早期满足海上作业者祈求平安归来的单一功能航海神，到成为集求子、问医、求财、保平安等功能为一体的地方全能保护神，这个过程是随着民众世俗要求和功利心理转变而逐渐完成的。伴随着时代的变迁，皇会已经逐渐演化成一种将神祇崇拜、宗教信仰、问医求子、祈福还愿、赛会演剧、民众游观、会亲访友、社会交往、城乡商品交换等活动集于一体的庙会形式。① 冯骥才满怀感情地说："皇会是中华妈祖崇拜一个奇异的盛典，是北方的妈祖之乡天津重要的文化遗产，也是此地上一个遥远而美丽的文化的梦，中国的大城市何处还有这样壮观的民俗？"时至今日，皇会已形成一种独特的文化氛围和行为模式，不但给予妈祖信众一种"集体潜意识的集约力"，对民众产生"潜移默化的感染作用"，并体现出了社会道德层面的"软实力"及非物质文化遗产中民族精神层面的核心价值。皇会曾是天津人引以为傲的一场盛会，在民众的心中有着极深的认同感，不但

---

① 尚洁. 皇会 [M]. 天津：百花文艺出版社，2006：3.

在历史上对本地域产生了巨大的影响力，还会深刻地影响到这座城市的未来发展和本土化精神价值的回归。

今日对皇会稳态性展开的研究，既是学界内外对皇会这项文化事象本身的思考，也是对民间文化整体的一种重视与反思。将利用人类学涉及的四个领域：亲属制度、经济制度、政治制度和宗教制度等方面的内容，从人类学、社会学、民俗学等不同领域出发，对皇会中各个层面之间的互动关系进行细致解读，并通过对一类文化事项的理解，找出共同性，通过以小中见大的方式了解民间文化在社会转型期的处境、存在问题及应对办法。

二、文化遗产保护工作在"非遗后"时代的深远影响

至 2014 年 7 月，我国已公布国家级非物质文化遗产名录四批共 1517 项，国家省、市、县各级"非遗"项目更是多如繁星。但是，这并不意味着各类遗产进入了"安全区"一劳永逸，接下来依然要面对如何发展、如何最科学发展、未来向什么方向发展等问题。因而，"我国已经从'非遗前'时代全面进入'非遗后'时代，即完成了'非遗'认定之后的时代"，冯骥才如是说。同时他还就未来"非遗"的发展，提出了"一是科学保护，二是广泛传播，三是利用弘扬，四是学术研究"的对策。

保护是一切"非遗"工作开展的前提。皇会自列入"非遗"名录起，便引起了各级政府和专家学者的广泛关注。天津市文化部门及天后宫所处的南开区政府及街道办事处都给予皇会及各道会大力支持，对于每一位国家级传承人，政府按照统一标准实行每年 8000/人的补助。然而，保护也需要运用科学方式，内容涉及保护范围、标准和实施细则等方面。虽然政府是保护的第一责任人，但必须同专家学者的意见相结合才会发挥出最大效力。冯骥才就曾多次同政府部门协商，希望为皇会开辟一处集体活动的场所。一方面，可让部分没有会所的老会能有聚会之处，各道花会在技艺方面互相切磋，提高水平，使得物质文化遗产的保存及非物质文化遗产的传承同时进行；另一方面，可以将此处作为皇会向外界展示的窗口，作为对外广泛传播、宣传地区传统、文化旅游的示范点，将遗产中的精华与当

代生活和文化融合起来，延续历史脉络，充实当代文化的目的。但是，我们也应认识到，"非遗"研究最终的目的都是要回归到学术研究上来。就目前研究现状来看，"非遗"研究较之民俗学、人类学、考古学、历史学、文化学等相关学科研究起步较晚，属于时代性的新概念范畴，且在此领域，理论研究远远落后于田野调查。皇会作为一种综合文化的代表，涉及民俗、信仰、仪式、音乐、舞蹈、美术、雕刻、饮食等方面，因此对其研究的思路也不应该只限定在艺术调查方面，进行整体性的文化调查最为关键，甚至涉及历史学、人类学、传播学及经济学等学科的调查。具体的研究方式也应该调整，需借鉴较成熟学科的研究经验，从多重角度分析，后进行交叉研究。对皇会的调查应先从普查工作着手，进行摸清家底的盘查，将各道老会名称、所在地、会规、传承脉络、传承现状、技艺绝活儿、传承人名单、老会中有价值的老物件逐一调查，一一建立档案，为"后非遗"时代中，有价值的文化遗产研究提供借鉴作用。

三、突出传承人的重要性

皇会之所以具有活态性，是因部分拥有技艺和记忆的传承人依然健在，且正在进行活态传承。非物质文化遗产的核心因素是其非物质性、无形性、活态性，但是也需要以人类的身体为载体。简而言之，在传承人的身上体现的往往是民族生命情感、艺术审美和文化记忆等丰富信息，他们因身上的技艺而被形容为"活着的博物馆"，一旦他们离世，无疑会造成文化遗产的丧失。皇会传承活态至今，与凝结在传承人身上的表演技艺、知情人脑海中的记忆、物质文化遗产的制作者的制作工艺有本质上的联系。皇会的活态传承中，最重要的就是"人"的因素。任何一项"非遗"都是如此，同人共生，与人共存，人亡艺绝。

皇会稳态传承至今，主要因素在于传承人本身。在保持皇会正常运转的各个阶层团体中，扫殿会、会的组织者、会的参与者构成了皇会中的内力因素。但隐藏在幕后的其他阶层人群的力量也不容小觑，如商贾巨富的资金支持、地方官僚的秩序维护、社会人员的社会推动力等。乡绅阶层的参与和互动，纵然是代表封建帝国的皇权统治力量，也发挥着个人的因素，他的价值观与道德观也对皇会发展起到了极大的推动作用。在这些阶层的频频互动中，逐渐交织成一张经纬纵横的网络，并形成互相牵制的力量，使得妈祖信仰得以广布，皇会得以传承至今。因此，将从非物质文化遗产的创造、传承和发展中最重要的传承者"人"的因素出发，从对人的微观研究，上升至皇会的宏观，从皇会个案研究，升华至中国非遗的研究，以小见大、以点到面，最终唤起全民的文化自觉意识，回归到对传承人的人文关怀上。

四、有助于"非遗"学科的建设

在建立非物质文化遗产学科的必要性方面，不做过多赘述，但最终形成独立学科是发展之大势所趋。在 2006 年 6 月的中国非物质文化遗产保护论坛上，时任文化部副部长的周和平就曾经提出将"非物质文化遗产学科建设，作为一项重要工作任务"的意见。

对于具有中国特色的非物质文化遗产的对象、内容、理论方法进行全面系统的研究，构建中国非遗学科的理论框架，构建基石作用的重要性毋庸置疑。但是在对甄选何种类型的遗产作为研究范本的问题上，需要引起重视。在全球一体化的冲击下，任何一项"非遗"都有可能为了适应时代需要而进行相关的转变。若对已逝或者文化内核发生变化的遗产项目进行研究，所看到的或许只是被定格在某个历史时代或者被建构之后的遗产，并不具有普遍性及科学性。因而，必须选择某些正在活态传承且保持原生态的遗产项目进行研究才较为适宜，皇会目前的存在现状便十分符合此条件。在对此类活态传承的"非遗"项目进行研究之时，除了提取普遍共性，也不忘着眼于个性的研究，将保护实践和理论基础相结合，将形而下的田野调查和形而上的案头工作相结合，最终为"非遗"学科建设打下基石。

五、有利于繁荣文化多样性

非物质文化遗产为人类提供了多样文化的选择，而多样性的文化又是人类文化创新、艺术创新以及科技创新的源泉。联合国教科文组织第 31 届全体会议上，提出了《世界文化多样性宣言》（以下简称《多样性宣言》）："文化在不同的时空中会有不同的表现形式。这种多样性的表现形式构成了各人类群体所具有的独特性与多样性。文化的多样性是交流、革新和创作的源泉，对人类来说，保护它就像保护生物多样性进而维持生物平衡一样重要。"多样性的文化已经成为保持人类创造性和不断发展的中流砥柱。《多样性宣言》中同时指出："文化多样性增加了每个人的选择机会，是发展的重要源泉，它不仅是促进经济增长的因素，同时还是人们满足智力、情感、道德精神的手段。"

冯骥才认为中华民族的传统文化分为两部分：一部分是精英文化（典籍文化），另一部分是民间文化。目前，民间文化与精英文化的保存状态差别很大，精英文化历来一直被很好地鉴别和著录，分门别类、井然有序，而民间文化至今仍然缺少分类，甚至被认为是一种落后文化和边缘文化。"文化互为主体性"理念的引入，可以促进这种弱势文化自信心的形成。有效避免单线程进化理论将文化分为先进与落后之分，优秀与拙劣之分，只因分布于不同地理环境和生态条件下所在成的类型不同及阶段不同。因而，我们应当尊重这些处在不同地域、不同时期内的文化，这是创造人文世界"和而不同"的基石，也是对于不同种类文化的尊重与保护。对于培养人的创造力、积极性，丰富人的想象力及社会的多线程进化、追溯文化变迁的原因都具有十分重要的作用。

第二节　理论基础

纵观中国文化发展史，不难发现，中国传统文化中有一部分在时间的荡涤下，已经消亡抑或逐步退出人类视野。而有一部分却并不因"现代化"的腐蚀而消亡，反而有加强的倾向。因此，用传统与现代的二分法去分析民俗现象或许会导致片面地一刀切，且不一定能够成立。所谓"现代化"只是表层的现象，传统文化在今日夹缝中的生存法则，则源于其牢固的深层形态。而这种深层形态与孕育中国文化的土壤及中国式稳定结构与思维模式有直接关系。

专制主义统治了中国几千年，皇会作为一种生发于民间的冗繁组织，人际关系复杂，却无一例外受会规的约束行事，就说明了以上观点。有人类学家认为："中国人的个体无力做自我组织，必须由他人去组织；中国的社会也无力做自我组织，必须由国家去组织。"①换而言之，中国人并不能控制个人的"身"，是由人伦与社群关系的"心"去组织维持的，中国社会中的社会关系维持，则是由"亲民"式的专制主义去组织的。这种统治方式具有很浓厚的"家长式统治的味道——在统治者和被统治者之间"②，这不仅限于一种行政上管理关系，前者对后者还有教化功能。可以说，在中国式的专制主义下，政与教是合一的。而在中国文化的结构中，"和合"是一条最基本的"行为"规则。

"致中和"是几千年来制约着中国人思想发展的模式，具体表现在对于不同事物或同一事物本身正反两面之间的一种互相调和，太极的存在状态即是这种阴阳调和二元论的一种表现形式。与此相反，在西方历史发展形态中，推动历史进步的主要动因却恰是二元的对立与抗争。在中国沉淀"和为贵"的倾向，使得民众在大多数时期在政治方面表现出来的追求，基本是一种"安定"的状态——只有身获得安定，心才能获得安定，人才能活出滋味。因此，在面对"对立""相反""邪""恶"等因素时，并不是去打垮、消灭，而是采用一种较为温柔的方式"调和"。若放在长时间的历史纬度上观察，或许也会出现一种实质上的变态、消亡、再生的结果，但是这个过程却是缓慢的、无觉的，甚至是潜移默化的。也就是说，在中国若不是阶级矛盾激化到一定程度时，基本上是以一种较为平和的方式解决，并慢慢地恢复结构平衡。这种思维模式反映了在中国整个文化中

---

① （美）孙基隆. 中国文化的深层结构［M］.桂林：广西师范大学出版社，2004：299.
② 同上。

的"深层结构"中，维持"超稳定"的"目的"意向性。事实上，中国人对待自然的态度也多是采用一种和合的方式，而不是抗争的方式。"虎文化"在中国的盛行就说明了这一点。这种吉祥图案在皇会中也作为一种较为普遍的符号运用，但在这里并不是从造型审美的角度，而是从全民意识形态的角度出发做重点分析。本是杀戮与邪恶代表的虎，在中国人无法对其控制时，就通过举办相应的民间活动来取悦崇拜，获得"化险为夷"的效果。通过模仿巫术和交感巫术行为的加入，百姓在仪式中扮演虎、把玩虎型布偶、张贴虎题材年画，通过这些做法，似乎化解了"对立"的关系，亲近了虎，并获得了虎的力量。

一、妈祖信仰与天津历史文化的交织

妈祖因保护水运，先入为主来到天津并广得民心，民众在依照自身需求的心理下，将其神格不断升级扩大，逐步成为万能神及地方保护神。但是为何妈祖信仰在天津能够繁荣发展呢？马林诺夫斯基提出对于文化功能及意义分析的视角。他指出，对任何物质文化分析的目的是为了规定其文化的共性及统一性，前提是必须将其放在特定的社会制度的文化布局中对它进行定位。因此，将妈祖信仰及皇会放入广阔的社会背景中，通过考察与其他阶层的互动关系及人的需求功能等方面入手，进行立体式的研究。

首先，妈祖信仰作为统治阶级控制民众的功能。民间信仰往往被官方视为危险的邪恶和异端。特别在清代以后，官方对民间信仰的态度一直是模棱两可，对其的立场也在随时变换。统治阶级如此反复的原因在于，实难拿捏好本阶级与基层社会之间的距离、分寸及"亲密程度"。面对较有群众基础的民间信仰，因畏其引起事端造成动摇政权的影响，威胁到自身的统治，统治阶级并非一味打压，而是力图将其掌握在可控范围之内，随时化为己用。可以说，国家与基层社会之间的二元对立是一直存在的，其表现方式并不是持续的冲突，大部分时刻是此长彼消甚至相互利用的。但这并不代表统治阶级放松了对基层社会的控制。无论是黄巾起义、白莲教起义、红巾军起义，还是清朝的太平军起义，都使统治阶级对民间宗教不敢小觑。同时这些因统治阶级与民间宗教团体的矛盾激化的事件结果，也为他们提供了前车之鉴。"国家既可运用暴力或自己的象征符号摧毁或替代民间仪式，也可能征用民间仪式于象征服务于经济目的或政治之力，从而互惠原则"。① 因此自明清开始，专制君主便试图寻得一种"温和"的方式对基层社会进行控制及约束。因此，利用民众对神力的信仰，来加强民众对社区教化的方式凸显其潜移默化而又不露声色渗透的优势。选择何种信仰，选择何处推行这种控制的模式，在这个问题上，统治阶级经过反复斟酌，最终将天津的妈祖信仰作为范式进行推广。"从政治文化方面来说，北方距离政治中心较近，具有对统治文化的较强亲和力，具有一个相对的文化主轴"。② 而南方却缺少对中央政权的向心力与凝聚力。独特的地理位置决定了国家将天津作为了具有代表性的民间庙会"示范性"作用。元朝以降，政治中心移往大都（今北京），随着南北经济往来的密切，因漕运及海运的发展直沽寨（今天津）逐渐成为京师门户要塞。地理位置上的四通八达，十分有利于经济、文化方面的交流，也使得各种类的宗教、信仰、思想在此地碰撞、融合。天津逐渐发挥其独特的窗口优势，作为传达国家意识的原点，将具有"正统性"的民间信仰逐渐呈辐射状的发散式传播开来。

其次，妈祖信仰所衍生出的强大民俗功能。妈祖信仰作为护佑水运的女神，虽然最早活跃于福建、广东、浙江三省，但随元朝水上经济的发展，逐渐成为遍布沿海城市的信仰。统治阶级更是经常派遣使臣至各省市的妈祖庙进行祭拜，至"元天历二年（1329年），全国诏祭的十八座妈祖庙，皆在漕运码头"。③ 妈祖信仰扎根天津在地化过程中，逐渐从航海神转变为万能护城神的原因诸多，同当时中国人口的发展状况也有很大关系。葛剑雄在《中国人口发展史》中曾经有过这样的调查数据，从洪武二十六年（1393年）的约7000万人口，以年平均增长率5‰计，到万历二

---

① 高丙中.民间的仪式与国家的在场 [C].仪式与社会变迁.北京：社会科学文献出版社，2000.
② 尚洁.皇会 [M].天津：百花文艺出版社.2006：229.
③ 徐苑.几个妈祖宫庙起落的历史分析 [J].中国人类学会通讯.2004 (1)：10.

十八年（1600 年）应有 1.97 亿人。而清代道光三十年（1850 年）为例，人口总数已经达到 4.3 亿，成为中国王朝史的顶峰时期。但是这个时期的婴儿死亡率普遍高达 250‰，有些地方甚至高达 500‰。高出生率与高死亡率，促使民众对诸多与生育的有关信仰更加依赖，这一点反映在同生育习俗相关的寺庙的建设中。在上文中也曾提及，妈祖信仰传入天津早于建城设卫三百年，人们早已将妈祖作为本地神来看待。换而言之，妈祖传入天津之时的确是作为护航神，但是随着不断地被人们所认知，已经逐渐忽略了其护航神的本职，而派生出其他的功能，如祛痘、祛天花、保佑生育的功能因现实生活中人们的精神信仰需要而生发出来。在妈祖信仰在地化的过程中，统治阶级虽然对妈祖神能的宣扬、夸大有着推波助澜的作用，但是在民众内心也确实需要有一位对百姓日常生活进行庇佑的神灵出现。妈祖信仰先与其他的信仰进入到天津地区百姓的生活中，人们便根据自身的需要，对妈祖的神力进行了叠加。与其说这个过程因受到地域文化的逐渐同化而在潜移默化中完成的，不如说这是各个阶级合力重塑的结果。地方政府期望通过此种方式而使得自身管辖范围的势力有所提高，可以加强社区教化。乡绅期望通过对信仰的靠近与呼应而使得自己能列入官僚行政体系，最终得到官方认可，以扩大自身影响力、势力及获得更高的社会声望。可以说，妈祖信仰之所以在天津香火不断正是因为从本质上满足了各阶层人们心理的因素。

最后，天后宫庙会及皇会所带来的经济功能。近年来，更多的人类学家及民俗学家，对民间文化不再进行"标本式"研究，而是置入与之相关的文化空间与社会制度中去分析，才有可能得到它的真实文化意义。共同的信仰体系可以认为是全村落人或有共同利益的村落聚合体之间所经营的事业里最有效的组织及统一的力量。中国民间信仰的社会功能主要体现在两个方面，精神层次上的慰藉和行为层次上的实用功能。庙会的传统更多地被认为是精神层面的，经济往来、商品交换等实用经济活动则被认为是物质层面。但实际上，共同信仰所形成的庙会除了在精神上对本地居民具有一定的凝聚力作用外，也带来了经济上的往来与活动，可以说是一种双赢与双利，天后宫庙会中所体现出来的"互惠"原则十分显著。庙会中的"交换"特征，即是人与人之间相互"总体赠予"，其目的在于人与人之间的情感和关系本身，体现为一种在共同认定下进行的平等互惠。天后宫作为妈祖信仰及皇会诞生的文化空间，与边缘村落社区之间所形成经济上的不平等关系表现为：由权利中心抽取社会劳动的成果，实现关于"交换物品"从地方到中央的"向心式"流动；同时，也实现了由权利中心向分散于社会中不同群体的"离心式"流动，即"财富依据权力机构进行的重新配置"① 过程。皇会的举办带动了相关经济的产业联动效应，国家、地方政府乡绅也获得了经济上的收入，民众也因此获得了生活上的便利。可以说，皇会的举办同地方经济的增长有相辅相成的作用。在皇会举办中，官、商集资办会的形式最为多见。据《天后宫行会图》中的记载，94 道老会、圣会中，有 56 道会是集资者办会。其中的官员阶层多指地方政府，经济的繁荣无疑可凸显地方势力的强大。而商人多由本地乡绅组成，他们资助皇会也是期望能获得地方声望，展现能力，而最终转化的依然为商业价值。当然，这其中也有人是完全根据个人兴趣参加资助，但是所占比例仍在少数。根据《天后宫行会图》中的记载，参与皇会的花会多集中在北门外、海河两岸等商业繁华地区及大批盐商聚集的盐坨地区。② 而据清《津门保甲图》记载，清代后期天津的"绅衿""盐商"及"铺户"共计约九千户，而有近七千户生活在上述区域，而这三类人正是皇会举办的主要出资者。由此可见，天后宫庙会和皇会对考察国家对地域社会的支配关系、个人与群体的传统纽带、乡村社会文化结构、民众日常生活等方面有很大意义，也是对天后宫及天后宫庙会进行深入分析的原因。

二、皇会祭典仪式中各阶层之间的关系

可以说，妈祖祭典仪式从普通的"娘娘会"到"皇会"的过程就是一

① 王铭铭．人类学是什么？［M］.北京：北京大学出版社，2004：78.
② 姚旸．论皇会与清代天津民间社会的互动关系——以《天津天后宫行会图》为中心的研究［J］.民俗研究，2010（3）：170－183.

个十分值得探讨的问题。无疑，皇会的形成，无论是作为一种民间宗教信仰观念向社会上层的渗透过程，抑或是民间教派企图拉拢社会上层以便扩大影响而进行的主动示好，都反映出两者之间的不同程度上的靠近。自明清伊始，专制君主便试图寻得一种"温和"的方式对基层社会进行控制及约束。因此，利用民众对神力的信仰仪式，来加强民众对社区教化的方式凸显其潜移默化而又不露声色渗透的优势。选择何种信仰，选择何处推行这种控制的模式，统治阶级经过反复斟酌，最终将天津的皇会仪式作为范式进行推广。可见，官方对皇会仪式"正统性"的认可是其稳态发展的首要因素。其表现形式为利用"双轨制"的祭祀方式达到"官祀"与"淫祀"之间的平衡点。这其中，国家、地方政府、乡绅及民众的互动关系尤其值得研究，虽然各个阶层想通过皇会获得的利益与出发点不同，但是正是因为他们之间相互制约、此消彼长的共同力量作用于皇会，才获得了皇会生生不息的繁荣发展。皇会祭典仪式中的经济行为、家庭活动、宗教意识等相关方面的考察，也是认知社会构成与文化特质及其稳态性的重要依据。

历史——倘之言其相干的——仍然是活于今日的社会构造和文化中，过去所留下的影响，都继续形成和活跃于现在的制度中，而那些不相干的，则都被扫除删弃了。① 换而言之，今日对民间文化事项的研究，很多是没有历史记载的。关于皇会中妈祖信仰、艺术技艺、器具工艺和民俗民风的生长，只可由对现实的观察中去寻找联系。对于那些可靠的记忆，也只是已发现的，把文化事物与其布局联系起来的线索。而历史，实际上正是生存与这种联系中的。② "国家"与"民间社会"的互动关系一直是考察民间社会制度最直接的切入点。而以血缘、地域、职业、信仰和祭祀圈为主的关系构成的皇会社会网络，是获取社会资源的直接来源，这一切是建立在若干以家庭为单位的子系统之上的。这些建立在家庭制度的基础上

---

① （英）马林诺夫斯基，费孝通译．文化论［M］.北京：中国民间文艺出版社．1987：89.
② 同上。

的有创造性的仪式举动，应当把他们放入所处的制度中进行讨论。而这类风俗所引起的结果，及它们在所属制度的布局中所处的地位，即为它们的功能。所以，只有把皇会文化放在它所存在在制度布局中，分析它的功能，进而分析它与技术、经济、政治、民俗及科学之间的关系，才能给予它一个较为精确的定义。

对于妈祖的祭拜仪式——皇会在天津的产生，可以认为是一种象征性的效仿行为。关于皇会仪式中所体现的各个阶层代表文化的融合方式，在相当程度内取决于"想获得什么"和"获得了什么"的功利性目的。皇会中，士绅与民众常有互动甚至互换的行为，如何能做到频繁快速转变身份又保持仪式的正常运转，皇会后，各个阶层如何相处并将身份转换，回归正常生活。这个机制的运转模式十分值得深思，这也为考察"节日文化"与"日常文化"之间的关系，"神圣"与"世俗"生活文化之间的"平衡"转化有重要意义。

三、民间会组织所体现出的整体稳定性

皇会仪式中的民间会组织的稳定是地缘与血缘共同作用的结果，是组成皇会的最基本元素，对加强城乡社会文化的联系具有桥梁作用。同时，民间会组织作为地方精英及士绅实践权力和技术的仪式，有着构建地方稳定性秩序的作用。人类学家费孝通曾经指出："血缘是稳定的力量，地缘是血缘的投影，两者都是维持社会结构的稳定的关键力量。①"地方的或地域的原则，或许是完整原则中最重要的一种，每一圈在公共事业之下而结合的人，必须住在一起，或者至少必须使个人在空间上的分布，便于有时聚合起来而一同工作，工作愈亲密，愈连续，则地方原则的影响亦愈大。以生殖为基础而为共同住处所联合的家庭团体，似乎是人类最重要的制度。"社会肌体的活力和稳定，在某种程度上是由家庭细胞来维系和传

---

① 费孝通.乡土中国［M］.南京：江苏文艺出版社，2007：76.

衍的"①。家族或者氏族都是从家庭的基础上衍生出来的。地方会组织是是以地缘组织为基础的地方组织形式，一般由本村中的较有威望的人担任会头，并以"家族会""乡亲会"与"子孙会"的形式进行传承，这种小家庭——大家族——宗亲团体——氏族的组成形式，并不单纯以地域上的临近而划定地域原则，很多时候是亲属群体为基本的组织单位。而这些组织单位又必须具备家族延续的基本功能及其他相关的功能，使得村落社区成为一种主要制度而具有许多复杂的功能。会组织在对民间乡土社会秩序的维系和发展都有巨大作用，这个网络可以使村落社区共同抵御社会风险，形成劳动力互助，建立共同的信仰祭祀模式，获得社会文化心理的认同。在人际关系方面，可以强化亲属关系，获得相邻感情建立和维持，促进乡村治理。在经济方面，可以增加就业机会、获得经济发展、减少就业成本。关于民间文化与社会各阶级关系之间的研究，费孝通从权利结构上分析，将传统的中国社会粗分为四个重要的组成部分，皇权、绅权、帮权和民权，这几个因素在皇会的组织中都有所体现，并指出乡土社会是具有"差序格局"的特点，是一种由无数私人关系达成的网络，共同的文化背景、道德观、教化权力使人们接受着同一的意义体系，社会关系才会稳定。因此，通过对皇会中各个阶层之间互动关系的梳理，提炼出包含在具体中国基层传统社会里的支配体系与原则，也是考察皇会稳定的因素之一。同时，天津人地域文化性格对皇会产生、稳定发展也会产生影响，因而可以从诸多津派文学作品、历史文献、地方县志、图像画报中找到几者之间的关联。

四、民间庙会的实用功能

中国民间信仰的社会功能主要体现在两个方面，精神层次上的慰藉和行为层次上的实用功能。妈祖信仰在天津除了有护航神的作用外，还与基层民众的文化生活相关联，并形成了拴娃娃、上灿茶、舍饺子、舍面、穿

---

① 刘志琴. 家庭变迁 [M].北京：民主与建设出版社，1997：6.

红衣等其他习俗。敬会、拜会仪式中，关于礼物的馈赠与回礼的互惠原则 (reciprocity)，对认知社会关系网络是如何找寻平衡点，进行稳定发展与维系有直接关系。"非遗"保护最终想要保护的是蕴含在其中的精神性因素，但是其中的物质性因素是表现非物质文化遗产的客观存在的载体。物质性与非物质性的结合点在皇会表演器具中所蕴含的精神民俗得到很好的体现。此外，皇会表演中的唱词唱腔、民间传说、民间故事，是广大民众高深的审美趣味和深刻的理性认知的体现，成为皇会民俗文化的载体。因具备良好的群众性基础，其中所蕴含的信仰与道德有着指导人们行为和保障社会制度顺利实行的作用。

五、皇会的稳态性与变异性

历史本身就代表变化。皇会存在的数百年中，其机制进行自我调节，各种阶级、各种职业可以从中得到满足获取利益，或许才是皇会繁荣、稳定发展的真正原因。当然，文中所涉及的皇会稳态性只是相对的，并不是一种绝对意义上的稳态，也存在不同形式与内容的流变，马氏早已注意到这一点，并将其称之为"有限变异"[①]。他对这种原则的阐释是：有一文化的需要，满足这需要的方法的变异是有限的，于是由这需要而引起的文化结构是被决定于极少可能变异的程度之中。在这个限度内，文化的物质载体的主要性质是可以维持不变的。这也可以理解为，形式上有些要素是不变的，有些要素是可以变异的，但是这种变异只存在于表面，是同一问题的不同解决办法，或是解决的目的是所附带的不关键的细节方面。这也可以解释，为何今日的皇会在表现形式上有诸多变迁，但是我们依然认为它具有稳态性发展，并未被异化为他物的原因之一。

---

① （英）马林诺夫斯基，费孝通译．文化论［M］．北京：中国民间文艺出版社．1987：88.

第二章 天津妈祖信仰及时空建构

第一节 天津城市历史和妈祖信仰的同构化过程

一、天津地理、历史概述

天津平原位于华北大平原东北部，地理坐标位于东经116°43′至118°04′，北纬38°34′至40°15′之间。天津地临渤海，属北温带季风性气候。《津门杂记》中有描述："天津气候，非冬即夏，所求春秋佳日绝少。"天津全年降水量极不均衡，夏季约占全年降水量的70%，冬季降水量约占全国的2%。春季晴朗天气居多，多干热风，降水量少而蒸发量大，十分利于沿海晒盐业发展。天津地理位置优越，往西北行一百二十公里即可到达北京，向东行六十余公里即可出海，自古以来就是贯穿南北交通、防御外敌入侵之兵家必争之地。天津城市虽然只有六百余年历史，但是却完成了从临海渔村小镇到北方商埠城市的演变，并逐步发展成为我国北方地区最大的开放型沿海城市，其城乡规模也在逐步扩大，开埠前天津城乡建成面积在九平方公里左右。1919年五四运动前夕，市区面积达到近二十平方公里。迨至解放前，扩大至五十平方公里。[①] 时至今日，天津市区面积为

---

① 天津社会科学院历史研究所《天津简史》编写组.天津简史［M］.天津：天津人民出版社，1987：449.

4334.72 平方公里，天津市总面积为 11919.7 平方公里。据天津市第六次全国人口普查数据显示，2010 年市内六区常住人口多达 434.32 万人。

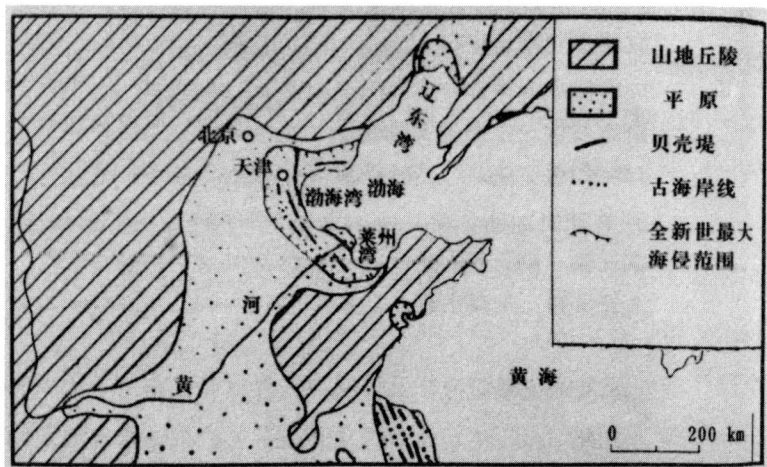

根据"海进示意图"标注，海河平原曾经是渤海的一部分（引自《六百岁的天津》天津教育出版社）

城市被认为是人类社会发展至一定阶段的产物，也是人类走向成熟和文明的标志。据考古学家相关的研究，在距今约一万五千年，海水侵袭了在今渤海湾西岸、南至河北省黄骅市、北至天津市宝坻县（今宝坻区）、西至河北省保定范围之内的天津平原地区，使其成为渤海的一部分，这在地质学中被命名为"天津海侵"。在距今六千年左右，海水逐渐退落，天津平原成陆，完成了沧海桑田变化的历史过程。天津地区早在新石器时代，已有先民进行早期开发，其中农业生产和渔、猎活动在生活中占据重要地位。天津最早的聚落形成在南运河（俗称卫河）与海河相汇的沿岸三角地区（今天津市河北区狮子林桥西南）。① 天津聚落的形成与发展，与渤海湾及海河水的滋养是密不可分的。但是作为一座独立的城市，天津的历史并不长，明代之前并无"天津"之名。

天津平原因交通便利，一直被掌权者视为必争之地。东汉末年，曹操

① 鲍觉民. 天津都市聚落的发展及其经济职能的变化 [N].天津日报，1956－11－23.

为了方便军属物资运送，先后在天津境内开凿了平虏渠①、泉州渠②和新河运渠③。这三条水渠的开凿使得华北平原上三百多条大小河流组成的清河、呼池河、沤河三条大河流在沤河尾入海。如此一来，就把天津附近的水路贯穿了起来，从而促成了今日天津航运枢纽地位的形成。自金、元以来，天津地区便以"河海之冲"和"畿辅门户"著称，但是此时天津本地土著居民较少，多是沿河而居，以从事盐业生产为生，《天津卫志》曾以"凋零殆尽"来形容此时期的景象。

北魏孝文帝统一北方后，大力推行中原文化，南朝因推广中原地区的耕作技术，得以在经济上持续发展。隋朝统一全国以后，为了进一步推广这种全国性的经济交流，沟通南北交通成为大势所趋。隋炀帝于大业元年（605年）与大业四年（608年）发动民众开凿了通济渠与永济渠，两条水渠不但沟通起了长江与黄河，还使沤河尾与黄河、淮河、长江等水域联系起来，沟通了南北交通。地处运河北端，兼有河路与海路运输功能的沤河尾一带地位更加重要，最终形成了贯穿华北平原的几条大水系交汇于此、并由此地入海的格局，这为后来天津城市的形成奠定了重要基础。京杭大运河的开通，进一步稳固了天津作为北方枢纽的地位。

随着唐朝的建立，天津一带成为抵御北方的奚、契丹等部族的屏障，发挥出重要的军事防御作用，并设置范阳节度使，渔阳（今蓟县）成为军事重镇。供应卫兵的大批军需物资，需从南方经由永济渠运至沤河尾，再经过数次海上转运才能运至渔阳。为了避免海上风险，沧州节度刺史姜师度于神龙二年（706年）沿泉州旧渠挖掘平虏渠。如此一来，南方运送来此处的物资可以经由沤河尾直入平虏渠，直达渔阳。唐代诗人杜甫曾在《后出塞五首》《昔游》等诗中对大量军需物资周转于沤河尾一带的景象进

---

① 平虏渠，今河北省青县至天津市静海县独流镇之间的南运河。
② 泉州渠，从沤河尾（今海河）北岸（今天津东郊军粮城）至宝坻县（今宝坻区）迤南鲍丘水（今潮白河）与沟河（今蓟运河）汇合处。
③ 新河运渠，盐关口（今宝坻境内）经右北平（今河北省唐山市丰润区和唐山市郊一带）到濡水（今滦河）一带。

行过描写：

后出塞

献凯日继踵，两蕃静无虞。

渔阳豪侠地，击鼓吹笙竽。

云帆转辽海，粳稻来东吴。

越罗与楚练，照耀舆台躯。

主将位益崇，气骄凌上都。

边人不敢议，议者死路衢。①

《昔游》中也有"幽燕盛用武，供给亦劳哉；吴门转粟帛，泛海凌蓬莱；肉食三千万，猎手起黄埃"②的记载。当时的沽河尾一带因为清河、滹沱河与潮河三条河流汇合入海之地。因此，在唐代，军粮城（今天津东丽区军粮城）一带被称为"三会海口"。③

五代时期的战乱中，辽扶持中原石敬瑭立后晋，石敬瑭将燕云十六州割让给辽，其中包括天津平原的北部地区。但在显德六年（959年）后周周世宗北伐，夺回了幽州地区，并奠定了后北宋时期与辽之间的界河（今天津海河、大清河）。

赵匡胤建立了北宋后，由于辽经常越界掳掠，政府随即下令建立一条西起太行山脚下，东到泥沽海河口的塘泊防线，由此形成了"深不可舟行，浅不可徒涉，虽有劲兵不能渡"的"软边"。④并在此防线上设置了十一座"寨""铺"等军事聚点。每座寨中都设有"寨官"，并可"招收士兵，阅习武艺"。⑤由此可以看出，此时的天津地区已经逐渐出现军民文化混杂的情况，军队的权利涉及方方面面，不但在平日有负责保卫秩序的

---

① 引自《杜甫诗选》，《后出塞五首》。

② 引自《杜甫诗选》，《昔游》。

③ 天津文物管理处．津门考古 [M]．天津：天津人民出版社，1982：50－54.

④ 天津社会科学院历史研究所《天津简史》编写组．天津简史 [M]．天津：天津人民出版社，1987：16.

⑤ 引自《宋史》标点本，"职官"，3979 页。

功能，还负责部分民事案件的诉讼，"凡杖罪以上并解本本县，余听决遣"①，以及在本地普及种植南方水稻等。

虽然时至宋辽对立，但是这并不妨碍民间的经济往来，此时的天津地区为南来北往的贸易枢纽逐渐发挥其重要作用，宋朝政府还在此专门设置榷场，管理对辽交易。而当时界河的两处出海口——北宋的泥沽海口和辽国的军粮城，均属于今日的天津地界。

1125年，金灭辽宋以后，将都城迁至中都（今北京）。自此开始，伴随着封建王朝长期在北京的建都，以及漕运、晒盐业的发展，天津地区的政治、经济地位皆发生显著变化，逐渐步入城市化的进程中。当时中都的二十万户居民及庞大的政府、军队机构所使用的粮食及生活物资通过今天的南运河、滏阳河、滹沱河、子牙河、大清河汇集到今天津地区，渭河与海河交界处的旧三岔河口西南一带，由于地势较高（海拔近八米），成为理想的天然码头，形成"皆合于信安海壖，溯流而至通州……十余日后至于京师"②的景象。金廷在运河沿岸设置粮仓，来往船只停靠，上下货物，皆由此地进出。由于天津地区漕运与盐业的发展，南北运河与海河交汇处的三岔河口一带迅速发展成为航运的枢纽，也是兵家必争之地。特别是金朝末年，北方蒙古族的东侵、内地人民的起义频繁，中都附近的社会形势十分紧张。朝廷为了保障中都及漕运、盐储的安全，遂即在"信安海壖"一带建立起了军事建置——"直沽寨"。自此，三岔河口由单纯的漕运枢纽逐渐发展为漕运与军事相结合的重镇。

元灭金、宋以后，定都大都（今北京）。元朝时漕运、海运、河运、陆运并重，特别是海河干流的航运功能日益明显，但是无论走哪条线路，地处三岔河口的直沽寨都是当时漕粮的集中地与转输要地，这对于日后天津发展成为北方重要的港口城市有着积极的推动作用。元朝海漕每年分春、秋两季运输，大德三年（1299年），漕粮增到三百万石，数量最多

---

① 引自《宋史》标点本，"职官"，3979页。
② 引自《金史》标点本，"河渠"，682页。

时，一次就达一百七八十万石。而当时漕运的中转接运工作都要在直沽进行，且一般都要持续在两个月左右的时间。为了交卸和转运便利，元政府在直沽寨设置接运厅和临清万户府，守护防卫的工作由镇守海口屯储亲军都指挥使司负责。每当粮船抵达直沽，朝廷都要调兵几千人对直沽加强守卫。也就在此时，驾驶漕船的舟师水手们将南方虔奉的海神妈祖请到了海运的终点与新起点——直沽寨。

《畿辅通志》所描绘的漕粮经由河运运至三岔河口转驳进京时的景象。

　　元代漕运的大规模繁荣无疑对天津城市的未来发展产生巨大了影响。一方面，因漕运的发展，使得妈祖信仰完成自南向北的传播过程。妈祖信仰自传入此地之时就已牢牢地扎根于直沽，先于"天津卫城"的建立，深植于当地百姓心中；另一方面，经济的往来为此地聚集大量的人气，活跃了当地的集市贸易，促进了天津聚落的发展。可以说，妈祖信仰比其他信仰更早一步登上天津这片热土，无论这座城市未来的发展过程是如何颠沛流离，如何风光无限，妈祖都已和这座城市的命运紧紧地相连在了一起，悲喜互存、荣辱与共。

　　元延祐三年（1316 年），直沽改名为海津镇。元至正十七年（1357

25

年）三月，刘福通所领导红巾军与元兵在今武清区的枣林、柳林等地大战。战事最终以前者失败告终。通过此战，无论是政权的掌控者还是颠覆者都意识到海津镇作为京师大门的重要性。明洪武元年（至正二十八年即1368年），明太祖朱元璋水陆并进，攻打海津镇，遂灭元朝。

明代是天津城市发展形成的重要时期，在元代镇的规模上逐步发展为卫城。明永乐二年十一月二十一日（1404年12月23日）天津正式筑城，是中国古代唯一有确切建城时间记录的城市，传为朱棣所赐。据天安金旧城南门外出土的《重修三官庙碑记》一通中有"成祖文皇帝入靖内难，圣驾由此济渡沧州因赐名天津"。明史中《创造天津卫城碑记》："我朝太宗文皇兵下沧州，始立兹卫，立为今名则象车驾所渡处也。"[①] 后人将"天津"二字解释为天子渡口之地，并将此称谓沿用至今。明初攻下大都后，为了巩固边防、充实粮饷，洪武年间曾组织向京师地区（冀、京、津等地）做分批移民。"靖难之役"后，明成祖迁都北京，随着政治、经济、军事中心的转移，永乐年间往该地区组织分批次移民。[②] 大批外来移民对这座城市的文化性格带来了巨大影响。一方面，虽然本地人与异乡人所处的角度与心态不同，但毋庸置疑，陌生人群的出现在不同程度上都增强了移民和原住民强烈的"抱团"意识与竞争意识。作为外来移民，只有相互团结才可以在他乡站得住脚谋得生计，只有具备一定竞争力才可以不被他人抢了饭碗。作为原住民，只有勇猛、强势才能不被外来者抢占地盘，夺走生计。因此，这就形成了本地民众所特有的强亮性格；另一方面，在天津"五方杂处"的居住环境中，各个地域的文化在此交流、碰撞、融合、共享，形成了本地域内民众开阔的视野和对外来文化的包容力。

明代漕运比元代更为发达，特别是在明代中叶以后，边防军事的需要

---

① 引自《明史》标点本，"兵志"，2193页。

② 据《明史》《明实录》记载，向京、津、冀地区的大规模移民分为多批次。洪武年间四次：洪武二十一年八月、洪武二十二年九月、洪武二十五年十二月、洪武三十五年九月；永乐年间六次：永乐二年九月、永乐三年九月、永乐四年正月、永乐五年五月、永乐十五年五月、永乐十四年十一月。迁民以移往北平府、真定府、广平府、顺德府、大名府、保安州所属县为多，移民以永乐年间为多，洪武年间次之，其他年间也有少量分散移民。

和政治中心转移至北京，致使官府朝臣日益增多，粮食需求不断增加。因南运河淤塞，大运河已成为沟通大江南北的重要商路，每年运到北京的漕粮达二三百万石，运输功能十分繁忙。随着水运的发达、贸易的兴盛、货物的丰富、商贾的增多，不但天津本地人口大幅度成倍增加，还吸引着来自其他地区的民众与商人迁徙于此。至迟明中叶，天津的经济地位已和运河南端的杭州并驾齐驱，成为运河北段的新兴商业城市及重要的商品集散中心。与之所匹配的，是天津集市和商业区规模的日渐扩大，在三岔河沿岸的天后宫附近和北门外的沿河地区逐渐形成城市重要的商业中心。明朝末年，天津城市扮演了扼制渤海湾西岸海口要冲的重要角色，在防辽与援朝的战争中日益发挥其独特作用，成为运饷调兵的军事基地，并由普通的军事小镇发展成为保卫京城的海疆重镇。明末，由于政治腐败、社会矛盾激增，引起了频繁的农民起义。天津因与京城较近，成为发展反抗斗争对抗京城的聚点，此地先后爆发了霸县（今霸州市）"刘六、刘七大起义"、武清"崔黄口起义""白莲教起义"等，天津民众也在"太平天国起义"中扮演着重要的角色。

较明代而言，清代的天津城作为首都门户的经济辅助作用日益突出。伴随着政局的稳定，社会经济的发展，城市规模的扩大、人口数目的激增、文化结构的调整，至迟清中叶，天津已发展至中国封建时代中的顶峰阶段，成为北方商贸的中心。大批粮船在此汇集，大量民众登船，出现了"东吴转海输粳稻，一夕潮来集万船"[①] 的繁荣景象。但由于清代不再实行卫所制，顺治九年（1652 年），天津左卫、天津右卫三卫合一归并为天津卫，朝廷更是加重对其的监管力度。雍正九年（1731 年）二月，直隶总督唐执玉曾上书朝廷：

"……天津直隶州系水陆通衢，五方杂处，事务繁多，办理不易，请升州为府，设知府一员、粮捕通判一员、经历一员、教授一员、训导一

---

①　引自元代王懋德《直沽》。

员，附郭置天津县……"①

《漕舫图》所描绘的经海路运输到达津地的漕船

（明代《天工开物》宋应星）

雍正九年（1731年）二月，清廷将天津的行政建置从州一级上升为府一级，下辖天津、静海、青县、沧州、南皮、盐山、庆云等六县一州，成为畿辅一带的"首邑"，并且这种地理位置的枢纽作用一直持续到轮船、铁路出现以前。大运河作为我国南北交通的"大动脉"，以及天津"路通七省舟车"的优越地理位置，造成了南北各地商品在此涌入及运出，为天津城市的经济繁荣输入不竭动力，促使天津在短短的几十年内，发展成为中国北方的商品集散地和商贸业中心城市。漕运的繁荣持续至清末，后逐渐被海运业的兴起所取代。光绪末年，六百余年的漕运历史终于谢幕。与之对应的，海运业发展迅速，天津养海船的大户日渐增多，往返于辽东贩运粮豆。特别是在海禁开放之后，与闽、粤、江、浙等地展开密集的海上贸易活动，并开通天津至闽粤的航线。此专线开通后，天津遂即出现了许多由闽粤籍商人开设的栈房、旅店、仓库，如岭南栈和潮帮公所等，其中

---

① 引自《世宗实录》，卷一百三十。

最有名的为乾隆初年在天津针市街所建立的闽粤会馆。

　　可以说，来自妈祖家乡的闽粤商人，是妈祖信仰得以在天津扎根并广博发展的主要因素。本地民众在接受了南北商贸活动所带来的生活质量提高的同时，也在逐渐接受它的文化及南北文化交融下所产生的其他文化，而这其中就包含着在南方商人心中的水运保护神妈祖。另外，无论是河路还是海路，只要航行到天津的船只，就必须行至北门外南运河岸的钞官浮桥进行缴税。因此，自闽粤及江浙而来的船只，成为天津税收的主要来源，这既是天津城市经济能够在清代得到迅速发展的重要因素之一，也是天津城市接受闽粤商人的重要原因。相应地，天津民众对妈祖信仰的接受，或者说妈祖信仰在天津民间的渗透就变得顺理成章。

　　18 世纪初，由于埠际之间商贸的频繁，天津出现了全国最早经营汇兑、存款和放贷的票号。天津作为商埠城市的规模得到进一步扩展，出现了大批以养海船、贩粮、运输，开设当铺、驿站、银楼、现代工厂的大商人。此外，因本地晒盐业在全国范围内一直占据的重要地位，以及官督商销引岸专商制的推行，天津出现了一批具有封建垄断性质的盐商。这批盐商对国内绝大范围内的长芦盐生产与销售进行把持，肆无忌惮地压低盐价，以此获得巨额财富。为巩固自身的特殊地位，获得长久利润，盐商以捐献国库、报效朝廷、集资军需的形式向统治阶级献媚。如：清乾隆十三年（1784 年），盐商王志德就以"金川军需"之名，捐助银两二十万两；乾隆三十五年（1770 年），为乾隆之母筹备七十大寿，捐助银两十万两；乾隆五十三年（1788 年），盐商王德宜以"平定台湾"为名，捐助银两三十五万两。盐商对百姓们进行残酷的剥削，使得他们在很长一段时间内过着民不聊生的艰苦生活。但从另一角度而言，正因商人们的沽名钓誉，对上急于表现自己对统治阶级的忠心，对下克制安抚百姓情绪、获得社会声望，才上演出一幕又一幕为皇会一掷千金、耗财买脸的戏剧。他们打着"为民所用"的旗号，在民间展开了一系列改善民生的举措，如建立水利工程、公益组织、慈善会所、书院画斋等。另外，他们还将对统治阶级的谄媚表现在了对民间各种帮会、行会组织的支持上，这也从另一个方面对天津皇会的发展起到支持与推动作用，各道民间的会组织正是在得到商贾富户的赞助基础上，形成强大的经济后盾，并在相互的竞争中得到了长足发展。而结果也恰如他们所愿，在中国严格的封建等级制度下，商贾们利用民众掌握较少生产资料，迫切想改变生存现状，期望获得社会上层认可，并积极靠近政府的想法，为民众营造了一个看似"和谐祥和"的民间社会。无论是修建育婴堂抑或是支援水会的种种善举，商贾和地方政府在暗中大肆掠夺民众财富的同时，也的确做到了"面子"上的维护。在大部分民众看来，无论是"谁人"做官，被剥削的命运是不能逆转的，倒不如选择那些表现的相对"仁慈"的官商们。而皇会作为为地方政府及商人提供沟通国家与民间关系的最具典型性代表，更是被官商阶级作为"慈善"范式进行推广，不但为民众提供靠近统治阶级向皇权靠拢的机会，还为皇会的发展提供资金支持及后续保障，这必然会得到民众支持与热情参与。甚至可以说，皇会在封建社会时期，在某种程度上缓和了不同阶级之间的社会矛盾，起到维护社会稳定的重要作用。

清代三岔河一带的渡口

明清以降，天津的地位日趋重要，并具有多重意义——既是守护都城的门户，又是贯穿南北之间的交通枢纽，还是全国重要的屯粮、漕运、晒盐基地。因此，在17世纪中叶以后，欧洲部分走上资本主义道路的国家，为了寻求海外市场和开拓殖民地积极开始东侵道路之时，天津被认为是彻底打开中国闭关锁国大门的最佳突破口。顺治十二年（1655 年），荷兰使臣经天津港到达北京，请求清廷给予贸易特权合约。虽然合约并未达成，但是他们认为天津"人烟稠密，交易频繁……繁荣的商业景象实为中国其他各地所罕见"[①]。并将天津的繁荣景象描述于西方各国。19 世纪初，英国为了扭转对华贸易的逆差，开始往中国走私大量鸦片，南方以广州湾和珠江口为据点，北方以白河口和天津贸易市场及口岸。随后，资本主义列强开始对中国发动了大规模的侵略战争。在战争中，天津成为进犯北京威胁清王朝的最佳地点，两次鸦片战争、三次大沽口之战、甲午海战等战火都蔓延过此地。道光十五年（1935 年），英国鸦片商贩林赛在给外相巴麦尊的信中说："天津的商务不及福建的繁盛，但天津距北京不足五十英里，我们在天津所造成的惊恐，大可逼迫'满清'政府早日结束战争。"[②] 道光二十九年（1849 年），英国驻上海领事阿礼国曾写信给香港总督文翰说："像中国这样疆土辽阔、人口众多的帝国如能不需作战就对首都做有力的封锁与围困，那好处是非同小可的，而这恰恰又是在我们掌握之中的事情；每当早春时节北京仰赖漕船通过大运河供应当年的食粮，我们开一支小小的舰队到运河口就可以达到（封锁首都）的目的了。这种要挟手段，比毁灭二十个沿海或边境上的城市还要奏效。"[③] 在与帝国主义列强进行的几次战争中，均以中国失败而告终，中国被迫走上半殖民地半封建社会，天津被辟为通商口岸，在《望厦条约》《天津条约》《北京条约》《天津条约港租界协定》及《天津日本租界条约》中均涉及天津的城市利益。自此，资本主义列强不但将天津视为可长期掠夺财富的北方贸易港口城市，还认为它是"足以威胁京城的基地"和策划各种侵华"阴谋的巢穴"。[④] 当然，对于城市的发展来说也有积极的因素，如为了迎合资本主

---

① 引自《天津历史资料》第二期，雷穆森《天津》。
② 严中平．英国资产阶级纺织利益集团与两次鸦片战争史料［C］.鸦片战争史论文专集，三联书店：1958 年版。
③ 同上。
④ 引自《天津历史资料》第二期，雷穆森《天津》。

义列强的侵略需要，清廷在天津开设"三口通商大臣"专职，并将同外国沟通交涉的中心从上海转移至天津，使得天津的政治、经济地位骤然上升。如洋务运动的兴起，使得天津在机器制造、火药、铸造、船舶修理等近代工业技术得到了飞速发展。具体表现在天津是国内第一条铁路的修建地、最早采用西法开采煤矿法，最早设立电报、电话通讯、邮政汇总地和近代教育发展的中心城市等。可以说，天津的被迫开埠的，一方面是充满屈辱与痛苦，租界地的割让、资本的输出、文化的侵略，使得天津民众生活于水深火热之中；但另一方面，由于思想、经济、文化的频繁交流，促使城市生发出了新的动力，如近代民族资本主义出现、无产阶级的诞生、维新思潮的传播、民族工商业的发展，都为这座城市的发展提供了各种机遇与可能性，也为天津独特地域文化性格形成带来了直接的影响。

在中国的近代史上，天津的地位举足轻重，许多历史事件都与这座城市相关联。金钺在《天津政俗沿革记》中曾说："数十年来，国家维新之大计，擘画经营，尤多发轫于是邦，然后渐及于各省，是区区虽为一隅，而天下兴废之关键系焉。"① 但正因天津的富饶与美好，才使其命运更加多舛。自西方列强的魔爪伸向天津的那一刻开始，天津母亲和她的人民就开始了被奴役、被剥削的生活，并在动荡与战火中度过了长达一个世纪之久。1949 年 1 月 15 日，天津战役的告捷标志着这座城市得到了全面的解放。自此，天津人民在党和国家的领导下，团结一致，共同奋进，展开了新时代的篇章，过上了美好安康的幸福生活。

天津城市的特点鲜明，它的形成与繁荣是由诸多历史、地理、人文、社会因素共同作用下完成的。天津与水有着莫大的渊源，可以说是水文化催生、培育、滋养了这座城市。从最初鲜有人居住的盐碱之地，逐渐发展为沟通四面八方贸易的陆路、水路枢纽的商埠之地，天津城市的兴盛除却得益于得天独厚的地理位置外，还与水文化所赋予天津人海纳百川的性格有关。海河水系的四通八达，为这座城市提供了便利的交通，中外的信

---

① 引自金钺《天津政俗沿革记》序。

仰、文化、民俗、科技都在此汇集，为本地民众所吸纳，并取长补短衍生出博采众长、乐于接受新鲜实物的城市文化性格。东西方思想也在此碰撞留下了深刻的印记，至今仍然保留着形形色色的有形文化遗产，如五大道、小洋楼、使馆建筑、西洋雕塑等。反映在文化性格的这一层面上，促成了天津人普遍存在"喜新不厌旧"的性格特征，即对于本地域所产生的原住民文化十分珍惜，对舶来文化也持较为客观、真诚、平等的态度。天津本地既流传着来自全国各地的绘画、雕刻、书法、手工艺作品，也在此基础上形成独具特色的本地民间艺术，如杨柳青年画、泥人张雕塑、老美华制衣等。天津是运河最北端的漕粮转运中心，元代以来一直作为京都的附属城市存在，并肩负着将南北各地物品进行周转、交换、输送、囤积的职能，在频繁与京城交往互动当中，对京都文化所产生的崇拜、向往之情也就不足为奇。作为北京的门户城市，历代统治者对于天津城市军事防卫功能的建设也十分重视，军事输转中心常设于此，并派遣重兵把守，发挥对内抵御起义兵变、对外防御外敌入侵的功能。历史上军队的长期驻扎与防卫心理的深入人心，使得本地居民的尚武意识十分强烈。商贸经济往来的频繁、思想意识的交汇，导致大批原住民、军人和外来人群在此混居与圆融，任何人都可以过往天津，但若想扎根此处，就必须具备一定的生存能力，这就形成了天津民众对有"真本事"的人的向往。可以说，天津是一个崇尚技艺、追求"绝活儿"的城市，无论来自异乡或者本地，只要具有高人一筹的本领，就会得到天津百姓的认可与尊重。皇会中就深刻地体现出了这一点，无论会组织的参与者是汉族或是少数民族，来自城市还是乡村中的会，成立的时间是长或是短，只要会组织本身所具备的技艺独特，有技高一筹的"绝活儿"，皇会就会为它提供展示的机会与舞台。天津所具有的独特文化性格，使这座城市犹如一块巨大的海绵，广泛地汲取着来自各地多元文化的养分，如京都文化、移民文化、军旅文化等，并滋生出独具本地特色的文化性格，如码头文化、脚行文化及津味文化。这些文化的交织与融汇，为皇会的发展提供了一片充满养分的土壤。

二、妈祖信仰的在地化过程

天津民间流传着"先有天后宫，后有天津卫"说法，上文对梳理天津城市的发展进程中也恰与此结论不谋而合。那妈祖信仰在天津城市文化的建构中所起到的作用是什么呢？可见，天津城市的发展恰与妈祖信仰在天津的扎根相契合，从"娘娘会"升级为"皇会"的过程，正是体现出了两者之间是一个相互依存的同构化过程。一方面，天津建城时间较晚，妈祖信仰的传入恰是在时间与空间中最佳的契合点。随着生产力的不断发展，人们在经济、文化、政治等各方面交流频繁，天津以其独特的地理优势，自东汉末年就开始行使其航运的历史使命。本地居民历来以从事与水有关的晒盐、捕鱼业、水运业为主要生计。妈祖信仰在天津的扎根，源于旧时科学技术极不发达的情况下，人们面对海上运输的风险束手无策，对大海所产生的恐惧。人们迫切需要一方神灵的出现来护佑自身与家人的平安，实现安全感与归属感。妈祖信仰的传入，恰好迎合了本地民众"第一性"及"全民性"的精神诉求——既能保证人身安全又能来带好的生活。这里的"第一性"是指，建立在人的首要生理需求的，既要或者又要保持人身的安全。而"全民性"是指，当时生活在天津地区的居民，纵然自身不是直接从水运业与捕鱼业，基本户户也有从事与码头贸易，如搬运、仓储、驿站等相关行业的家人，全城百姓基本过着"靠水吃水、靠水过活"的生活。就是在这样的历史背景下，妈祖信仰满足了全城民众最基本的、共同的心理需求。这也可以解释，纵然是在中国民众中根深蒂固"喜大好全"的信仰模式下，妈祖作为外来神依然能深植于天津百姓的心中的原因。换而言之，若没有妈祖信仰的传入，本地居民也会或"创造"或"舶来"或"借用"一尊神灵来满足自身需要，以及保护这座城市的安慰。妈祖的介入只是恰好在一种先入为主的机遇提前进入，并潜移默化的扎根到每个人心中，见证了这座城市逐渐从散居小镇到城市，并发展成为繁荣商埠的全过程。另一方面，天津城市的发展也促进了妈祖信仰的繁荣。妈祖信仰从地域性单一护航神逐渐升级为在全国范围内有着巨大影响力与号召力的神祇，这个过程与天津城市的崛起和天津人民的追捧有着千丝万缕的联系。天津人民在城市逐渐发展、繁荣的过程中，不忘对妈祖信仰的宣传与褒扬，并利用自身独特的窗口优势，将神迹与信义传递至四面八方。特别是将娘娘会"打造"为皇会的过程，更是体现出了天津人民对妈祖的感激之情，也正因被冠以的"皇"字，妈祖信仰才得到了上自统治阶级下自民间百姓的一致认可，从"淫祀"升级成为具有正统性的"官祀"。

可以说，妈祖信仰在天津城市的扎根与天津城市和妈祖信仰的融合是一个彼此成就的过程。从历史的角度来分析，传入天津伊始的妈祖信仰或者与扎根天津后的妈祖信仰在内涵及外延上已经有了巨大的改变，但正是得益于本地民众独特的文化价值赋予，才使得妈祖信仰避免了"水土不服"的消极因素，更好地扎根于这座城市，既满足了人民的诉求，也反映出城市民众独特的精神面貌与心理审美。从现实的角度来分析，随着城市中漕运的日渐衰退与城市功能的近代转型，妈祖信仰已经完成了从过去的单一航海神到城市万能神的转变，成为天津的代表性文化之一，让更多的人认知这座城市、理解这座城市。时至今日，妈祖信仰依然为这座城市的根脉输送着源源不断的精神养料。社会在不断变化，妈祖信仰也被赋予了更为广泛的精神内涵。无论是谁成就了谁，两者的命运都已经紧密地联系在了一起，在不同的时代背景下，依然发挥着同构、同生的作用。

妈祖信仰与天津城市的渊源已久，元人臧梦解在其《直沽谣》中就有如下记载：

"杂沓东去海，归来几人在？纷纷道路觅亭衢，笑我蓬门绝冠盖。虎不食堂上肉，狼不惊里中妇。风尘出门即险阻，何况茫茫海如许。去年吴人赴燕蓟，北风吹人浪如砥。一时输粟得官归，杀马椎牛宴闾里。今年吴儿求高迁，复悼天妃上海船。北风吹儿坠海水，始知溟渤皆墓田。"①

由此段资料分析，元代以降，在面对航海险阻无力时，世人已经开始求助于妈祖信仰的护佑。人类对妈祖的崇拜源于对海洋驾驭能力的低下，

---

① 引自臧梦解《直沽谣》。

正所谓：

　　"倘遇风浪危急，呼妈祖，则神披发而来，其效立应。若呼天妃，则神必冠帔而至，恐稽时刻"。①

宋代天后圣母木质雕像

巫术、信仰、宗教的使用，都源自于人们内心的恐惧。当民众利用完了自身知识、经验和逻辑后，依然要面对那些不能预测、不可改变情况时，只能依靠巫术来获得心灵的满足。如：在航海中，无论人们具备了多少知识和科技帮助自身，在事实面前却总是有限度的，仍旧无法改变雷电、风雨、海啸等自然恶劣因素的到来，这给作为航海神的妈祖扎根天津提供了很大的空间。另外，在面对疾病和死亡，协调人和生态环境间关系，控制人和人之间的交往，支配机遇消灭意外等问题时依然无可奈何，人们迫切需要一方万能神灵出现，护佑苍生。马林诺夫斯基早在《文化论》中，通过分析巫术及宗教的起源，得出"人们只有在只是不能完全控制处境及机会的时候才有巫术"②的结论，具体体现在航海、狩猎、耕种、养殖等经济活动中，在祛病、战争等社会行为中。而在利用普通技术和经验能控制的活动中，却鲜有巫术的存在。他同时指出："巫术和宗教是有分别的，宗教创造了一套价值，巫术是一套动作。"③一言以蔽之，前者的做法是要直接达到目的，而后者具有实用的价值，是达到目的的工具。但是无论两者之间的差距如何，目的都是为了满足人类共有的一种心理与生理需求。

　　唐宋以来，随着生产力的提高，城市不断发展，政治控制相对松弛，人身的依附关系较为松懈，民众在日常生活中有较大自由度，民间文化、宗教信仰方面都有了较大的发展。妈祖名"默"或"默娘"，在明末僧昭

①　赵翼.天妃［M］.石家庄：河北人民出版社，1990：626.
②　（英）马林诺夫斯基，费孝通译.文化论［M］.北京：中国民间文艺出版社，1987.53.
③　同上.

乘撰写的《天妃显圣录》有载"自始生至弥月，不闻啼声，因命名曰默"。妈祖信仰作为一种区域性的民间信仰，始于北宋，后随着水运的发展，经济的往来传入天津，后于元泰定三年（1326年）在三岔河口建立了天后宫，这比天津建城设卫（1404年）要早一百二十余年（此观点在下文中有详细介绍）。这些以海运为生的人在走海运粮途中常常要蒙受巨大损失，为确保航行安全，人们迫切需要一名护佑水运的神灵来作为心灵寄托。恰在此时，在南方盛行的关于林默娘的护航传说渐由湄洲湾扩展到沿海各地。对于传统社会中靠天吃饭，靠水过活的渔民来说，"宁可信其有""见神磕头，见庙烧香"是最普遍的心理现象。因此，林默娘便自然而然地以海洋运输业保护神的身份得到人们广泛推崇，并自然而然地踏上了九河之梢、京畿门户——天津这片热土。

对于妈祖的出生地及姓氏，学界并无太多异议。在李俊甫的《莆田比事》中，称妈祖为"湄洲神女林氏"[①]，在丁伯桂的《顺济圣妃庙记》中有"神、莆阳湄洲林氏女"[②]的记载。宋元时期的古籍及并未对妈祖的出生地有明确记载。直至明清后才逐渐将其出生地认定为湄洲屿，阳思谦在《泉州府志》中记载："神本姓林，世居莆阳之湄洲"[③]，吕一静《兴化府志》中有云："天妃之神，本姓林，世居莆阳之湄洲屿"[④]。但对于妈祖身份、出身却有多种说法并不统一，大致有三种说法。一说妈祖出自普通渔民家庭，家境贫寒，父兄出海劳作，自己在家耕织。据清人佚名所作，叶德辉序跋的《三教搜神大全》（又名《三教源流搜神大全》），卷四记载：

"妃林姓，旧在兴化路宁海镇，即莆田县治八十里滨海湄洲地也。……兄弟四人业商，往来海岛间。忽一日，妃手足若所失，瞑目移时，父母以为暴风疾，急呼之。妃醒而悔曰：'何不使我保全兄弟无恙乎。'父母不解其意，亦不之问。暨兄弟赢胜而归，哭言前三日飓风大作，巨浪接

---

① 引自南宋李俊甫《莆田比事》。
② 引自南宋丁伯桂《顺济圣妃庙记》。
③ （明）阳思谦.泉州府志（明万历四十年刊本）[M].台北：汉学研究中心，1990版。
④ （明）吕一静等《兴化府志》，卷二十五。

天，兄弟各异船，其长兄船飘没水中耳。且各言当风作之时，见一女子牵五两（指船篷桅索）而行，渡波涛若平地。父母始知妃向之瞑目，乃出元神救兄弟也。其长兄不得救者，以其呼之疾而神不及护也，恨无已……年及笄，誓不适人，即父母也不能强其醮。居无何，俨然端坐而逝，芳香闻数里，亦就诞之日焉。"①

另一说妈祖为巫女身份，仙游县尉黄岩孙于宝祐五年编纂的《仙溪志》，其中有关于"三妃庙"的记载：

"顺济庙，本湄洲林氏女，为巫，能知人祸福，殁而人祠之，航海者有祷必应。"②

南宋廖鹏飞撰写的《圣墩祖庙重建顺济庙记》被认为是现存关于妈祖的文字资料中最早的文献（1150 年），有云：

"……姓林氏，湄洲屿人。初，以巫祝为事，能预知人祸福；既殁，众为立庙于本屿。"③

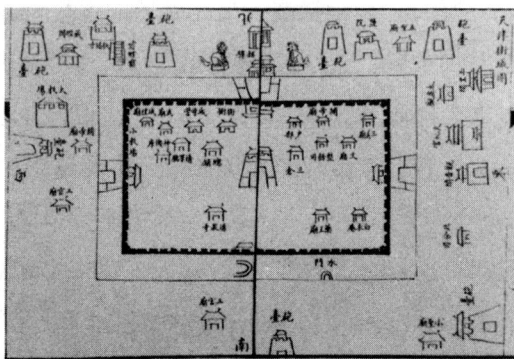

据《天津卫志》记载的天后宫（1675 年）

根据以上两段文字的记载，妈祖或为普通渔民之女或为巫女，但并不是出自官宦家庭。家人"业商"，父与兄要常冒着生命危险，行走于海上。且"笄礼"一般为古代女子十五岁的成人礼，若是出自官宦之家，怎会任

① 引自清人佚名《三教搜神大全》（又名《三教源流搜神大全》），卷四。
② 引自南宋黄岩孙《仙溪志》，卷四。
③ 引自南宋廖鹏飞《圣墩祖庙重建顺济庙记》。

由家中女子年长不嫁颠覆伦理，反而装神弄鬼之巫风，这种说法是十分不符合常理的。

另一说妈祖是"莆田九牧"① 之后，实为官宦家小姐。最早的说法始于元代程端学在《灵慈庙记》中载："神姓林氏，兴化莆田都巡官君之季女。"② 这是首次将妈祖的出身载入国家体制内，出自官宦之家的说法。倪中在《天妃庙记》载："神姓林，世居莆田湄洲屿，都巡检孚之第六女也。"③ 明代黄仲昭在《八闽通志》中也对妈祖是都巡检林愿之女有记载，在永乐版的《天妃显圣录》中，丘人龙对妈祖身世的记录十分详细："天妃，莆林氏女。始祖唐林披公，生子九，俱贤。当宪宗时，九人各授州刺史，号九牧林氏……孚子惟悫讳愿为都巡官，即妃父也。④"

但是根据现存历史文献考察，妈祖为官宦后人的说法是自元代中叶以后才有的。这种变化在明朝周瑛的《兴化府志》中有较为详细的记载："予少时，读宋郡志，得绍熙初本，亦称妃如里中巫，及见延佑本称神女，今读志皆称都巡检愿女，渐失真矣。"⑤ 诚然，对上述材料的整合梳理，是要将蕴含在其中的现象进行分析，旨在对皇会稳态性所依附的妈祖信仰根由进行考察，通过这种先民后官、官民互动发展态势的考察，关注官方如何以民间社会为载体，运用记忆法则的重构，重新建立起一套完整的、合理的框架。

---

① 福建林氏开闽始祖林禄自晋代永嘉年间入闽开基以后，就以莆田为南方发祥地，在唐代和宋代，莆田林氏先后共有一门九兄弟登进士、任刺史，史称前九牧、后九牧。九牧后代，很多散居潮州各地。不单林姓，其他各姓莆田籍潮州官吏，也有很大一部分落籍潮州。迁居福建的林禄，传至十六代林披，已是唐代玄宗年间（712—755 年），林披生有 9 个儿子，他们是：林苇、林藻、林著、林荐、林晔、林蕴、林蒙、林迈、林既，皆成进士，分虽担任端州、横州、韶州、循州、雷州、福唐、邵江陵、容州刺史（也称"州牧"）。这时林披已定居莆田。一个家族里一下子出了九位官刺史，可说是创了历史纪录，是家族的无上光荣。故后世称莆田林氏为"莆田九牧，双阙之荣"。九牧林以忠节科举闻名，历代" 父子联科不乏官，兄弟同榜无间断"。今日所传后裔中，除了海上女神妈祖外，另有三一教创始人林兆恩、民族英雄林则徐等人物。

② 引自元代程端学《灵慈庙记》。

③ 引自元倪中《天妃庙记》。

④ 引自元丘人龙《天妃显圣录》。

⑤ 引自明周瑛《兴化府志》。

民国时期的天后宫

哈布瓦赫认为"集体记忆在本质上是立足现在而对过去的一种重构……记忆需要来自集体源泉的养料持续不断地滋养，并且是有社会和道德的支柱来维持的"①。妈祖从民女到官女的演绎，实际上证明了集体记忆和记忆社会框架的存在。集体记忆的框架，本质上就是一种社会最初构成同一社会中多个成员的个体记忆的总和或是组合，但这不是依靠个体记忆的简单的叠加构建起来的。也就是说，虽然记忆存在，但是不能解释记忆本身的真实度，因为这个框架是预设好了的，它默认了记忆的存在。而且，这个框架并不是空洞的，而是通过不断的置换，将原来存在的内容逐渐置换为"大势所趋"的。当然，这种大势所趋是与社会的主导思想同步，这种置换也是在潜移默化中进行，甚至慢到作为框架内的人群根本没有察觉。妈祖作为一种民女状态存在于部分人的脑海中时，随着国家思想的渗透，群体的集体记忆逐渐被她另外的身份所代替。我们不能否认有一部分人是相信内心的自传记忆的。这种记忆或许是自己没有经历过的，但是却是从别的途径获得的。但自传记忆总归是根植于个体之中，为了能与框架内其他的群体的记忆相一致，而不至于被排斥，必然会舍弃或者淡忘自传记

① （法）莫里斯·哈布瓦赫，毕然、郭金华译. 论集体记忆［M］. 上海：上海人民出版社，2002：59—60.

忆，趋向于主流思想，认同妈祖出自官门之后的态度。不同时空下的人群，所获得记忆的方式都是从集体记忆中获得，因此，可以说每一代人的集体记忆，都是在特定时空下在被界定的群体的支持下完成的。

在福建地区的民间传说中，妈祖最初的功能只是祈雨和预言祸福，宋宣和四年（1122 年）以后被奉为航海保护神，以适应福建海上交通发达的客观需要，但同时还兼掌祈雨、治病、御寇弥盗等职能。[①] 妈祖身份发生转变的过程，实际上民间与官方，民众与统治阶级互动的结果，并伴随着妈祖功能的不断添加而逐渐实现。然而，这种统治阶级将妈祖信仰重构，并渗透于民间的意义究竟何在呢？

中国自宋代起便对妈祖信仰十分重视，历代朝廷共对妈祖赐额、封号的数量多达 36 次，且皆关国家大事，内容多涉及护航。宋朝伊始，祀典等级就已经达到国家级，祭祀规格非常高。在元代时期，因漕运在国内所占据的重要地位，妈祖祭典的标准甚至高于岳渎标准。细观之，作为一种民间神祇，妈祖信仰在宋元明清各个朝代国家祭祀体系中，所获得的重视并不是偶然的现象。事实上，这正是历代统治阶级赤裸裸利用民间信仰，不断地包装和完善，企图颠覆妈祖信仰的民间性，最终将妈祖打造成一个为统治阶级所用、"天必祐之"的官方形象。而围绕着妈祖信仰所展开的，是一个由各种社会集团交织而成的"权力的文化网络"（Culture Nexus of Power）[②]。诚如杜赞奇认为的那样，文化的权利网络包括诸如时常、宗教、宗族之类的等级组织，也包括庇护者与被庇护者、家族朋友间的互相关联，这些都构成了施展权利和权威的牢固基础。"不仅地方政权，而且中央政府都严重依赖文化网络"[③]，因为这种文化网络的建立，既可以沟通乡村居民与外界的联系，也可以成为封建国家政权植入乡村社会的渠道。并且，这些渠道可以为统治阶级的权力变成合乎情理之事。妈祖被频

---

① 林国平，彭文宇. 福建民间信仰 [M].福州：福建人民出版社，1993：25－26.

② （美）杜赞奇. 文化、权利与国家：1900－1942 年的华北农村 [M].南京：江苏人民出版社，2010：6.

③ 同上.

频加封的过程，正是统治阶级将妈祖信仰加以改造为我所用的过程，他们通过信仰的渠道将国家政权渗透至文化网络，使各种规范为自己服务，最终成为国家政治与民间社会之间的最为直接、最为合理的话语与路径。更重要的是，政府在收编信仰的同时，还可以将妈祖信仰广布天下的信众一起"收编"。

妈祖有史记载首次为国家所承认，最早在《宋会要辑稿》中有载："莆田县有神女祠，徽宗宣和五年赐额'顺济'"。虽未对赐额之因有所提及，但在廖鹏飞写于宋绍兴二十年（1150 年）的《圣墩祖庙重建顺济庙记》中可找寻到缘由：

"越明年癸卯，给事中路允迪使高丽，道东海，值风浪震荡，舳舻相冲者八，而覆溺者七，独公所乘舟，有女神登樯竿，为旋舞状，俄获安济。因诘于众，时同事者保义郎李振，素奉圣墩之神，具道其详。还奏诸朝，诏以'顺济'为庙额。"[①]

此文载于清抄本《白塘李氏族谱》忠部，文中将赐额原因归咎于路允迪之请。但经查证，宋代许多妈祖庙的确被冠以"顺济"之名。然而，在同行不同船的礼物官徐兢所作的《宣和奉使高丽图经》一书中，也对这次出使经历进行了详细记载。但在此书中，徐兢奏请褒奖的神灵所指并不是妈祖，而是他一向信奉的福州"演屿神"，朝廷也为其颁赐"昭利"庙额。然而，面对不同当事人对同一事件截然不同的两种解释，统治阶级为何会无视矛盾，而同时褒奖诏号呢？显然此举是经过统治阶级深思熟虑过的。如前文所讲，鉴于妈祖信仰在各地渔民心中所产生的巨大影响，朝廷改变了以往对于民间信仰打压的政策，转而采取顺水推舟、拉拢利用的策略。表面来看这是一种顺应民意的做法，统治阶级一贯自诩为"真命天子"，若将此事传送于民间，定会达到"人神共助"的观念。在历代封建王朝中，天子的地位被认为是至高无上的，看作是"天"与"人"之间的媒介，只有他可以代表民众同上天沟通。《礼记·卷八·祭文》中有云："夫

---

① 引自南宋廖鹏飞《圣墩祖庙重建顺济庙记》。

圣王之制祭祀也，法施于民则祀之，以死勤事则祀之，以劳是国则祀之，能秉大灾则祀之，能捍大患则祀之。……夫日月星辰，民所瞻仰也；山林以谷丘陵，民所取材用也。非此族世，不在祀典。"① 无论是大自然神灵、还是人鬼成仙者都要进行祭祀，但祭祀的态度有着本质区别。对于自然界的祭祀，如同昭示世人自己所拥有的一切，所以需不求回报地祭祀。如果天子不能行"天道"，那社会将会出现逆天的局面，与自然界产生矛盾，人间失和，并导致各种灾难发生。由此也可以看出，中国式的宗教观虽然在表面上似乎比世界上任何高级宗教都要世俗化，其实仍然具有浓厚的巫术与奇迹因素。② 对于官方之外的民间所推崇的神祇，百姓祭祀只是为了祈求灵验，而统治阶级却在更大程度上是为了笼络民众，以宣告天下自身统治的顺理成章并顺应天道。"北宋宣和年间的'顺济'庙号是历代帝王赐封妈祖的起点，也是国家政治利用特权构建关于妈祖的官方叙事的重要标志"③。自此，拉开了官方褒封妈祖灵迹的序幕，对于后朝历代皇帝对妈祖的频频封禅意图也就心照不宣了。随后，妈祖不断受到历代朝廷加封，因此将此现象作简单梳理，以示历代政府对妈祖信仰的态度，由此可以找出皇会稳态性的缘由。

宋代以后，统治阶层开始重视民间神祇的祭祀。"自开宝、皇祐以来，凡天下名在地志，功及生民宫观陵庙，名川大山能兴云雨者，并加崇祀，增入祀典。"但宋代朝廷赐封的规则与后代各朝有诸多不同之处，即封号最多只得八字，若在八字后再加封则不能采取名号叠加，只得对封号内容进行变更。据建炎三年（1129 年）的敕文："神祠遇有灵应，即先赐额，次封侯，次封公。妇人之神初封夫人，次封妃。每加二字，至八字止。"④

---

① 引自《礼记·卷八·祭文》。

② （美）孙基隆. 中国文化的深层结构 [M]. 桂林：广西师范大学出版社，2004：330.

③ 张士闪. 传统妈祖信仰中的民间叙事与官方叙事 [J]. 齐鲁艺苑（山东艺术学院学报），2007（6）：87—91.

④ 皮庆生. 宋人的正祀、淫祀观 [J]. 东岳论丛，2005（4）：25—35.

《宋会要辑稿》记录自宋绍兴二十六年（1156 年）十月封"灵惠夫人"[①]，后又封"灵惠昭应夫人""灵惠昭应崇福夫人""灵惠昭应崇福善利夫人""灵惠妃""灵惠助顺妃""灵惠助顺显卫妃"等名号，后据宋丁伯挂《顺济圣妃庙记》、元程端学《灵济庙事迹记》等史料记载，后又因妈祖抵御倭寇、抗旱降雨、疗疫治病等功绩，加封"灵惠助顺显卫英烈妃""灵惠助顺嘉应英烈妃""助顺嘉应英烈协正妃""灵惠助顺嘉应慈济妃""灵惠嘉应协正善庆妃""灵惠显济喜应善庆妃"名号六次。[②] 元代为妈祖信仰大肆传播之时，庙宇、宫殿、会馆也自福建逐渐传递至全国，主要分布在由闽至京的沿海一带。王敬方《褒封水仙记》有云："国朝漕运，为事最重，故南海诸神，有功于漕者皆得祀，唯天妃号尊，在祀最重。"[③] 另外，这个阶段也是倭寇入侵、统治阶级频繁出使别国的历史时期。因此，妈祖的护航功能也从单纯的运输功能，增加了出使别国、抵御侵略、平息战争等其他重大功能。《天祐二年八月乙丑朔日有沾庙文》有记载："国家以漕运为重事，海漕以神力为司命，天妃之尊，实有海漕之故。"[④] 这些史料所反映出的都是对妈祖在分担国家其他责任方面的肯定。

元代都城迁至元大都（今北京），粮草仰赖江南，水运成为运输主要工具，妈祖作为航海之神相应得到崇祀，并在国家祭祀体系中占有一定地位。至迟自元皇庆（1312 年）后已纳入朝廷正祀祭典等级。在《元史·祭祀志》有以下记录：

"……其天子亲遣使致祭者三：曰社稷，曰先农，曰宣圣。而岳镇海渎，使者奉玺书即其处行事，称代祀。其有司常祀者五：曰社稷，曰宣圣，曰三皇，曰岳镇海渎，曰风师雨师。其非通祀者五：曰武成王，曰古帝王庙，曰周公庙，曰名山大川、忠臣义士之祠……

---

① 在《淳裨临安志》一书中，丁伯桂在其《顺济圣妃庙记》文中有记载："绍兴丙子，以郊典封灵惠夫人。"
② 蒋维锬. 历代妈祖封号综考 [C]. 中华妈祖文化学术论坛论文集. 2006（1）：10—17.
③ 引自王敬方《褒封水仙记》。
④ 引自《天祐二年八月乙丑朔日有沾庙文》。

凡名山大川、忠臣义士在祀典者，所在有司主之。唯南海女神灵惠夫人，至元中以护海运有奇应，加封天妃，神号积至十字。庙曰'灵慈'。直沽、平江、周泾、泉、福、兴化等处皆有庙。皇庆以来岁遣使赍香遍祭，金幡一合、银一铤，付平江官漕司及本府官用柔毛酒醴俾服行事……。①"

《元史》中所出现的第一次关于妈祖的褒封始于元世祖至元十五年（1278 年）八月辛未，"制封泉州神女号'护国明著灵惠协正善庆显济天妃'"。除此之外，《元史》中另有三次加封：元大德三年（1299 年）二月壬申加泉州海神曰"护国庇民明著天妃"；元天历二年（1329 年）十月己亥，加封"护国庇民广济福惠明著天妃"，赐庙额曰"灵慈"，遣使致祭；元至正十四年（1354 年）十月甲辰，诏加号为"辅国护圣庇民广济福惠明著天妃"。此外，在元人舍利性古、延祐、程端学的《灵慈宫原庙记》《四明志》《灵济庙事迹记》等书中均有于元延祐元年（1314 年）加封妈祖为"广济"之号。②

明朝是历代中对妈祖褒封最少的朝代，对妈祖的推崇主要表现在与政治、经济、文化相关的国家大事上。如在郑和下西洋、册封琉球国和运河漕运等事件的影响下，致使妈祖信仰同本朝的前途与命运紧密相连，因而使得妈祖信仰在国家祭祀体系中占有十分重要的地位。有确切史料的记载为《明太宗实录》中卷八十七的记载："永乐七年正月己酉，享太庙，封天妃为'护国庇民妙灵昭应弘仁普济天妃'，赐庙额曰'弘仁普济天妃之宫'。"③

清代是妈祖信仰发展最为繁荣朝代，这与国家所赋予妈祖新的神职有很大关系，除了保漕运输外，还体现在助统一台湾及与琉球外交等功能上，因此，妈祖在清代国家祭祀体系中占有极高地位。据《清圣祖实录》载："（清康熙十九年六月癸亥）遣官赍敕往福建，封天妃为'护国庇民妙

---

①　引自《元史·祭祀志》。

②　蒋维锬.历代妈祖封号综考［C］.中华妈祖文化学术论坛论文集.2006（1）：10—17.

③　引自《明太宗实录》，卷五十二、卷八十七，台湾"中央研究院历史语言研究所"校印本。

灵昭应弘仁普济天妃'."① 清雍正三年（1725年）前后，朝廷在禅济布等人奏折中默认妈祖的"天后"称号，后来清廷便一再加封。除了对妈祖的一再加封外，朝廷还多次御赐匾额。除了在都城中建有国家级别的庙宇、朝廷定期祭祀外，还于清雍正十一年（1733年）后，进入了各沿江、河、海地区，成为地方祀典。至清同治十一年（1872年），据光绪年间的《大清会典事例》记载，"天后"封号已达"护国庇民妙灵昭应弘仁普济福佑群生诚感咸孚显神赞顺垂慈笃祜安澜利运泽覃海宇恬波宣惠导流衍庆靖洋锡祉恩周德溥卫槽保泰振武绥疆嘉祐"六十二字之多。② 并在清咸丰七年（1857年），增加为六十四字："护国庇民妙灵昭应弘仁普济福佑群生诚感咸孚显神赞顺垂慈笃佑安澜利运泽覃海宇恬波宣惠导流衍庆靖洋锡祉恩周德溥卫漕保泰振武绥疆天后之神。"③

作为民间信仰出身的神祇，妈祖作为普通的地方保护神，逐渐被统治阶级认可，并列入国家祭祀的范围。能进入正祀体系并不单纯在于信仰的灵验程度，更大的原因在于其功能上的转变。在国家层面上，正是将妈祖神灵从"地方乡土之神"向"国家职能之神"的演化，才使得国家对其更加器重。在这个不断演化的过程中，反映出了封建王朝对民间信仰的重构。然而，面对这种渗透，民间是心甘情愿地接受这种重构，还是采取对抗行为呢？由此认为，民众面对统治阶级积极传播的意识过程，实际上是持有一种较为警醒的态度，并不全盘接受。面对凭借占有绝对优势，将思想、策略强行推广的政府，民间总是有保持自身文化的相对独立性的潜意识，从而使得代表本阶级意识流的多样性特征得以保持。中国传统社会能保持运转，并在相当长的一段时间内保持活力，与传统文化思想的延续有密不可分的关系。其中，国家对乡土社会的控制手段，得益于其对民间文化思想的控制。倘若民间社会与国家政治在文化认同方面沟通的方式消失，那民间社会对国家心理认同的失去也将成为必然。一旦统治阶级意识到这

---

① 引自《清圣祖实录》（卷九十一），台湾"中央研究院历史语言研究所"校印本。
② 引自《大清会典事例·光绪》，卷四四五，"中国近代史料丛刊三编"本。
③ 同上。

一点，便会想方设法维护这种沟通方式的存在，而这种最温和的渗透媒介就是宗教信仰。正是因为这两大阶级心态的不同，才形成了在同一妈祖信仰中，两种截然不同身世共存的来源。当然，或民间或官方的身世，并没有一个绝对固定的内在规定来制约。纵然两种阶级所表现出来的似乎是二元对立的局面，但从文化叙事角度分析，这更是两个阶级间相互融合渗透、此起彼消共生状态的写照，并都力求在其中寻到认同感及平衡点。"为了使这个重心保持均衡，就需要重新进行调适，以便使构成共同生活方式的所有制度的各种趋向相互适应"。① 因此，统治阶级希望将某些更广博、更深刻的信仰采纳到国家的正祀体系，却又不能完全破坏此前已经在民众中"根深蒂固"的观念框架。因此，只能在其中加入一些模棱两可的新概念，并把可为我所用的新要素装入旧的崇拜体系里面，以达到潜移默化又悄然无声的效果。所以说，妈祖信仰虽具有与其他民间信仰完全不同的特征，既不属于佛教，也不完全属于道教，在教义上也存在儒教的特征，有巫女的形象却并不使用巫术。作为一种民间信仰在各地广泛传播，备受历代统治者的青睐，频受皇封的现象并不多见。"它不仅是民间信仰生活的某种形式，已经成为传统社会中上层文化与民间文化一个极其重要的复合点"。②

海神妈祖自第一次册封到最后一次，前后历经 719 年，加封 36 次，封号神格逐渐升级，经历了从"夫人""妃""贵妃""天妃"再到"天后"的殊荣，作为一种民间信仰获得了至高无上的地位。这种命名过程本身其实就是一种重塑社会记忆的重要的形式，"通过命名者、被命名者、仪式参加者在特定情景下的互动，建立、确立或者复制某种技艺，加强认同，增进凝聚"③。由于受到时间及空间的限制，很多人对于妈祖的认知仅限于他者的宣扬与记忆中。而统治阶级正是看中了这一点，对于任何社会秩

① （法）莫里斯·哈布瓦赫，毕然、郭金华译．论集体记忆［M］.上海：上海人民出版社，2002：149.

② 张士闪．传统妈祖信仰中的民间叙事与官方叙事［J］.齐鲁艺苑（山东艺术学院学报），2007（6）：87－91.

③ 纳日碧力戈．姓名：文化与符号的比较观察［C］.王铭铭、潘忠党．象征与社会——中国民间文化的探索．天津：天津人民出版社，1997：27－63.

序内的参与者，都构建了一个共同记忆的预设，因此，对于后来接触到妈祖形象的民众来说，只要是"客观存在"的他们就认为是合情合理的，而极少有人再去追溯其起源和流变。无可置否，官方对于妈祖形象的重塑，对社会制度的保障功能有所提高，也确实为妈祖信仰传播范围的扩大，塑造成为颇具世界影响力的神灵打下了坚实的基础。上文关于妈祖信仰的分析，并不是单纯就信仰谈信仰，而是为下文依附于妈祖信仰而生的皇会研究，打下根源性的基础。正是在这种强大的信仰环境中，早于天津城而建的天后宫才会依然屹立于海河岸边香火旺盛，为妈祖娘娘庆生的皇会才能活态传承，依然焕发熠熠光彩。今日的妈祖信仰，已经被赋予了更多的时代特征，作为独特海洋文化的象征，成为了两岸三地通商、通航的和平象征的和平使者，发挥着巨大的凝聚功能。

第二节 天津城市文化的原点——天后宫

一、天后宫历史沿革

天津独特的历史地理环境，使得各种文化在此汇集、碰撞、融合，经济得到高速发展，为各种信仰在此扎根奠定了基础。根据清道光二十六年（1846 年）的《津门保甲图说》所绘制的《天津寺庙分布图》中，详细记载了当时在天津主要城区的寺庙分布多达二百余处。作为早于天津建城设卫之前就传入的妈祖信仰，一直广受本地民众的信奉，并建立了多座庙宇。据考证，历史上天后宫的数量曾一度多达 27 座。据《续天津县志》卷四记载：

"天后宫十六，东门外元建……陈家沟、丁字沽、咸水沽、贺家口、葛沽、泥沽、东沽、前辛庄、后尖山、泰家庄、城西马庄、河东唐家口、芦北口、城西如意庵——南名太后行宫、大直沽。"[①]

---

① 引自（明）《续天津县志》，卷四。

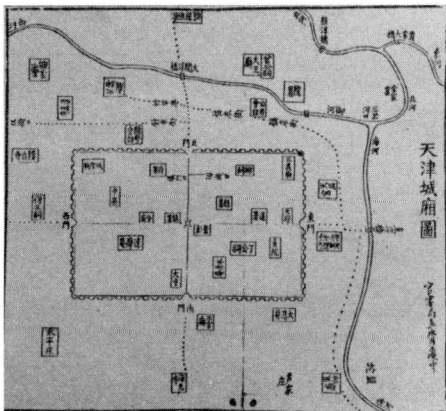

据《津门杂记》记载的天后宫（1884 年）

另据《塘沽区志》第 865 页记载：

"最著名的庙宇是娘娘宫（亦称天妃宫、天后宫），北塘、新河、大沽、邓善沽等地均有此庙。"①

据《畿辅通志》（雍正）卷四十九，第 5 页记载：

"天妃祠，在霸州苑家口，一在宝坻，一在新河，一在芦台。"②

据《重辑静海县志》卷二，第 18、19 页记载：

"天妃宫在县城西门内迤南。"③

据《河间府志》卷六，第 6、29 页记载：

"天妃宫，其神为女，三人。俗传神姓林氏，遂实以为灵。……盖所祀者海神也。"④

此外，还有建造在军营里的两座天后宫，为设在水师营⑤及大沽营⑥的城隍庙及大佛寺两所天后神祠。《天津府志》卷十二中曾有记载：

---

① 引自（清）《塘沽区志》，第 865 页。

② 引自（清）《畿辅通志》，卷四十九，第 5 页。

③ 引自（清）《重辑静海县志》，卷二，第 18—19 页

④ 引自（清）《河间府志》卷六，第 6—29 页

⑤ 水师营建于雍正四年（1726 年），驻地为今陆家嘴一带，乾隆年间两度增设人员，后在乾隆二十二年（1767 年）撤销建制。

⑥ 大沽营建于雍正五年（1727 年），驻地为今新城一带，咸丰、同治年间曾数次补充兵力。

"水司（师）营天后神祭祠祀银40两。"①

《天津府志》卷十二中中载：

"大沽营天后神祠祭祀银40两。"②

如今的天后宫香火依然旺盛

由上可知，天津境内有明文记载的天后宫共计23座。此外，还有闽粤会馆、千福寺两座天后行宫。历史上的天后宫在历史上一度多达27座，在这些天后宫中，以东门外天后宫和大直沽天妃灵慈宫最为著名。大直沽天妃灵慈宫俗称东庙，始建为1314—1320年间，据明代任天祚所撰《重修敕建灵慈宫天妃碑记》记载：

"传至延佑，兹大直沽乃古建天妃灵慈宫。"③

因受火灾、战争、朝代更迭等影响，香火几断几复，已远不如从前。2002年，天津市政府在此地修建起遗址博物馆，供人参观。今日，在天津现存的天后宫中，香火最为旺盛、规模最大的当属东门外1326年建造

---

① 引自（明）《天津府志》，卷十二。
② 引自（明）《天津府志》卷十二。
③ 引自明代任天祚《重修敕建灵慈宫天妃碑记》。

的天后宫，据《元史》载："元泰定三年八月，'作天妃宫于海津镇'。"因建立于海河西岸，民间也俗称为西庙、娘娘宫。

自元朝始，漕运海运并重，海河干流的航运功能显著。地处三岔河口的直沽被作为漕粮运送的转输要地，而呈现出"舟车攸会，聚落始繁"之景象。元代诗人张翥，也曾作诗《代祀天妃庙次直沽作》的诗：

> 晓日三岔口，连樯集万艘。
>
> 普天均雨露，大海静波涛。
>
> 入庙灵风肃，焚香瑞气高。
>
> 使臣三奠毕，喜气满宫袍。[1]

西庙天后宫的建立，既满足了百姓酬神谢神的心理，无论是船工、搬运工，商户、富贾或是官员，都会在此地定期进行酬神谢神的活动，也促使天津经济的发展，并逐渐成为大规模的城市。明人佚名所作的《直沽棹歌》，就有对人们在船上祭拜天后宫的描述：

> 天妃庙对直沽开，
>
> 津鼓连船柳下催。
>
> 酾酒未终舟子报，
>
> 柁楼黄蝶早飞来。[2]

明清时期的天津，随着商业贸易发展，本地居民商业活动的日渐频繁，天后宫所在的三岔河口地区，成为天津城市较早的人口聚集地区及商品交换的固定地点，久而久之，形成了对天津经济政治文化都具有巨大影响力的宫前集。明末至清初，随着生产力发展，宫前集附近的店铺兴起，露天集市渐改为有门店的商铺经营。后因附近的店铺、民居等建筑增多，形成宫南大街、宫北大街、二道街、玉皇阁大街等。清乾隆五十二年（1788 年）画师江萱所作的《潞河督运图》就记载了三岔河口一带当时的繁荣盛景。直至民国末年，天后宫一代仍然是天津城内经济中心。

---

① 引自元代诗人张翥《代祀天妃庙次直沽作》。
② 引自明代佚名《直沽棹歌》。

《潞河督运图》局部（中国历史博物馆藏）

最初天后宫的存在是与人类经受风浪折磨等自然灾害因素有直接关系，但天后宫经历代政府青睐，斥资修葺，直至今日依然能屹立于海河岸边的原因却由多方面造就。庙的实质在于对偶像的供奉①。《释名·释宫室》言："庙，貌也，先祖形貌所在也。"庙本身就是各种文化的聚集点，不同的庙所蕴含的文化内涵也不同，而庙中偶像的意义，是民众心理形象的外在有形体现。天后宫中的神灵体系特征，恰可从另外一个层面说明，妈祖信仰与皇会在天津的稳态性发展并非偶然，天后宫作为一种文化空间，从空间概念和时间概念上提供了其演变发展的物证。

二、天后宫繁荣之因

天后宫坐西朝东，占地面积5352平方米，建筑面积2095平方米。在封建时期的历朝历代中，备受执政阶级的青睐。仅以正殿为例，就历经多次维护与修缮。明代永乐元年（1403年）重建，明正统十年（1445年）重修，明万历三十年（1602年）重建；清顺治十七年（1660年）重修，清乾隆四十五年（1780年）重修，乾隆四十九年（1784年）重修，清道光二十七年（1847年）重修，清同治五年（1866年）修补，光绪二十一年（1895年）重修。新中国成立后，党和国家为了顺意民意，也在1957年、1985年进行过重修。现存天后宫壮美巍峨，由戏楼、幡杆、山门、

---

① 高有鹏.中国庙会文化［M］.上海：上海文艺出版社，1999：3.

牌楼、前殿、正殿、藏经阁、启圣祠，以及南北钟鼓楼、配殿、张仙阁、
关帝殿、财神殿等古建筑群组成。

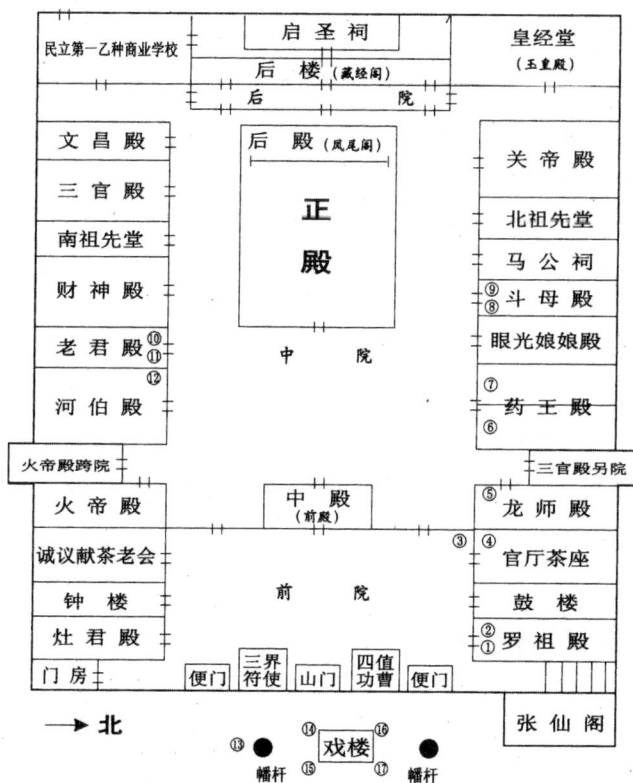

20世纪30年代天后宫内商铺示意图

说明：
① 眼药铺
② 看风水、批八字
③ 眼药摊
④ 永兴永中西首饰店
⑤ 绣花作
⑥ 益丰成首饰店
⑦ 刘捷三照像馆
⑧ 宝华首饰店
⑨ 春永堂眼药铺
⑩ 王奶奶花店
⑪ 声远斋空竹店
⑫ 绣花作
⑬ 源记香蜡店
⑭ 扎彩铺
⑮ 切面铺
⑯ 豫春林杂货铺
⑰ 水铺

天后宫内商铺示意图（20世纪30年代）

（转载自《天后宫写真》董季群绘制）

据董季群在《图说天津天后宫》中所绘制的 20 世纪 50 年代天后宫内
的神像分布图分析，偶像塑像多达 46 尊。而在此之前，神像数量更是令
人咂舌，据查阅 1948 年天津市民政部门的"寺庙登记"记载，庙内神像

53

有：天后圣母 1 位、泰山娘娘 1 位、附座 11 座、观音 2 位、大殿站神 22 位、关圣帝君 2 位、文昌 1 位、药王 1 位、财神 1 位、附座 8 座、龙王 1 位、河伯 5 位、张仙 1 位、马公 1 位、斗姆 1 位、后楼及配殿站神 47 位、附座 15 座，总共 121 尊。所供之神可谓种类繁多，儒释道共存。从更深层文化的角度分析，也正体现出天津独特的地域性特征。天津城市居民五方杂处，因心态各异，故而对神灵的精神需求也各有不同，本地居民迫切需要一位具有地域性特征的神灵来满足自身的心理及精神渴求。上文中已经分析，妈祖信仰作为一种外来信仰有得天独厚条件扎根本地的优势，因此为了捍卫自身地域文化的内核与精髓，并随着时间推移派生出其他的文化、社会功能，由单纯的航海神逐渐转为护城神，适应不同阶层信众的不同心态，满足他们的尊崇要求。位于地域文化中心的天后宫，为了能吸引更多的信众，树立自己的宗教权威，广为容纳其他来自民间、佛教、儒家的神灵体系也就不足为奇了。此类现象在中国诸多寺庙中并非偶然，这正体现出民间信仰自发、自由、自然的特征。为此，将从三个深层次方面分析其中原因造成：

（一）寺庙在传统中国中弥漫性宗教中的整合作用

在社会学家杨庆堃曾对"弥漫性宗教"[①] 有过较为明确的阐释，他认为自己"多年以来，一直被传统中国社会中宗教的位置问题所困扰"。[②] 并指出中国宗教与西方宗教之间的区别，"由于在中国人概念中并没有单一的超然行神灵……在历史的绝大多数时期里，在中国社会制度框架体系下缺乏一个结构显著的、正式的、组织化的宗教"[③]。但无可置否的是，民间信仰和实践却渗透于中国民众生活的每一个角落，虽然不是以独立的

---

① 所谓弥漫性宗教，即拥有神学理论、崇拜对象及信仰者，于是能十分紧密地渗透进一种或多种的世俗制度中，从而称为世俗制度的观念、仪式和结构的一部分，失去了显著的独立性。参见：C. K. Yang, Religion in Chinese Society, Berkeley: University of California Press, 1962：269.

② 杨庆堃著、范丽珠译. 中国社会中的宗教——宗教的现代社会功能与其历史因素之研究 [M]. 上海：上海人民出版社，2007：74.

③ 杨庆堃著、范丽珠译. 中国社会中的宗教——宗教的现代社会功能与其历史因素之研究 [M]. 上海：上海人民出版社，2007：73.

组织化结构进行表现，但却是深深地扎根于家庭生活及地方制度中。这种宗教同西方的"制度化宗教"有很大的差异，"制度化宗教"（Institutional religion）是指："一个民族的宗教在教义上自成体系，在经典上有具体的刊行出版典册，同时在教会组织上也自成一严格系统，而与一般世俗生活分开。"① 清同治年间《津门保甲图》刻本所载的《天津寺庙分布图》中，就对当时三百多处寺庙的分布情况进行了详细的标注，可谓村村有庙、村村有庙会。相应地，从寺庙的密集程度不难判断，几乎每家都有供奉祖先的祠堂、牌位与神坛，这正表明了此类性质的宗教信仰在中国社会中的强大影响力。杨氏通过对中西方宗教不同特质的理解，认为"中国社会是以'弥漫性'宗教为主导的……这种现象是一个社会现实的象征"。②

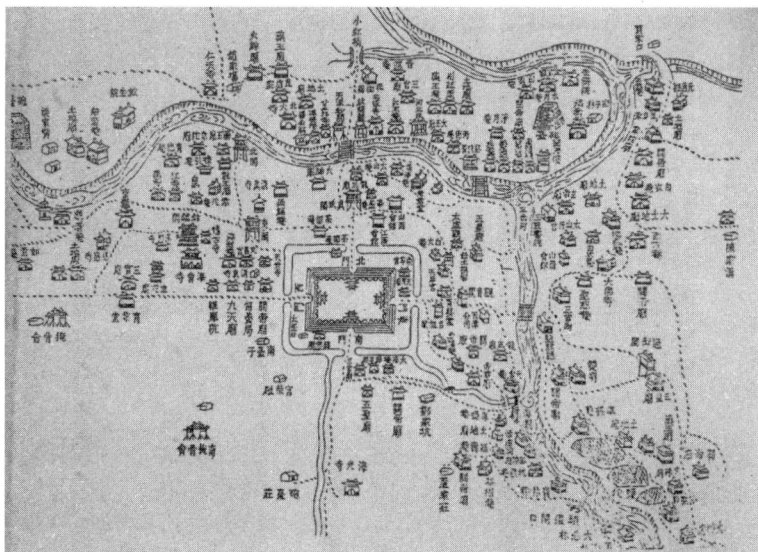

据清同治年间的《津门保甲图》记载，天津当时的寺庙多达三百余座。

杨氏认为：地方庙宇是中国弥漫性宗教的核心结构元素庙宇，并扮演着十分重要的角色。庙宇为中国民众提供着范围广泛、内容丰富、形式多

---

① 李亦园.人类的视野［M］.上海：上海文艺出版社，1996：274.
② C. K. Yang, Religion in Chinese Society，1962：6.

样的宗教服务，既可以满足精神上的需求，也可以满足仪式上的需求。①
以天后宫中所供奉的神灵为例，可谓群神杂居种类繁多，且难以用规制性
的方式进行完全分类。一般来说，可以分为如下七大类：

其一为主神：主神即妈祖娘娘。因被国家认可而屡获殊荣，成为封建
国家祭祀中的正神。尽管后来天后宫神灵一再增设，但是先入为主的心理
已经在百姓心中扎根，依然无法改变在百姓心中的主神地位。

其二为派生之神：即妈祖娘娘的分身。最初的妈祖是作为海神身份进
入天津，但是随着城市发展，她已经不满足人们多样的精神需求与心理寄
托。因而应广大百姓追求家庭健康、族群繁衍的愿望，妈祖逐渐派生出具
有具体功能的专业神。历史上妈祖的分身曾经多达九种，分别为：

送生娘娘	天后娘娘	子孙娘娘
斑疹娘娘		眼光娘娘

天后宫内的妈祖娘娘与其他四位分身娘娘

1. 送生娘娘，又称"随胎送生元君"。娘娘脸有两面，正面为善相，

---

① 参见杨庆堃著、范丽珠译. 中国社会中的宗教——宗教的现代社会功能与其历史因素之研究 [M]. 上海：上海人民出版社，2007.

背面为恶相。相传，送生娘娘送胎儿出生时，会露出背面的恶相，并拍打胎儿屁股，吓孩子赶快降生。所以一般婴儿在出生后不停哭泣，屁股上还会留下一块青色印迹。

2. 斑疹娘娘，又称"斑疹回生元君"。娘娘手持莲蓬样式物件，上面布满斑点以示天花，意为斑疹娘娘可以为人们去除此病。

3. 耳光娘娘，又称"耳光元君"。娘娘手捧一耳状物品，以示可保佑人们远离此病。

4. 眼光娘娘，又称"眼光明目元君"。娘娘手持人目，以示可为人们去除眼疾。

5. 引母娘娘，又称"引母元君"。娘娘手牵孩童，意为护佑妇女顺利受孕。

6. 子孙娘娘，又称"子孙保生元君"。娘娘可保佑妇女生产顺利，防止难产、流产等突发状况。

7. 乳母娘娘，又称"乳母元君"。娘娘怀中抱一孩童，身旁还有半卧的孩童一名，意为保佑产妇奶水充足，养育小孩。

8. 百子娘娘，又称"百子元君"。娘娘身上趴着许多孩童，意为多子多福。

9. 千子娘娘，又称"千子元君"。娘娘身旁有几千名孩童围绕，意为保佑家中人丁兴旺。

以上九位娘娘是不同时期内妈祖娘娘派生出来的分身，每位神灵都有各自职责，来满足民间百姓信仰方面的需要。神灵职责多以求子、祛疾为主，但也存在着不同程度上职权重叠的现象，经过逐渐精简，最后固定为四位娘娘，分别为：子孙娘娘、眼光娘娘、斑疹娘娘及耳光娘娘。

其三为功德之神：即对天后宫有过帮助的神灵。天后宫曾供奉马公与曹公二神，相传，马公为清朝太监，奉旨修建大直沽天后宫（东庙），但是却因疏忽错修了今天后宫（西庙）。发现错后，自己出资修建了东庙。虽然为无心插柳，但是民众感谢其恩德，特意修马公站像一尊。曹公作为修天后宫时的管账者，民间认为也对修缮寺庙立有功劳。

其四为当地俗神：即在本地传说中较有群众基础的神灵，如王三奶奶与挑水哥哥。传说王三奶奶是天津人，平日骑驴走乡串户为百姓看病。在本地，王三奶奶的影响颇大，甚至可以与本地民众对妈祖的崇拜之情比肩。民间流传着许多有关于王三奶奶的谚语，如"摸摸王三奶奶的手，百病全没有；摸摸王三奶奶的脚，百病都能消"。另有挑水哥哥，又称傻哥哥，传说此人精通医术，平日挑水为了浇灭天花豆，逝后被奉为"保生大帝"。

其五为佛道诸神：即有经书记载，多为各地常见之神，如观世音菩萨、释迦牟尼佛、千手千眼观世音菩萨等。天后宫初建之时，由僧人管理，因而将大量佛教神请入本宫。

其六为自然灵怪：天津本地非常信奉"五大家"，即黄（黄鼬）、狐（狐狸）、白（刺猬）、柳（蛇）和灰（老鼠）。五大家的形象全被塑造为人像，慈眉善目，除了白仙被附会为（白）穿白衣，凤冠霞帔的老太太形象外，其余都为穿灰蓝色官服、戴官帽的男像。在五大家之神中，尤对狐仙、白仙和黄仙更为敬畏，并被百姓附会为真身如胡三太爷、白老太太和黄二大爷。

最后，还有多尊无源、擅立、暂存之神。如华佗先师、施药仙官等对人身健康产生护佑的神祇；辛亥革命前夕，被暂存于此的大势至菩萨；掌管土地的土地爷；从祀的诸神，如王灵官、千里眼、顺风耳等；在民间广为流传的神，如斗姆、河泊、关帝、火神、财神等也在寺庙有所供奉。

不过，可以这样认为，天后宫作为传统社会中的弥漫性宗教场地的提供者，信仰和仪式的意义是为社区共同利益服务。一方面来说，祭拜纳福和集会表演等此类仪式性的活动，其本质上是一种社会事务，反映着家庭、宗族、社区团体、村落的共同诉求，如天后宫内所供奉着的土地神，就体现出农耕文明社会中农民对土地的依存关系，祈求能获得土地神的护佑，这不但是个人的希望，也是整个村落、宗族的期望；另一方面，天后宫也可满足个人利益诉求，祈祷健康、祛病消灾、人丁兴旺等，如在这些神灵之中，占大部分的依然是同个人需求息息相关的神灵，体现在护佑祛病与护佑繁衍等方面。除此之外，供奉被杨庆堃称为"神化了的人物"，即那些"真实存在却已逝去的历史人物"。后人通过各种方式，如称颂他们的美德，将他们纳为神灵体系来祭拜，正是渴望缩小与神灵之间距离与隔阂的方式。因此，可以说天后宫实际上是神圣空间的物化形式，这既是人们同神沟通的神圣场所，也是人神共处的世俗环境，在此处，人和神可以对话、人可以诉说自己的心愿，而神可以听到。人们相信只要来到此处，就能更加靠近神灵。"对执着于务实求存之一价值标准的乡里民众而言，他们固然希望从'诸神救劫'的说教中获得精神支持，借以消解由于社会压力而引起的心灵焦灼，但他们更希望这种精神危机能落实到社会行为领域，以解决人生的实际需要为归宿"。① 因此，可以认为寺庙具有提供个人精神寄托和凝聚社群力量的双重功能。

此外，从管理天后宫历代的神职人员构成上，也能体现出中国民间信仰"弥漫性宗教"的特性。杨氏认为与弥漫性宗教相对应的制度性宗教，其主要特征之一就是"由神职构成的独立组织，帮助阐释神学观念并主持仪式性活动"。从元代到1949年新中国成立前，天后宫主要由道士与僧人两种人管理。据《天津卫志》卷四十所载的《河东大直沽天妃宫旧碑》记录，直至元代至正十一年（1351年），天后宫仍为僧人管理。

今日的大直沽天妃宫（张礼敏摄）

"庆国利民广济福惠明著天妃祠，吴僧嗣庆福主之，泰定间弗戒于火，福言于都漕运万户府，朝廷发（官）帮钱，始更作焉。嗣庆福者二人：始

---

① 程歗 . 晚清乡土意识［M］.北京：中国人民大学出版社，1990：254.

吴僧智本主六年，以至正十一年圆寂；众请主西廊（庙）僧福聚来继其任。……聚福之主西庙，能率其师之志，多所兴创。至是益竭其心思以治东庙，梵钟渔鼓之声，盖朝夕相闻云。"①

据此段文字分析，元代时主持西庙的为福聚和尚，因东庙主持圆寂，而请福聚前去东庙主持庙务。虽然，东庙也有和尚，但都不能担此大任。而福聚和尚也是"竭其心思"治理东庙，并最终将其管理得井井有条。

明代永乐年间，道士成为掌管天后宫的神职人员。据《天津卫志》卷三记载：

"正统十年参将杨节重修，礼部札付道士邵振祖领《道藏》一部。"②

由此可以推断出，至迟于明正统十年（1445 年），天后宫已由道士来主持。另据《志余随笔》记载：

"香林院道士王野鹤初簪冠于天妃宫时，东溟读书朝中故幼师兴之。"③

作为口头传承道教的清微一派第七代传人，系"应真妙人"李德晟，道号天希，是天津市区境内有文字记载的最早的道人。明朝初年，他来到天津天后宫担任主持，并成为天后宫清微正一派的开山鼻祖。自此至 20 世纪 60 年代中期，因"文革"的到来，道士才逐渐淡出人们视野，结束了长达五百余年对天后宫的管控。

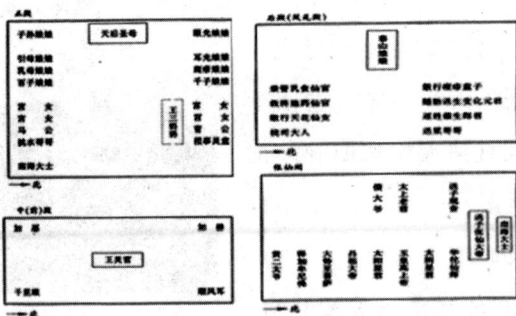

20 世纪 50 年代天后宫神灵图（转载自《天后宫写真》董季群绘制）

---

① 引自（元）危素所撰：河东大直沽天妃宫旧碑，天津卫志，卷四十。
② 引自（清）薛柱斗修《天津卫志》，卷三，民国 23 年（1934 年）版。
③ 引自（清）《天津卫志》，卷三。

中国传统的宗教信仰和实践"弥漫在多种世俗制度当中，并且已经成为世俗制度的组成部分"。①传统社会中，弥漫性宗教的信仰模式直接作用于社会生活中的各个方面，这对于维护社会制度的稳定有重大作用。以神庙为中心的祭仪可以说更多地表现出文化的地方性，而且内在地表达了民众群体对于所处自然与社会地域空间中经济政治生活诸多关系和历史变化的认识。② 由于受历史记忆、地域环境认知等影响，民众的对天后宫所举行的仪式主题、举办日期、内容安排等都十分认同，这对增强村落的凝聚意识或村落联合体的意识具有特别意义。个人、家庭、宗族、村落及聚落之间聚集于同一空间内，并在此发生密切的互动关系。同时，认可共同的道德伦理规范，这是大部分庙宇及仪式所实现的实际效果。

（二）"三教合一"宗教背景中的天后宫

汉代以后，儒家的价值观念逐渐被佛教、道教所接纳，以获得在整个文化中的影响力。明清以来，中国普通的宗教思想，趋于三教一致。③ 这种现象同原始宗教一样，是人们面对自然灾难和规律无能为力的一种表现，但同时这也是"一种多功能的混融性结构，一种若干社会需求和愿望以同时见诸实现的形式"。④天后宫中供奉神像种类繁多，就是这种三教一致的反映。其中，既有道教中的天后、斗姆、文昌等，也有佛教中的释迦牟尼佛、观音、龙王等，此外还有王三奶奶、挑水哥哥、白老太太等民间神，可谓诸神杂居，佛仙道混杂。

从严格的意义上来说，儒教在中国社会中的各个时期内，其表现力和影响力都十分巨大，并备受历代统治阶层的尊奉。但因儒教无教义等诸多特征，并不能算作完全意义上的宗教。从积极角度分析，儒家思想的确为社会提供了一般性的道德伦理基础，如助人伦、重教化。而从消极意义分

① 杨庆堃著、范丽珠译. 中国社会中的宗教——宗教的现代社会功能与其历史因素之研究[M].上海：上海人民出版社，2007：40.
② 刘铁梁. 作为公共生活的乡村庙会[J].民间文化，2001（1）：48－58.
③ 王治心. 中国宗教思想史大纲 [M].上海：三联书店上海分店，1988：177.
④ 小田. 庙会仪式与社群记忆——以江南一个村落联合体庙[J].民族艺术，2003（3）：45－49.

析，这使得中国人普遍认为自己已经属于某种宗教当中，而实际上所支配自身的大都只是一些缺乏组织性的原始信仰以及模糊不清的宗教实践。另外，对于社会文化知识掌握有限的大多数民众而言，儒学的影响远不及佛教和道教。对于中国传统宗教信仰，一直被认为是一种复杂的混合体，其中确是以佛教、道教的教义为重要成分，但是却也包含了两者以外的仪式成分。如民间信仰中也包含了对祖先的崇拜及相应的仪式，这种朴素的人神观，实际上远比道教教义的形成要早。再如，在民间普遍都有对农业神的祭仪，其实这种形式也与佛教关系较为疏远。可以说，中国的民间宗教不但融合了儒释道等思想，而且包含了许多更为原始、古老的信仰成分。

因此，儒教、道教、佛教三教合一，既使得三教互为补充，却又并不妨碍各自教义体系的发展，同时也符合绝大多数信众的内心需求。正所谓"儒家为社会和政治生活提供道德准则，而道家和佛教则监督着儒家的伦理道德在日常生活中的实践，并在心理和精神方面为民众提供帮助"①。正是在这样一种三教合一的背景下，天后宫的神明体系才呈现出无限扩大的态势，更多的神灵意味着更多的选择，并在功利主义的驱使下显示出，只要有利就必须产生包容并拥有心态。因此，日本人类学家渡边欣雄对这种的现象的解释为："在人们的信仰生活中，宗教区分是不可能的，也是没有意义的。②"虽然包括天后宫在内的绝大多数中国寺庙中，都普遍存在求大求全的神灵祭拜模式，但这绝不是含混不清、全无逻辑的状态。乌丙安在《中国民俗学》一书中就有对中国民间信仰多重性的阐释，他认为，这种"多层复合信仰（syncretism）或多层结构的特点"③，将信仰多样性化等同于同一性特征是不科学的。因为，多样性的信仰是一种并列的状态存在，而多层复合的信仰则是以一种重叠的状态存在。所以在天后宫内，纵然是众神混居，但是依然没有抹杀每一种信仰的特征与神灵体系的壮大，反而获得了各种阶层、各种需求、各种年龄阶段、各种职业、各种

---

① 参见：Xinzhong Yao — An Introduction to Confucianism，2008：224.
② （日）渡边欣雄．汉族的民俗宗教［M］．天津：天津人民出版社，1998：14.
③ 乌丙安．中国民俗学［M］．沈阳：辽宁大学出版社，1988：247.

民族百姓们的青睐，并绵延香火发展至今。

（三）天后宫繁荣同民间信仰的功利心理

民间信仰基本是以自发状态发生、发展的，并具有极强的功利性心理，可以说"民间信仰中的所有迷信事项都与每个人的切身利益或生活共同体的局部利益密切相关"[①]。再者，中国人信仰具有模糊性，他们心目中其实并不存在严格的神灵体系约束其行动。这种对神祇职能的混淆，在民间信众间的相互传播中十分容易影响更多人群。久而久之，此神的神能就会被无限扩大甚至掩盖其原有的本职功能。妈祖信仰传入天津以后，被民众增添了祛病、祛痘、祛眼疾、求子，甚至保家、求财等其他功能，并增加数量、规模都十分巨大的附祀，逐步打造成一位无所不能的万能神，就是这种功利心理的最直接反映。

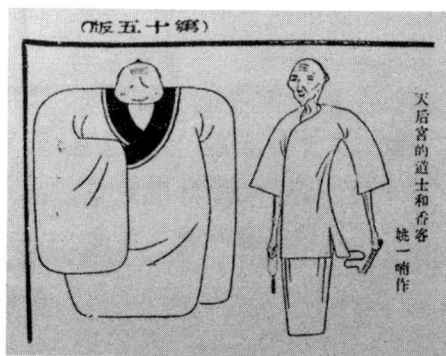

天后宫的道士和香客

（原载于 1936 年 4 月 7 日《益世报》）

从信众角度来说，民间思维的方式较多地具有原始性思维的朴素特性，并将信仰事项直接与多样的具体事物相连。民众在从事仪式活动时，往往对祭拜者或拥有神力者寄托一定的希望，"此类实践是个人追求福利和消除不确定感（uncertainty）的行为，它们的功能在于在没有掌握科学技术的状态下满足自己的基本生物需要的手段"[②]。因此，他们狭隘而直

---

① 乌丙安．中国民俗学［M］.沈阳：辽宁大学出版社，1988：245.
② 马林诺夫斯基．巫术、科学、宗教与神话［M］.北京：商务印书馆，1936：147.

接地希望根据自身需求的多样性，产生出多种能与之相对应的，并能解决实际问题和精神寄托的神祇出现。天后宫中繁多的神灵种类恰好为其提供了这样一个"拜全神"的场所，神像作为人类社会约定俗成的精神偶像与寄托，可有助于民众按照实用性功能进行"对号入座"的叩拜。同时，这与天津市井居民务实的地域文化心态也有莫大关系，因此将从天津人的地域文化性格方面对这一点做出分析。

另从天后宫神职人员的角度分析，妈祖信仰本身属于道教，神灵体系的壮大也同道士自身生存和发展相适应。道教泛神化特点显著，包容了中国古代宗教、古老神话、民间信奉的众神等各类神仙。对于神职人员而言，多立一尊神像，无疑是多给自己开通一条财路。这既可以多为天后宫谋得香火钱，也可以使自身的生活更加富裕。民间甚至还流传着"富了道士，饿死香客"的说法。

每逢会期，大批信众涌往天后宫朝拜

天后宫在天津本地具有一种空间内的"地标"作用，无论是因妈祖信仰扎根天后宫才使得城市原点被确立于此，还是天后宫因占据在城市中心位置而使得妈祖信仰得到了更好的传播，两者之间存在着一种互相成就又相辅相成的关系。但是无论如何，是这座城市的人民将妈祖信仰宣扬至极致，并吸引了统治阶级的眼球，成功地将其从"地方级"送入了"国家级"的神灵体系。而妈祖信仰也的确回报给了本地居民相应的慰藉，不但抬高了这座城市的社会地位，而且强固了城市的凝聚力。在以天后宫为中心所举办的祭祀活动中，无论是国家对其所表现出的"正统性"认可，还是民间社会对其的热烈追捧，都为"双轨"的实施打下了良好的基础。统治阶级期望通过建庙设教来传达自身的意识形态，以达到稳定统治目的，民众期望通过仪式、庙会的进行，对本地的民间文化与地域风俗进行宣传，并通过对妈祖神灵神能的不断叠加宣传灵验，以获取更多的民众对地域信仰的认同。庙会是在庙周围的文化空间中所发生的全民性祭祀行为，神灵的崇拜、庙缺一不可，是全民性参与的具有固定时间的信仰行为。庙会以庙宇为中心，是一定地区内社会、经济、文化、道德、伦理及各种信仰观念的具体产物，正因为这些内容有别于其他地区，所以，才在这样一个区域内形成这种文化内涵的庙会。① 作为皇会的举办地点，天后宫既是承载着信仰与意识的抽象文化空间场，又是一个被具象化、物化的精神符号，并可以同时满足国家与民众的双重需要，不但发挥着国家检验民间是否顺从的试纸功能，也满足了民众期盼的信仰功能、经济功能。"作为宗教生活中最稳定性的要素，庙会仪式是索解社群历史与文化的一条可能途径"。② 天后宫作为城市发展的原点，是本地文化、经济的单向流向地，天后宫庙会带来的经济效益及其他的产业联动效应，为皇会的举办提供经济支持。

第三节　皇会的缘起

一、"皇会"源考及会期、路线

"皇会"一词最早的出现时间，民间说法繁多，正史书中无确切记载。据编于清同治九年的《续天津县志》记载："娘娘会'俗呼为皇会'，

---

① 高有鹏. 中国庙会文化 [M].上海：上海文艺出版社，1999：71.
② 小田. 庙会仪式与社群记忆：以江南一个村落联合体庙会为中心 [J].文化研究，2003（3）：45－49.

乃'酬神所献之百戏也'"。由此可以看出，皇会的雏形为民间的娘娘会，与为庆祝天后娘娘诞辰所表演的各种文艺节目——"百戏"相关。娘娘会的起源现在已无从考究，有著作将其划定为"差不多在元至元年间（1278—1288年）"[1]，这时的民间祭祀活动只是小规模举办，参与的人群也不及皇会阶段广泛。此时人们的酬神祈祷多涉及妈祖护航护海的原始功能，因而多由从事水运、脚行工作者及其家人完成。

关于皇会正式更名时间，民间广为流传的有两种：一为始于清康熙四年（1665年），一为始于康熙三十年（1691年），两者均系民间口传。另一说法来自天后宫道士世代传言，相传乾隆年间，皇帝南巡，船行至三岔河口，适逢娘娘会，一时兴起，观看岸上各道老会出会盛景，不仅龙颜大悦，当即御赐给几道较为出彩的会两面龙旗，"乡祠挎鼓会"四名鼓手各一件黄马褂，"津道鹤龄老会"中四位鹤童每人一个金项圈。经过此次赏赐，娘娘会顿时荣耀万分，为答谢皇恩，遂更名为"皇会"。第三种说法在民间流传甚广，颇得人心。据数次在皇会中伴驾"斑疹娘娘"的同心法鼓会会员口传，他们就是当时获得两面龙旗的会组织其中之一。据老会时任副会长徐文和口述：

"往上倒三百年，我们会叫南头窑太平法鼓，为什么叫这个名字，我说不好，后来改名为'永丰屯南头窑同心法鼓老会'，到现在也有两百多年的历史了，在有皇会之前我们会就参加娘娘会了。皇会的来源是在1740年以后，为嘛这么说呢？这还和我们会里的一面龙旗有关，天津老会的老人们都知道。乾隆爷下江南，路过天津，正赶上三月二十三出娘娘会，看我们会表演的好，就赏赐给我们一面旗。现在旗是没有了，但是这是一辈一辈传下来的说法。"[2]

徐文和所说的1740年，恰为清高宗乾隆五年，此种说法同《天津政俗沿革记》的记载大致相同，此书中有如下记载：

---

[1] 尚洁. 皇会 [M]. 天津：百花文艺出版社，2006：41.
[2] 据南头窑同心法鼓会时任副会长徐文和口述资料整理，2012年3月22日采集。

66

"相传前代圣祖高宗南巡驻跸天津，乡人演作戏剧，用备临览，或作神仙故事，或作乡俗形象。有以童子数十人，各持小铜钵，舞跳之始，伏地排天下太平四字，颇近古人舞法。恐回銮后再逢驻跸，各戏技艺生疏，因于每年天后诞辰赛会之期，一演试之。此皇会之名所由来也。"①

因此，可以认为，"皇会"一词来源至迟不过清乾隆年间。民间所讹传为康熙年间，有几方面原因：一是此种说法多来自于为妈祖酬神表演的部分会种，但这不能排除某些会组织为了突显自身的年代久远，便将自身参与妈祖庙会的时间提前，而实际上这只是参与娘娘会的时间，并不是皇会的时间。由于距今遥远，最初的误传已经无从考究，人云亦云代代相传，遂产生讹传现象。二是妈祖信仰在天津有着较为广泛的群众基础，民间渴望自身崇拜的妈祖更早能获得官方的认可，这本身就是一种民间信仰向官方靠拢，寻求正统化的表现。此论点，将在下文中做详细论述。

（一）皇会的会期

娘娘会自清代被封为皇会、纳入官方祭祀体系以来，将为妈祖诞辰的庆祝活动定于农历的三月举办。但是，因受诸多的历史、经济、政治及其他因素的影响，并不是每年的三月都举行。民国前的娘娘宫庙会往往一年间要举办几次，其中最为隆重的要数腊月庙会，举办的时间大致在农历腊月十五至正月初一。据天津商会在清光绪三十二年十二月十四日（1907年1月27日）的档案记载：

时任市长萧振瀛为举办皇会批复的文件

---

① 引自清代金钺《天津政俗沿革记》。

"天津商会提出在每年腊月、三月在天后宫开办庙会，准由各工商一切精美物件及新奇名品均准陈列到其中，任人游览，彼此互相交易。"①

清代文人杨一坤在其著作《皇会论》中有言：

"国泰民安，时移岁转……却原来是皇会重兴第二年。"②

若皇会中间不曾间断，那"重兴"二字又何从谈起？"第二年"则从侧面反映出了皇会举办的连续性。另《天津皇会考记》有载：

"迨如意庵被焚后，皇会一度停办多年。"③

另，1936年3月12日刊发在《北洋画报》上《皇会轶闻》载：

"皇会元举，溯至满清，殆致末叶，已见衰微。国民已还，除曹锟执政时，于民国十三年间一度举行，其俗已废置久矣。"

《天津文化通览》中也有记载：

"不完全统计，皇会自兴办以来，有史可依的举办时间是：乾隆五年（1740年）、嘉庆年间（不详）、道光元年（1821年）、同治九年（1870年）、同治十三年（1874年）、光绪元年（1875年）、光绪二十年（1894年）、光绪二十一年（1895年）、光绪三十年（1904年）、光绪三十三年（1907年）、民国三年（1915年）、民国十二年（1924年）、民国二十五年（1936年）。"④

从上述材料中可以看出，皇会并非"一年一度"，仅从20世纪几次举办的时间来看，间隔时间分别为3年、8年及12年，这说明皇会的举办需要受较多客观条件的限制。以民国二十五年（1936年）皇会为例，此时恰逢"七七事变"前夕，社会百业萧条，时局动荡。为挽救天津商业的颓废态势，是年2月28日，银行业同业工会主席钟锷、租界内华商工会主席张浙洲及纪华、王凤鸣向天津市政府递交了申办皇会的报告。

---

① 引自《天津商会档案》清光绪三十二年十二月十四日（1907年1月27日），天津档案馆存。

② 张焘. 津门杂记 [M]. 天津：游艺山庄，光绪十年（1884年）.

③ 来新夏. 天津皇会考·天津皇会考纪·津门纪略 [M]. 天津：天津古籍出版社，1988.

④ 董季群著，郭凤岐主编. 天津文化通览（第一集）天后宫写真 [M]. 天津：天津社会科学出版社，2002：98.

今日复兴后的扫殿会，只具有礼仪仪仗性质，不
具有过去组织皇会的功能。（张礼敏摄）

　　时任市长萧振瀛认为"举办皇会，以资繁荣市面，复兴工商业"遂于
三月三日批准，并仓促决定将皇会定于当年的农历四月七日举行，然由于
多方面原因，天后銮驾于十一日才出巡，十三日再次出巡，十四日为天后
诞辰举行祝寿活动。此次皇会的举办，的确为凋敝已久的天津经济带来了
一时的繁荣，使得商界及执政当局在经济方面得到了一定的实惠和收益，
同时也对改善地方民众生活起到了一定作用。

　　皇会举办之初为农历二十日、二十二日，行会两天。后增加十六日、
十八日，会期延至四天。加入三月二十三天后圣诞日举行的祝寿活动，皇
会一般要历时五天。最后，广大民众将皇会行会之间的十五、十七、十
九、二十一日用作进香朝拜、商品贸易，于是皇会会期最终定为：从每年

农历三月十五日起到二十三日娘娘的诞辰日为止，共进行九天。其具体的仪程安排（以 1936 年为例）如下：

1. 召开皇会"筹备会"。经各方面协调商议，一旦确定今年皇会举办。扫殿会就要发动官界、绅界、商界召开"筹备会"，制定好本次出会的行程规划，其中包括仪程中的人事安排、经费来源、会期、出巡路线及"提会""请会"的具体会组织等。

2. "请会"及贴黄报。在"筹备会"结束之后，扫殿会要根据所商定的拟请会种、会道进行情况落实。够资格参加皇会的会被称为"在会道"，入选皇会的标准是德高望重、历史悠久、技艺高超等。在口头联络好愿意出会的会组织之后，扫殿会要派人亲自请会。"一次为请，二次留立"，一般为表示诚恳，对于有名望的老会，扫殿会都要请会两到三次。借此机会，会头要和会员们协调和商讨具体出会适宜。待准备工作就绪之后，扫殿会要在天后宫山门外贴"黄报"，向外界宣告皇会举办的日期以及相关规定。黄报贴出后，各道应邀参与的会组织要为天后宫送来回应的黄报，表示届时准时参加。黄报一旦张贴，扫殿会及会组织就达成了一种契约的关系，这代表着双方都不能有任何变动，可以算是一种外界对此的见证。以当年扫殿会张贴的黄报为例：

历年三月二十三，为天后圣母圣诞良辰，庆祝行香，现因繁荣市面，挽救商业起见，仍遵旧章，预于十六日驾幸千福寺行宫驻跸，十八日接驾回宫，二十、二十二等日，行香，散福，却瘟，届时务请诸大善士接驾拈香，是幸，谨此布闻。

天后宫　扫殿会

主持张修华 公启[1]

3. 妈祖起驾日。皇会起驾时间是第一天下午二时。起驾之前，扫殿会要带领请驾会、护驾会及执掌执事人员，对天后宫内妈祖神像进行叩拜、上香。随后，由请驾会请妈祖娘娘圣驾升坐入黄轿之中，其余四位娘

---

[1] 尚洁. 皇会 [M]. 天津：百花文艺出版社，2006：89.

娘升坐宝辇。起驾时，门幡会、太狮会引导，其余各会按照秩序依次而行，銮驾最后出行。接驾会会员在听到圣驾临近的消息时，要跪在事先准备好的苇席之上，手捧高香等待圣驾。待到圣驾过后，接驾会会员才可起立。随后进入行宫之内，安排起奏大乐，将五驾轿辇请入中殿宝座之上。接驾会会头率众会员上香叩首后，各道老会、圣会各逞其能，为娘娘进行表演，香客可按规定时间上香祈福。

4. 妈祖娘娘回"娘家"日。农历三月十六日是天后娘娘驻跸回娘家的时间，妈祖黄轿与四位娘娘的宝辇要在这一天被送全闽粤会馆或者如意庵。接驾会要跪迎并持香迎入，妈祖娘娘并接受香火，民间会组织进行表演。

5. 接驾日。农历三月十八日为接驾日，要把停留在"娘家"受香火一日的五位娘娘驾接回天后宫。请驾会负责将妈祖娘娘所乘坐的黄轿改为华辇。

6. 出巡散福日。农历三月二十日、二十二日是妈祖娘娘出巡散福日。天后娘娘乘华辇出天后宫，按照事先定好的路线出巡。出巡及出巡归来的路线不能重复，正所谓"不走回头路"。妈祖娘娘及五位分身沿途要接受信众叩拜，散福民间。此时，各"在会道"的老会、圣会伴驾左右，各显其能进行游街表演。

7. 妈祖诞辰庆典日。农历三月二十三是妈祖诞生之日，整场皇会庆典活动到达高潮。扫殿会首先率众朝拜、进香、上供，随后在宫前的戏楼前展开大规模的精彩表演。

1936 年以前，由于参加皇会活动的民众很多，朝廷命扫殿会对香客进香时间做了较为严格的规定，即农历的三月十五、十七、十九、二十一、二十三日为女子进香时间；农历的三月十六、十八、二十、二十二日为男子进香时间。一来可确保会期内民众安全，防止因拥挤造成的伤亡事故，二来也是对封建礼仪教化的一种传导，防止男女过多接触，做出有伤风化之举。如在 1928 年 2 月 15 日刊登于《北洋画报》的《娘娘宫》一文就有"此庙正门及殿上，贴有'男子不得入此门'及'此处不准男子逗留'之黄纸布告"的说法。但在 1936 年最后一次举办皇会之时，此惯例有了较大变更。男女香客进香时不分日期，但会期中男子要从左门入、右门出，女子全由中门出入。虽然皇会的举办时间基本在三月二十三日，但历史上也有数次将皇会举办的时间改动的情况。如清光绪三十年（1904年）举办的皇会，次年恰逢慈禧太后七十大寿，为了应酬封建朝廷，赢得慈禧的欢心，将出会时间由农历的三月推迟至十月。

（二）皇会的出巡路线

庆祝娘娘三月二十三生日的皇会出巡仪式，一般由负责组织皇会的扫殿会提前几天通知所要参加的会。

人山人海观皇会

娘娘出巡这天上午，在会道的各道会要在娘娘宫山门外的小屋内装扮整齐，按照顺序为娘娘上香后，才能跟着队伍出巡。行会的过程中，遇见截会的商家或者店铺，要停下来为其表演，因此往往行会时间较长。据西码头百忍老会时任会头殷洪祥口述：

"听会里老头们讲，原来出巡前后用六天。上午，在娘娘宫山门外头的小屋里头都是各会，一道会占一间小屋，扮齐了，排好了，候着走会道。有时候，前面会都到西关街了，娘娘不一定出来了还。娘娘的辇在后面，基本上是一直到下午了娘娘才才动弹。为嘛这么慢？一方面看会的人多，那时候没有这么宽敞的地界儿，挤啊。另一方面，会出来以后，总有截会的。会道得进东门里，八大家在城里有房子，人家门前儿都把东西摆出来了，截住你了。要求狮子要耍，法鼓要耍，高跷要耍。这一要就耽误工夫了，天都黑了，才能到如意庵那儿。"①

其他没有被扫殿会邀请的会，在那天也可以跟着出会，但不能在娘娘身边伴驾，这些会主要集中在估衣街一带。因为会与会都聚集于此，人数巨多，会与会之间难免会产生矛盾，所以这个地点往往加派人手维护治安。另外，还有很多道郊区或者外省市的香会组织涌到娘娘宫来祝寿，整个天津卫一时间人山人海，热闹胜似过年。

行会的路线基本是绕天津城（狭义定义的天津城是指今天老城厢一带，东、南、西、北四条马路之间的地域）而行。每届皇会出会、行会的路线不同，接驾、送驾、散福三日所走路线不同，三日出天后宫和回天后宫的路线也不同。现以1936年农历三月二十日（4月11日）皇会天后娘娘出巡路线为例（根据殷洪祥口述内容整理）：

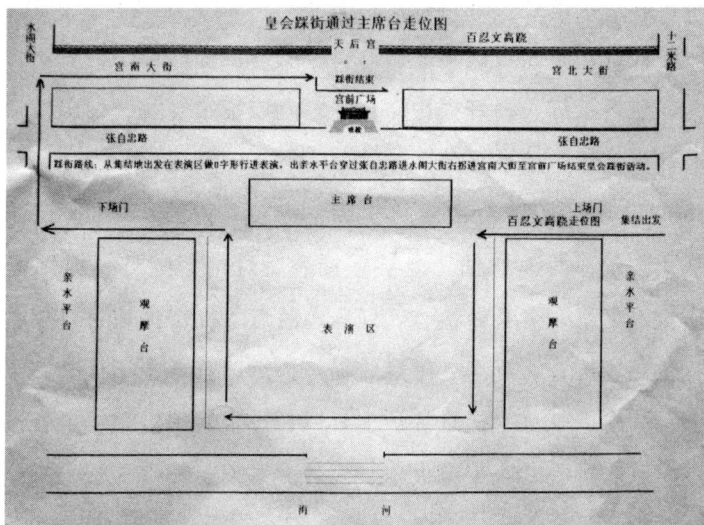

2010年"皇会踩街活动"行会路线

接驾路线为：出天后宫——走宫南大街、磨盘街、遂高大街（有时候也走磨盘街、袜子胡同）、东马路，进东门，出西门、走西关街、横街子、北小道子、韦陀庙，最后到如意庵。

---

① 据西码头百忍老会时任会头殷洪祥口述资料整理，2010年11月21日采集。

送驾路线为：从如意庵出来，进六和轩、穿铃铛阁、太平街、针市街、估衣街、毛贾伙巷，过宫北大街，最后回到天后宫。

散福路线为：出天后宫，走宫南大街、袜子胡同、进东门、穿鼓楼、过西门、西马路、南阁、针市街、估衣街、锅店街、单街子、毛贾伙巷、宫北，最后回到天后宫。

目前的行会时间由九天变为一天，行会路线也有所改变，较过去简化为：娘娘宫、宫南、城里鼓楼、宫北、娘娘宫。

（三）皇会的出会顺序

目前，各道会的行会顺序和过去性比有很大改变，据《皇会》一书记载如下：

1936 年接驾日各道会次序依次为：宫音法鼓、天后宫道众行香、銮驾、大乐、灯扇、献灯、提灯提炉、日罩、天后圣母黄轿、护驾、灯扇、提灯提炉、日罩、眼光娘娘宝辇、灯扇、献灯、提灯提炉、日罩、子孙娘娘宝辇、灯扇、献灯、提灯提炉、日罩、癍疹娘娘宝辇、灯扇、献灯、提灯提炉、日罩、送生娘娘宝辇。

1936 年送驾日各道会次序依次为：捷兽、挎鼓、中幡、萃韵吹会、圣字灯亭、法鼓、西池八仙、老县署接香、灯扇、献灯、提灯提炉、日罩、癍疹娘娘宝辇、老县署接香、灯扇、献灯、提灯提炉、日罩、眼光娘娘宝辇、老县署接香、灯扇、献灯、提灯提炉、日罩、子孙娘娘宝辇、老县署接香、灯扇、献灯、提灯提炉、日罩、送生娘娘宝辇、金音法鼓、南门内接香、道众行香、永丰屯大乐、鹤龄、銮驾、提灯提炉、日罩、天后娘娘黄轿、护驾等会。

出巡散福两天的出会种类和排列次序基本相同，依次为：

净街、门幡、捷兽、挎鼓、中幡、太平花鼓、五虎杠箱、重阁、平音法鼓、阵图会、和音法鼓、云照灯亭、鲜花法鼓、宫音法鼓、西池八仙、老县署接香、灯扇、献灯、提灯提炉、日罩、送生娘娘宝辇、同心法鼓、老县署接香、灯扇、献灯、辇主、提灯提炉、日罩、癍疹娘娘宝辇、永音法鼓、老县署接香、灯扇、献灯、辇主、提灯提炉、日罩、子孙娘娘宝辇、井音法鼓、庆寿八仙、南门内接香、灯扇、献灯、辇主、提灯提炉、日罩、眼光年娘宝辇、金音法鼓、南门内接香、道众行香、同和大乐、鹤龄、公议音乐、銮驾、提灯提炉、日罩、辇主、天后圣母华辇、护驾、扫殿会等会。

看皇会的孩子

（原载于 1936 年 4 月 18 日《大公报》）

以 2010 年"皇会踩街活动"行会路线与 1936 年的皇会出巡在会期、出会路线、参加会种、出会顺序等多方面比较，可以得出以下结论：会组织的出会数量、会期的安排时间及出会路线均有所简化，出会顺序也没有严格的规定。但是，依然可以认为皇会仪式具有稳态性，并认为现在的仪式过程其实是民俗事项在适应现代化生活时所作出的一种自我调适。具体原因主要从以下几个方面阐释：

首先，我们要先肯定皇会仪式中积极性的因素。纵然是面对已经有所简化的皇会仪式现象，也不能否认其中历史文化延续性的存在。这种延续性跨过了中国社会发展的各个时期，今日的仪式，正是建立在一种与社会文本关系的基础之上的。虽然其中是以隐喻的表现方式呈现，但是依旧具备礼仪的属性，而且无形的传承因素并没有消失。无论过去还是现代，在时间的长河中都是百姓内心感情与信仰的一种永恒的"蓝本"模式，所发挥出的精神性作用并没有本质变化。

其次，时至今日，人们依然依赖于皇会仪式所提供的思维与行为之间的沟通作用。作为"对话"空间的提供方，皇会发展的动力并不仅依赖于历史资源本身，而在于时代背景下人们对其的理解与解释。社区成员在参与仪式的过程中，从时间、空间和行为模式等方面的共享中，达成了心理上的凝聚。

但是无可否认的是，生发于农耕社会的民间文化正受到新的社会意识形态的考验。从参加出巡散福的会种类型可以观察到此类现象：出行的会种较为单一，基本都是以表演玩意类型为主，善会基本难寻踪影；参会的数量较之过去有所减少，有诸多新晋的会种参与；出会的仪仗用品不如过去精美；表演技艺方面不如过去专业等。由此认为，造成这种转变的根本原因就在于，社会意识形态的转变导致人们对皇会所产生的态度转变。过去出会行会的会基本是由富商投资，而今日此种集资手段已较为少见，虽然也有少数大企业对老会进行资助，但是资金并没有保障，基本是以会员个人注资的方式维持老会日常开销。在这样一种状况下，若想维持会的正常运行，必须要多参与政府或商家组织的出会机会赚取酬劳，毕竟对于他们来说"会存在着，比会不在了要好""虽然落魄了总比完了好"。因此，相对来说，有绝技、有看头的表演玩意儿会比其他仪仗类型、慈善类型的会更能获得现代人的认可，也就更能适应时代的需求，生存空间较大。

二、皇会繁荣的最大动因——经济利益

作为天津境内的诸多寺庙中，规模最大、参与人数最多、影响力最广的庙会，但凡举办便是"通宵达旦，游人如狂"的盛景，而整个天津城定是"万人空巷""途为之塞"，皇会曾被誉为"北方各省唯一之神话盛事。"清代天津诗人樊彬曾有描写皇会繁华景象的诗作《津门小令》：

> 津门好，
>
> 皇会暮春天。
>
> 十里笙歌喧报赛，
>
> 千家罗绮平鲜妍，
>
> 河泊进香船。[①]

---

① 樊彬．津门小令［M］．天津档案．2007（8）：37—38．

另据 1936 年 4 月 11 日《大公报》记载："天津市民观会者有 10 万人次，4 月 13 日观会者达 50 万之众"。其次，除了天津市区郊县，附近的其他省市信众也纷纷前来一睹盛举，因而所涉及地区较广。1930 年《益世报》报道："因为前清奉旨开皇会的黄报，曾经在上海张贴，所以南方也有人专程赶这次三月的庙会。……不但中国人信她，日本人信得尤其厉害"[①]。这不但反映出皇会在国内辐射范围之大，也是关于外国人参与皇会的第一次记载。

《益世报》上所刊的皇会广告
（1936 年 4 月 2 日）

庙会或庙市的最初始、基本的功能源自于宗教的繁盛及传播。庙会作为一种非物质文化遗产的存在，在历史的发展演变中总是以满足百姓的精神需求和物质为目的地的。[②] 根据马林诺夫斯基功能主义理论分析，文化对人和人群需要的是一种"实用性功能"，这一点在天后宫庙会中体现得尤为深刻，其中最显著、最直接的当属对经济利益的追逐。《天津皇会考记》中《皇会影响于市面之利益》（第 69—70 页）的文章就对皇会所带来的市场繁荣与经济收益进行了详细的记载：

"出皇会的确是可以振兴一部分工商业，虽然有人说这种经济活跃，是消耗的，但看这一时，是有几业受其惠。

绸缎布匹商，是解决人们衣的问题的，在皇会期间，正是春服既成的时候，一般人为了看会，谁不做两件新鲜美丽的衣服，尤其是一般女人们，所以绸缎店第一要利市三倍的，各会参加人员的制服彩衣也要制作，当然不会是少数的。

洋广百货，金银首饰，这是和绸缎店一样有好处的，做了新衣服，当

---

① 引自《益世报》1930 年．

② 马知遥．非遗保护的困惑和探索 [J]．民俗研究，2010（4）：46—54．

然要添置首饰，及其他一切装饰品，化装（妆）品。

饮食等物，为了看皇会，家家要接亲迎友，四乡八镇，外县远道来的，住在亲友家中，当然要有一番款待，以及各会款待会员，都要备齐上等酒饭，那时节，饭庄菜馆，以及米面，肉菜，鲜味海味，油盐酱醋，都要多消费一点，消费踊跃，各商营业当然要发达的。

点心茶食，各方亲友，往来增多，点心铺为了备置礼品，生意当自兴隆，更有出会时截会的事，都要预备点心截会，消耗数日当然更为加多。

此外，大的如银行银号等，小的各杂货铺，都可以接受皇会直接或间接的利益，即各旅栈等也不会没有好处。香店营业，更是兴隆。

出皇会前，修理制备各种应用事物，各重轻工艺工人，得到工作的不少，如工匠、瓦匠、油漆匠、彩扎匠、成衣匠。到了出会的时日，各会应行摆设旗帜灯牌等项，除去会员自行办理之外，要雇用"打小空的人"，打执事，挑担子。预料出会时行列要有万人参加，雇佣的闲人也要在三五千之多，可以临时解决生计。

这就是当局最繁荣市面，举办皇会的利益。"①

"任何节日习俗都是各项民俗的综合展现。"②皇会的举办便可产生文化和经济的双重效应。首先，繁荣天津经济。从商品流通的功能方面分析，皇会能在较短的时间内，将大量的供需关系集中在一起，通过各种交流方式，进行商品上的买卖，并产生经济效益。如外市乡民为免税降低成本而把产品运至天津，并引发大批外地需求者来此购买，带动了本地的经济效益。虽"宫前集"一说是在明弘治六年（1493 年）有正式记载，但天后宫附近的商贸活动在天津卫筑城设卫之前就已经开始了，此处被认为是天津最早的集市之一。天后宫可以视为天津金融业的聚点，天津第一所钱业行业组织——钱号公所，就建立在天后宫财神殿后院内。随后，依天后宫而兴起的宫南、宫北大街逐渐繁华起来，成为天津最早的金融街，为

---

① 来新夏．天津皇会考·天津皇会考纪·津门纪略［M］.天津：天津古籍出版社，1988：70.

② 乌丙安．中国民俗学［M］.沈阳：辽宁大学出版社，1988：292.

北方地区盐、粮的交换集散地。据 1931 年 2 月 8 日《益世报》记载："天津市面，最能表现旧历新年之征象者，盖无过于宫南宫北街。"所经营的百货种类繁多，从土特产品、民食小吃、生活用品，到南北大火中的金银首饰、珠宝玉器、烟酒茶糖、锦丝绸缎均有销售。天津商会档案记载，清宣统二年（1910 年），宫南宫北大街上的商铺多达 200 余户。许多商家还为了捍卫地盘，贴上"年年在此"的纸条，以防止其他商家抢了自己的位置。每年农历妈祖诞辰的皇会期间，便有"……香船之赴庙烧香者，不远数百里而来。由御河起，沿至北河海河，帆樯林立，如芥园、湾子、茶店口、院门口、三岔河口，所有可以泊船之处，几乎无隙可寻"的盛况。

其次，皇会对其他行业产生了巨大的环向关联效应①。每到会期，皇会的参加者、各地的香客、本地和外埠赶来经营生意的商人小贩都齐聚海河之上，尤其是香店、饭店及旅店更是生意兴荣、人满为患，为住宿业、运输业、餐饮业等相关产业注入持续的活力。香火、茶叶及供品等庙会上的日常消费品制造行业得到刺激，得到了直接的实惠及收益；沿街的商号生意兴荣，"数日之内，庙旁各店铺所卖货物，亦利市三倍云"。皇会的繁荣使得大批为皇会及各道会提供仪仗、执事、器物的手工制作者生意兴荣，随着皇会规格的不断升高，使用的器物也愈加精美华丽，从材质到工艺水准甚至能与宫廷器具比肩。嵌金描银、大漆工艺、角

《益世报》所刊皇会广告

（1936 年 4 月 2 日）

脂灯等制作工艺都十分精致，从这个层面来讲，对本地手工业者的制作工艺有巨大的推动作用。茶棚、水会、火会等各种公益团体及慈善组织在皇

---

① 指某一产业由于自身的发展而引起其他相关产业发展的作用效果。由于各种产业的特点不同，关联效应大小以及强弱也不同。

会中的活跃，提高了部分食品的消费。另外，过去民众的精神文化生活十分匮乏，对参与皇会的热情十分高涨，因此每逢皇会之时，无论男女老幼通常都会置办新衣、新鞋、新帽，这可以有助于缝纫业、染织业、纺织业等行业的发展。甚至，很多学校为了让学生看皇会，还专门放了假。皇会繁荣所带来的产业联动效应，使得各种行业都直接或间接受到带动，并从某种程度上改善了民众的生活水平，增添了就业机会。

皇会的繁荣有多方面原因，虽然参与皇会的各个阶层的人想从中获得的利益不同，但这与他们的加入有密不可分的关系。

《益世报》所刊皇会广告

(1936 年 4 月 2 日)

第一，因统治阶级的加入。皇会是庙会形式的一种，但是却又不能完全等同于普通的民间庙会，因为它与历任代封建政权的联系之密切是一般民间庙会所无法比肩的。而对于统治阶级来说，他们早已经意识到既可以运用暴力或自己的象征符号摧毁或替代民间仪式，也可以征用民间仪式与象征服务于经济目的或者政治治理，从而实现多方面的互惠互利。这一点可以从清代及民国时期，官方为皇会举办期间的商贸交易所提供的一系列的优惠政策证明。如：各种货物免受厘税；各地来津货物，无论水陆运输，只要在车船上插有"天后宫进香"字样的黄旗，一律免税。以1936年的皇会为例，这是历史上最后一次皇会，此时正值"七七事变"前夕，国内时局动荡，经济满目疮痍。但政府仍对皇会期间的商贸活动给予一定程度的优惠政策。政府的参与与调控，给凋敝已久的天津市场注入了一丝活力，无论是百姓、商人还是政府都获得了一定程度的收益。归根到底，社会暂时的稳定，民众收入的提高，可以营造一种繁荣的假象，这对当时处在内忧外患之中的天津政府来说，有助于安抚民众的情绪，树立更高的威信。

第二，因商人的加入。在皇会举办中，官、商集资办会的形式最为多见。据《天后宫行会图》中的记载，94 道老会、圣会中，有 56 道会是集资者办会。根据《天后宫行会图》记载，参与皇会的各道会多集中在北门外、海河两岸等商业繁华地区及大批盐商聚集的盐坨地区。① 而据清《津门保甲图》记载，清代后期天津的"绅衿""盐商"及"铺户"共计约九千户，而有近七千户生活在上述区域，而这三类人正是皇会举办的主要出资者。然而投入是为了更大的经济回报，显而易见"皇会的举办，直接受益者当属'商'——商品、商号、商人"②。办会者主要由资助皇会的大财团组成，历史上最有名的当属"八大家"——"天成号韩家""正兴德穆家""振德黄家""长源杨家""益照临张家""杨柳青石家""益德裕高家""土城刘家"。从某种意义上说，娘娘会之所以演变成皇会，与"八大家"的推波助澜有极大的关系。"八大家"资助皇会，多与他们的营生手段及获得的特殊利益有关。他们多是因垄断了天津粮、油、盐等生活必需品的供给和进行海上运输，商人们低价从官府中购得，随后以二十倍的价格售出，获利极其可观。杨一昆在《天津论》中曾描述过这一现象：

"粮字号买卖最吉祥，一只可赚三只粮，钱来的涌，职捐的狂，蓝顶朝珠皆可想。"③

此段话前段是对商家获取暴利的描述，后段反映出了用钱买官的现象。这些富户为了能巩固自身的地位，成为某种行业的专商，常常与官府关系十分密切，以各种名义向朝廷捐献银两。而对于万众瞩目，又与"皇"字沾边的皇会，他们自然表现出无比热情。如皇会中大部分门幡、华辇、銮驾、黄轿、华盖、宝伞等仪仗銮驾，娘娘置办新衣的绸缎布匹及抬阁会的八驾执事，均有盐粮商出资赞助。最为典型的是，作为皇会出巡

---

① 姚旸. 论皇会与清代天津民间社会的互动关系——以天津天后宫行会图为中心的研究 [J]. 民俗研究，2010（3）：168-181.

② 尚洁. 皇会 [M]. 天津：百花文艺出版社，2006：43.

③ 张焘. 津门杂记 [M]. 天津：游艺山庄，光绪十年（1884 年）.

核心的八架抬阁，皆由盐务纲总集资兴办。

"盐务纲总通商人家公议、运署二分半银两，皇上家的岁银国课，乃为皇会称呼，年年出行八架抬阁，费用等项料理。"①

为何天津较之其他城市更加重视商贸活动呢？原因与天津独特的城市历史有关。天津由于独特的地理位置，南北经济往来频繁，本地居民较之其他内陆城市商贸意识普遍更强。另外，本地是全国重要的盐产区和商品集散地，从事与此相关的盐务及运输业获得的经济利益最为丰厚。加之自然条件的制约，本地适于耕种的土地较少，因此，最终造就了此地"可耕之地固少，聚处之族实繁"②的状况。反映在社会阶级结构中，与其他城市相比必然会对耕种、土地的掌控意识较为薄弱，而更具"民喜为商贾"的思想。事实也的确如此，天津当时的豪商中极少有人专门从事经营土地，而多半是以承办盐务及从事粮、油、特产运输的行业为主。以为皇会提供的巨大资金支持的"八大家"为例，其中黄、高、杨、张家均以经营盐务的"引号"为主要资金来源。石、穆、刘家以贩运粮食为主。从事海运的只有一家，为韩家。"八大家"中只有石、刘两家身兼地主，其他各家虽然也置办了田地，但并不以此为主要获利途径。

被称为会中领袖的扫殿会，虽然早期由天后宫中僧人与道士操持，但后来也仰仗于这些富商大户，他们在很长的一段时间内负责皇会内部的协调、接洽、组织工作。另外，某些富商还附庸风雅，由他们资助举办了如育婴堂、水会、茶棚会等公益性组织。民国时期，随着传媒业的兴起，大部分商家在资助皇会举办或作为社区会组织支持者的时候，通常会在报纸、媒体、传单、皇报、书籍进行宣传。这样一来，在满足自身兴趣喜好玩会之外，也可对自身店铺起到一种宣传作用，彰显自家实力，在行业内外引起反响。

这些做法虽然会造成互相攀比，争强斗胜的局面，但也在一定程度上

---

① 许青松、郭秀兰合编. 天津天后宫行会图［M］. 香港：香港和平图书公司，1992：127.
② 引自《重修天津府志》，"风俗"，卷二十六。

促进了天津地方雅文化的发展。当然，这其中也不乏是完全因个人原因和兴趣进行资助的，如天津富商"怀古堂"，因家中孩子得天花后痊愈，为谢妈祖娘娘庇佑，成立"怀古堂顶马会"① 参与皇会出行还愿，但这种人群所占比例仍在少数。

第三，因吃会儿群体的加入。吃会儿主要是指皇会中一类靠办会挣得银两、食物、布料的人，这些人多见多识广，通晓皇会中的礼仪会规，多是"爱惹惹"之人。他们为皇会大张旗鼓地宣传，操办出会事务，自己可以获得相应的报酬。这项收入虽并不固定，却较为可观，因此很多平日喜好热闹、爱管闲事之人热衷此道。吃会儿人在参加皇会表演的会种中最为常见，他们大多出自本会所在的社区之中。出会前与会头商议筹备资金的方式，基本先从本地区的商铺或富甲大户入手，然后再对本社区居民挨家上门求得资金。若民众没有金钱捐赠，还可以捐赠粮食、点心茶食、布匹配饰等。吃会者在捐赠完毕之后，将各家所捐赠的钱财物品写于黄纸之上，在社区最为显眼之处进行公示。当然，这其中不乏部分游手好闲、借办会之由挨家敛财，却装入自己口袋之人。《皇会论》文中曾对这个群体进行讽刺：

"有一等游手好闲，家家去敛，口称善事，手拿知单，有钱无钱，强派上脸，图了热闹，赚了吃穿……"②

皇会后期，扫殿会曾经禁止高跷会参加皇会行会，据说是因为部分会种为了筹措资金，对本地民众强摊硬派敛钱所致。在民国二十五年（1936年）最后一次皇会之际，扫殿会在天后宫山门外贴出黄报以示天下，不准高跷、秧歌会种参会，具体内容如下：

奉谕，此次举行皇会，高跷，秧歌，不许参加，务希谅鉴，特此告白。

皇会办事处③

---

① 许青松、郭秀兰合编 . 天津天后宫行会图 [M]. 香港：香港和平图书公司，1992：191.
② 张焘 . 津门杂记 [M]. 天津：游艺山庄，光绪十年（1884年）.
③ 尚洁 . 皇会 [M]. 天津：百花文艺出版社，2006：90.

但是无论如何，作为会中最基层、最直接的参与者，吃会儿群体为皇会在民间社会的渗透起到了宣扬的作用，为皇会谋得的资金最终繁荣了市面，并注入了强劲的活力。

皇会的形成并不是偶然现象，通过上文分析可以看出成就皇会的因素有多方面：一方面，官方的"皇会"最初形成于民间的"娘娘会"，这表明民众聚众为妈祖进行祭祀活动的时间远早于官方介入的时间。换而言之，虽然在很大程度上，官方的加入使得仪式更加有组织、有计划、有规格，在仪仗执事、服饰装饰、技艺水准方面也更为尽善尽美。但归根到底，这并没有改变祭祀活动本身的性质。并不是说官方不想偷梁换柱将自己的思想注入皇会中，而这个注入的过程的确需要长时间渗透才可以完成。事实的确如此，在长达几百年的皇会发展生涯中，官方只是以一种不露声色的方式改变着早已在民众脑海中对皇会形成的根深蒂固的表达方式；另一方面，民间力量的强大使得天津官方不能无视民众所表达出来的共同心理诉求。官方选择有影响力的民间仪式作为载体和介入点，妄图来传达对民众思想的控制。但选择信众基础牢固的民间信仰也要付出相应的代价，就是较其他相对发展态势较弱的信仰更为难以掌控，官方不能完全按照自身的预设来进行仪式，因为民间有强大的自控力可以脱离官方，独自经营这场仪式。反之，若民间产生了反抗官方情绪终止合作，单凭官方来经营皇会是不可能的。官方不想让自身苦心经营了许久的皇会又归还给民间，这就必须达成两者之间的协议——官方必须放弃官方征调、完全主宰的观念，而是以官民协商互动的方式共同维持皇会。官方与民间的这种关系，在中国的民间庙会中或多或少都有所体现，但是以皇会中双轨制特点表现得最为突出。作为离统治中心较近的天津，皇会的举办必须要满足统治阶级、民众的双重认可，才能站住脚。民众十分智慧地利用皇会将乡村与城市与乡村之间的关系勾连了起来，增加了地方的凝聚力。双轨制可以简单地规划为一俗一雅、一民一官、一大我一小我。这样的划分并不是将皇会规范到两者之间的一个范围内，而是给它两条轨迹，来解决时间变迁及空间差异的有效方案。这两条线是在以一种齐头并进、平行发展的方式进行，两者缺一不可，纵然在某一时代，一方比另一方更加侧重，但是为了保持两轨之间的不过分偏离，两者会进行适时地自我调节。在具体操作层面上，只有官方和民间达成共识，才能在某种程度进行合作，在这场狂欢中各取所需，实现各自利益。

第四节　地域集体文化性格与会文化的互文

每一座城市都是有生命的。卡尔维诺曾经这样描述过城市，"城市就像一块海绵，吸收着这些不断涌流的记忆的潮水，并且随之膨胀着"①。天津是一座包含着多元文化记忆的城市，精英文化与民间文化、本地文化与外来文化、乡村文化与西方文化、俗文化与雅文化都在此地交融，使得多种文化在激荡中产生了天津独具特色的地域文化。若想准确而又言简意赅地表述天津人的集体文化性格是不可能的，但可通过文化传播主义的角度来分析，从而对天津地域文化的特征进行更为深入的了解。文化传播主义的理论出发点基于："人类文化发展过程中，一定的地理空间中存在着特殊的文化要素，某一文化要素的发源地与现在的分布之间必然会留下传播的痕迹，与特定的文化丛结合的特定空间称为文化圈。"② 这里所讲的文化圈，可以狭义地定义为天津文化。但从更为广义的角度出发：天津文化是中华文化中的亚文化，其中亦包含了无数子系统，因而不能把部分局限性的文化当作天津文化的主体与精髓。例如，我们不能因为天津历史上有过"混星子""青洪帮"及"三不管"地界儿，就说天津是"混混"文化、"帮派"文化及"三不管"文化。地方文化在划分上很大程度是依据了空间，但却不能完全重合于行政区划。只有那种蕴含在城市中那些最稳定的文化，才可以当作一种性格的体现。

---

① （意）伊塔洛·卡尔维诺，陆志宙、张密译．看不见的城市［M］．南京：凤凰出版传媒集团，2006：8.

② 陈克．关于天津文化的理论思考［J］．理论与现代化，2003（6）：68.

今日，天津人对"卫派"地域文化的迷恋与传统生活方式的固守，使得这座城市彰显出独特的地域特性，这为诸多"津味儿"十足的民俗事项产生奠定了肥沃的土壤。城市的性格为生发于此的民俗事项打上了鲜明的烙印，这些民俗事项中的文化基因也深刻地反映为这座城市集体的文化性格。

若想对天津地域文化的特性进行梳理，必然要着眼于各种文化之间的区别、各种文化要素的特点及促使这种文化形成的原因。天津文化是中华文化中的亚文化，天津地域文化特征的考察应基于自身与华夏大地中其他地方文化的对比。水文化、码头文化、租界文化、军旅文化、移民文化都不是天津特有的，妈祖文化与庙会文化在别处也十分普遍。只有通过考察这些文化现象中，天津地域性格同其他地域文化性格之间的区别才能提炼出天津文化独有的 DNA。津派作家冯骥才也曾经在小说中写道："天津卫这地方五方杂处，民风霸悍，重义尚气，易滋事端，不宜举办这种倾城出动的皇会。可谁能把会禁掉？"① 这句话是对天津城市文化性格最贴切的表达，也是时至今日，皇会此项最能彰显天津地域特点的民俗事项依然在进行着"原生态""活态"传承的因素，并将天津独具特色的、迷人的城市集体文化性格与皇会之间千丝万缕的联系的一种写照。

一、天津的地域文化性格

（一）水文化与码头文化的影响

水文化是天津地域文化的第一要义，它催生了本地对于妈祖信仰的崇拜及独特的码头文化，为皇会文化的诞生提供温床。"天津地理与人文交融，就是以水文化为滥觞而产生的所谓运河文化、码头文化和商埠文化"。② 水文化的流动性催生了天津都市文化的诞生，并最终形成了对外来文化既认同又对峙的态度，也形成了既包容又自我的性格特征。"如果

---

① 冯骥才.神鞭［M］.上海：文汇出版社，2003：3.
② 谭汝为.从地名解读天津地域文化［J］.辽东学院学报，2005（4）：13—19.

说到文化上来，也许可以说，北京是城文化，而天津则是河流文化了"。①
天津早为滩涂，借助与水密切相关的捕鱼业与晒盐业发展，后借助漕运、
海运发展，与黄河、长江水系相连，形成南北交通的枢纽，奠定了其重要
的商业、贸易位置。天津地名在历史上曾用过"直沽寨""海津镇"和
"天津卫"等称呼。全市 18 个区县里，就有 10 个区县名中用到和"水"
字有关的偏旁，由此可见水文化同天津城的渊源颇深。从文化生态学角度
分析，水文化的确对天津城市文化的产生和发展提供了孕育的温床，并成
为天津文化生态特殊性的要素之一。虽然每一条河流、每一片海域都是相
通的，但若以大陆地域文化圈层为基础研究，就会发现：水文化所形成的
文化生态对地域性格的形成、发展提供了内生性动力因素，虽然都受整体
文化生态的影响，但因与所在的每一片区域文化的影响与融合，最终形成
了独有的地域性格特征。处在九河下梢的天津民众，必须以贯穿天津境内
河水的流动和汇合来组织协调自己的生活，所以靠水吃水的天津人，只能
是以一种顺从和适应的态度面对生活。

天津境内水系广布、纵横交错，其中功能性最强的为海河、津河、北
运河、南运河、子牙河、大清河、永定河。其中海河被天津人亲切地称为
母亲河，深深地影响着这座城市的风貌和风土人情，也孕育出皇会中丰富
多彩、姿态迥异、独具特色的几百道会。可以说，天津的水文化造就了这
座城市性格中的开放性与兼容性，更造就了天津多元性的会文化。据殷洪
祥回忆所绘制的 20 世纪 40—60 年代，参与皇会的各道会的分布图可看出
其中规律：

依图分析，以天津天后宫为中点，会所及会的集聚点多是建立在天津
境内各道河流的两侧，总体分布不均衡，呈现出东、北部密集，西、南部
稀少特点。此种现象的出现，与当时航运业所带动地方经济发展下，所产
生的行会组织有着十分密切的关系。以脚行为例，此行业是随水运的发展
而产生发展，由装卸工人（即脚夫）组成的，它的工作内容主要有扛包、

① 林希.其实你不懂天津人［M］.天津：天津人民出版社，2008：6.

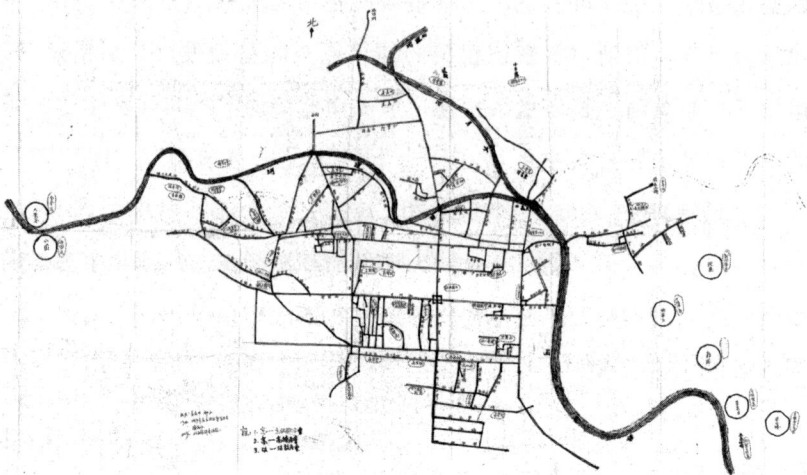

20 世纪 40－60 年代天津会组织分布图（殷洪祥绘）

码垛、封席、装运等，全靠手工操作，肩扛背负，跳板作业，也用大锨、拾筐、撬杠等简陋工具。遇到笨重大件，也只有千斤顶、滚木、倒链等。① 脚行工人作为搬卸物流功能的载体，可谓是沟通货栈业与运输业的"桥梁"②。在很长一段时间内，参与玩会的人多是以脚行工人为主，其中有多方面原因：

1. 脚行工人多信奉妈祖，这对皇会的形成起到重要作用。天津的脚行多依靠水运营生，是在水会基础上衍生而出的搬运行业。因而面对行业保护神常显示出十分高涨的热情。

"天津卫地起是靠鱼盐漕运发的家。行船出海，遇上黑风白浪，就得指望海神娘娘保佑了。即使是头品顶戴，大聚宝盆，也拿灾病没辙，更别说命同猫狗的小老百姓们。人都说，人管不了的事，全归神仙管。天津卫这里的'三界、四生、六道、十方'，都攥在娘娘的手心里"。③

天津民众长期同水运打交道，因此养成了上船必拜神的习惯，也正是

---

① 河北省地方志编纂委员会编．河北省志·第 39 卷·交通志 [M].石家庄：河北人民出版社，1992：170.

② 王军．略论近代货栈业与天津华北物流中心地位的形成 [J].天津财经学院学报，2008 (11)：92－96.

③ 冯骥才．神鞭 [M].上海：文汇出版社，2003：3.

在航行者和脚行工人积极的参与、操持下，才使得娘娘会最终华丽转身为皇会，受以皇封，扩大了妈祖信仰在世间的认可度，香火绵延传承至今。皇会按照表现形式和内容划分，可以分为六种类型：指挥协调类、公益服务类、仪仗銮驾类、座会设摆类、还愿劝善类、玩意儿表演类。脚行在皇会中主要承办的就有净街会、梅汤会、叉子会、请驾会及各种玩意儿表演类等会种中。脚行在参与皇会时，十分注重维护自身形象，其中不乏乐行善事之人，

20 世纪 20 年代天津码头上的脚行工人

如筹办水会、粥厂、茶棚等慈善组织，为皇会的顺利进行维持秩序、保驾护航。另外，有些好打抱不平、善于排解纠纷者，也会出头对社会上不公平的事情进行维护、治理，如享誉中华的"津门大侠"霍元甲，就曾经担任过脚行的总管。"天津教案"的主要领导者和参与者也以脚行工人为主。

2. 天津地理位置特殊，各个码头均有大批以脚行工作为生的工人，虽然商贸繁荣，但行业内竞争力依然很大，并不能保证每人每天都能分配到工作，生存的压力迫使工人们必须有十分强亮的性格与帮派意识，故天津具有码头文化特有的勇侠好斗之风。在冯骥才笔下，也曾不吝笔墨对津门风情、市井文化及受根深蒂固的本土码头文化影响下所产生的集体文化性格进行深刻描写。如在作品《神鞭》中，刻画了一个名为"傻二"的武侠传奇故事，然经细细品味后，却发现冯骥才在潜移默化、浓墨淡彩中，细致地对孕育这一武侠传奇故事的旧天津社会市井风情有一个更为深刻的描述。小说伊始就以三月二十三的皇会来勾勒旧时天津卫的市井风情："憋了好几年没露面的太狮、鹤龄、鲜花、宝鼎、黄绳、大乐、捷兽、八仙"的各会，将"挖空心思琢磨出的绝活"拿出来"露一手"。无论"混

星子"玻璃花、"津门祖师爷"索天响、"打弹弓"的戴奎一还是"神鞭"傻二，按照世俗角度分析，人物有"坏人"和"好人"之分，性格表现也有着天壤之别。但从根本上说，这些性格的形成却共同来源于一种地域文化。冯骥才认为这种地域文化的形成源自于——"沧海桑田的盐腌碱烧和优胜劣汰的码头生存原则以及崇尚火爆的商埠风尚共同造就了天津人逞强好胜、硬碰硬的码头脾气和急公好义、守望相助的火热心肠"。①

3. 脚行工人由于长期辛苦劳作，鲜有娱乐，他们内心极度渴望宣泄，迫切期望寻求一种参与时间灵活又可放松的方式。同时，在共同祭祀活动中，行业组织可以通过仪式的举办来凝聚业缘观念及社团内互助意识。因此大批工人聚集的码头、河岸一带便形成了早期的民间组织，后来他们主动参与到为妈祖庆祝的皇会仪式也就变得顺理成章。据西码头百忍京秧歌老会安维鸣口述：

"西码头这一代玩会儿的，脚行的人特别多。我们会里几个大姓'安家'、'卢家'，过去那都是开脚行的，就连创立我们会的会头岳长发，那也干过这买卖儿。原来还流传着这么一句话'西码头的高跷脚行人多，混元盒的高跷，勤行（做饭的）人多。过去，码头附近都有脚行，船上运来了嘛货，由脚行头负责接下来，吩咐给底下搬运的人干，给俩钱，我们也叫'拉脚'的。不过，也有很多人是'散打'，今儿这有活来这儿，明儿那有活去那儿，没活的时候，就干待着。我们会里的人都认识，平时一说有嘛事儿，大家都互相照应着。总的来说，有帮派的人活儿比较多。"②

由上述材料可以看出，身为行业组织内部成员对所属组织具有较强的依赖感。"在中国，不存在强制性问题。未入行的手工业者，就像一个暴露在凛冽的寒风中没有斗篷的人。"③虽然脚行工人在工作性质上并不等同于"手工业者"，但在某些意义上来讲，这两个团体所处的社会地位有某些相似之处。脚行工人为了在行业内获得认可，会自然而然地依附于组

---

① 冯骥才. 神鞭 [M]. 上海：文汇出版社，2003：3.
② 据西码头百忍老会安维鸣口述资料整理，2010 年 11 月 21 日采集.
③ 彭泽益. 中国工商行会史料集 [M]. 北京：中华书局，1995：59-60.

织的权威。但是这种权威并不是迫于某种外力，而是以一种自然而然的心理依赖感造就的，这也是行业组织内部人员不断整合、克服分化以及维系团结的重要原因。水文化造就了天津独特的码头文化，巨大的生活压力造就了天津城市中人们普遍存在的"悍性"。一方面，天津民众中间有极强的反抗性和团结互助的精神；另一方面，强烈的竞争下，必然造就了部分人"憨不畏死"的性格，并带有浓厚的"江湖"行事作风。

水对于天津城的意义非凡。可以说，若没有水就没有这座城市的产生，也就没有城市中人的生命。妈祖护航神和城市保护神的双重身份的认可，不但表达的是脚行工人及从事水运工作的群体内部的认可，更是一种被社会全体民众的广泛认可。"这表面上是在塑造和强化了一个行业群体的宗教象征，实际上也是一个塑造和强化权威的过程"。[1] 但是这并不是说行会的崇拜就是起源于宗教团体，更多的学者认为："这种宗教上的崇拜只能算是家中行会团结的手段，绝不是产生行会的母体。"[2] 无疑，信仰对于行业组织在形成伊始及发展的过程中具有非常重要的作用，共同的信仰对行业团体具有较强的凝聚作用。也可以说共同的精神信仰，对于行业组织内部的确起到精神纽带的整合作用，行业内部通过祭祀仪式所展开的有效组织和管理方式，是整合力量实现的最有力保障。

自 1860 年以来，天津在短短的数十年内迅速发展成为位居上海之后的国内第二大都市及重要通商口岸，逐渐成为北方内外贸易的枢纽和辐射三北的经济中心城市，并走上了近代化之路。天津地区四季温差大，有人用此来形容天津人的爱憎分明，实际上天津文化确实具有反差较大的开放与保守并存的双重性格。明清以来，天津一直是重要的国际贸易港口，西风东渐使大量西方的精神、文化、宗教、技术由此地传入，当地民众观察和接触到西方文化的机会比内地民众更早、更为全面，因此能更为真切地认识到近代西方文化的优势性及先进性。善于观察、认知的性格及开阔的

① 赵世瑜.大历史与小历史——区域社会史的理念、方法与实践［M］.北京：三联书店，2010：215.

② 全汉升.中国行会制度史［M］.天津：百花文艺出版社.2007：2.

眼界，使得天津人有一种乐于接受新鲜事物和先进技术的习惯，因而在集体性格中呈现出了一种开放性的态度。但是，天津近代历史上的屈辱因素，也造就了另一面的保守性格。

天津成为通商口岸带来了一定程度上的经济繁荣，但并非建立在中西方正常的贸易之下，而是西方资本主义对中国侵略的结果。为了达到将中国变为殖民地的目的，还签订了一系列丧权辱国的条约，如《天津条约》《天津续增条约》等。可以说，天津自开放之日起，从技术上和结构方式上，城市本身是在不断向西方学习的。但在民众内心深处产生了与之俱来的对西方资本主义的抵制情绪，造就了城市集体性格中保守的性格。这种城市在结构—功能上的双重性现象，也正是天津近代文化"开放—保守"双重性特征的反映。①

天津文化中所体现出的双重性，会随着社会环境、对象的不同随时产生变化，这一点在皇会的会文化中表现得尤为突出。从开放性角度分析，对于新会的成立，纵然是年代久远、技艺高超的"老会"②，在面对新成立的"圣会"时，一般持较为推崇的态度，新会成立，若主动给老会呈递会帖，主动请教，上门拜会，老会并不以自己的身份压制新会，而是以一种十分宽容的态度提出建议。面对技艺高超的会，老会中的前辈也会"喊好"，不吝美言，大加赞赏。评价一道会水平的好坏，基本是以技艺高低为准则，并不会添加其他的因素。在皇会发展最繁荣的年代，会的分布十分密集。基本村村有会，家家都有玩会的人，有时候甚至每一条街道上可能会有几道表演风格极为相似的会组织。以西码头一带为例，仅在蒲包店区域就有十余道会种，有渔樵耕读圣会、西头双忠庙后鲜花灯亭老会、西

---

① 张宜雷. 天津近代文化的双重性与西方文化的影响 [J]. 天津大学学报，2008（6）：521—524.

② 过去在皇会的行会过程中，参与行会或者进行表演的会都是以"××地区××老会""××地区××圣会"的名称出现。起初，名称中的"老会"和"圣会"有严格的区别和规定。能被冠以"老会"的，必须具备三方面的条件：一是会成立历史久远，有三代以上的子弟会；二是在表演内容和技巧上有独到之处，并得到广泛认可；三是参加过接驾仪式，并得到过皇封和赏赐。

码头百忍老会等，涉及种类之多门类之广令人惊叹。会与会之间常常会有拜会的习俗，也能较为友善相处。但是，这并不代表在技艺方面会与会之间可以传授技艺、相互切磋，很多时候还是会表现出保守的一面，甚至同行之间会出现"捋叶子"的现象。每逢技艺高超的会训练或者表演时，都会有其他的会会员来偷学技艺。这些会员往往混在围观的群众之中，在偷偷学到技艺的精妙之处后，便回家琢磨其中的要领，勤加训练来提高自身技艺的水平。而被捋叶子的会，也不能表现出不满，依然照旧进行表演与训练，只是在某些有"看家"技艺的方面会有所保留，只在私下练习传授。冯骥才认为："天津在迅速发展为北方商业重镇的同时，外来的思想文化却未产生深刻影响……这样也就造成了地方文化的保守性。"①

　　城市集体性格中所蕴含的开放态度极大地表现在参与会与会的往来模式与相处态度之中。无论何种会种、何处起源、何时成立，只要技艺高超，都会得到行业内外人士的褒奖与赞扬。从此方面分析，这给会组织的普及与发展提供了较为轻松的环境。但是另一方面，保守的态度也会制约会的发展与技艺的传播，这表现在对会员入会资格的规定上。过去，基本每道会都对会员的居住地有所要求，一般都要是"老门口"上的人或是经本会会员介绍才能有资格入会。故在多数年代久远的会中，都是以"子孙会""乡亲会"的模式传承至今。对于某些个人情况不明或是居住较远的人，一般都不会收入会中。制定此类会规的初衷一方面是为了杜绝外会的人潜入会中偷学本会的技艺，另一方面是为了防备居住较远的会员，会转投其他离自家较近的会，而将绝活技艺带走。

（二）京都文化的影响

　　明清两代，天津作为北京的重要门户城市，不仅担负着军事要塞的作用，同时也肩负着重要的交通枢纽与经济供给的作用。特别是清朝中叶，全国的长芦盐供销完全被天津盐商所掌控，经济地位不容忽视。虽然一直作为京都的附属城市存在，但是因为地理位置的便利，天津一直颇受京都

---

① 冯骥才. 记忆天津［M］. 杭州：浙江摄影出版社，2004：38.

文化的影响。在某种程度上将，政治地位的崇高、经济上的富裕与交通上的便利，共同促成了本地民众对于宫廷文化的频繁接触，逐渐形成对京都文化的附庸风雅，争相效仿的风气。

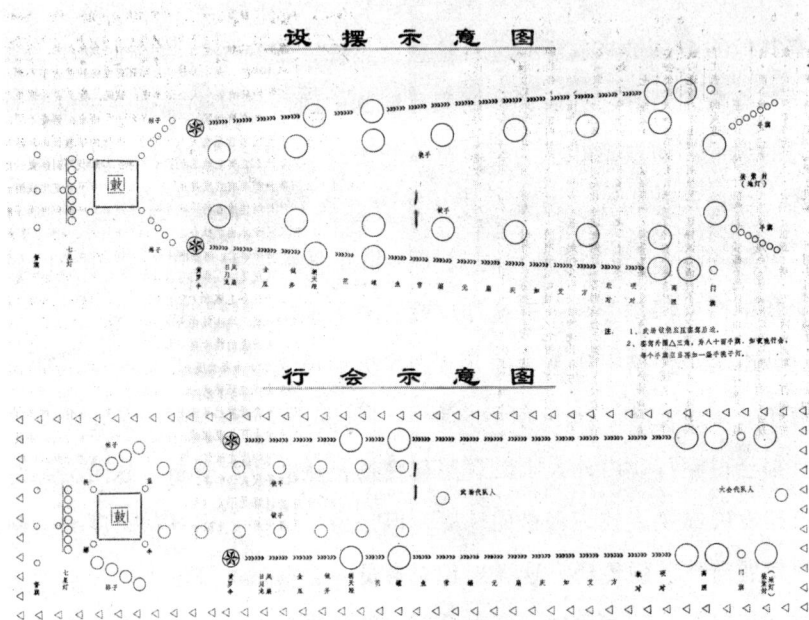

挂甲寺庆音法鼓銮驾老会设摆、行会示意图

"銮驾"《辞源》的解释为："天子之车驾。亦用以指代天子。"另在"銮铃"一词的解释为："天子车铃。礼记云，前行朱鸟，鸾也。前有鸾鸟，故谓之鸾，鸾口衔铃。今或为銮，或为鸾，事一而义异也。"[1] 今日，常被解释为缀有铃铛的车，进而引申为古代皇帝乘坐的车辇。据《清会典》记载：

"清朝的仪仗队因使用身份不同而有各种专称：皇太后、皇后所用的称仪驾；皇贵妃、皇会、皇太子所用的称仪仗；妃嫔所用的称采仗。"[2]

天津民间将用于皇帝出巡时队伍中的 105 件仪仗器具称为"銮驾"或

---

① 商务印书馆编辑部. 辞源 [M].北京：商务印书馆编辑部，1998：3222.
② 引自《清会典》。

"卤薄"。法鼓二字本为佛教名词，原指寺庙僧人进行佛事时所击的大鼓。南朝宋谢灵运《谢康乐集》二《过瞿溪山僧》有曰："清霄飏浮烟，空林响法鼓。"[①]《法华经·序品》中也有"今佛事尊欲说大法，雨大法雨，吹大法螺，击大法鼓，演大法义"。[②] 据郭忠萍编著的《法鼓艺术初探》一书中有关于天津法鼓的起源的记载："天津法鼓至少是在前清时期，就已在津门流传开来。"[③] 是何种原因使得这种本属于佛教的音乐同皇会产生千丝万缕的关联呢？

法鼓在天津初兴，是作为一种酬神音乐使用。其乐感庄重和谐，因而表演场合多限于民间庙会及娘娘会。直至清中期，法鼓会才从单纯的酬神、祭祀中分离出来，并逐渐向民间群众的生活活动中过渡，如求雨、喜丧事、为官府豪门迎接上司及自娱之用。特别至清朝康乾时期，这是中国封建社会政治、经济、文化的全盛顶峰，也是皇会发展史的鼎盛时期。进入到国家正规祭祀体系中的皇会，也被敕封拥有此类执事。从统治阶级到民间百姓均对皇会投入了前所未有的热情，并投入更多的人力物力来支持会的发展。在商贾绅士的支持下，各道法鼓会纷纷复制了前场执事儿。在追求时尚、不甘落后、耗财买脸的过程中，通过不断争风斗富，皇会中使用的道具越来越华丽考究，仪式之烦琐、样式之精美、种类之丰富、造型之华贵，都十分趋向宫廷风格审美，无不反映出民间俗文化对于京都雅文化的一种向往。皇会行会中，伴驾于天后圣母及各位娘娘的都为法鼓会，法鼓会在皇会中向来就有"半幅銮驾"之美誉。其中以挂甲寺庆音法鼓銮驾老会最为出名，会中有金瓜、钺斧、朝天蹬、蟠龙棍、戟、八宝枪、会旗、会灯、会幡等各种执事。具体设摆、出会位置如图[④]所示：

据庆音法鼓銮驾老会时任会头傅宝安介绍：

①　广东、广西、湖南、河南辞源修订组，商务印书馆编辑部编．辞源［M］.北京：商务印书馆.1981：1751.

②　任继愈主编．宗教词典［M］.上海：上海辞书出版社.1981：731.

③　郭忠萍．法鼓艺术初探［M］.天津：百花文艺出版社，1991：4.

④　冯灵、光军编．天津法鼓［M］.天津：中国民族民间器乐集成·天津卷编辑委员会.1988：18－19.

"挂甲寺庆音法鼓銮驾老会在天津法鼓界颇有名气，很大程度上是因为拥有半副銮驾，这是法鼓会'独一份'器具。这半副銮驾为什么落在我们会，还有个故事，传说这是由明朝一位娘娘所赐。过去在海河流域西部四十八村中有四个官庄，其中以大孙庄（后来的挂甲寺村）为首。这个地区在明代被称为'脂粉地'，税收被纳为崇祯皇帝后妃娘娘脂粉的供银。明朝末年，天灾战乱严重，各地歉收，唯独大孙庄丰产，没耽误给娘娘提供的擦胭脂抹粉钱，娘娘高兴之余，赐了半副銮驾下来。銮驾分为帝驾和后驾，帝驾是皇上用的，后驾是娘娘用的。又有武驾和文驾之说，武驾用金属制作，文驾外面是用布和牛角化的胶脂做的，并绘以纹样。銮驾有全副銮驾和半副銮驾，全副銮驾包括仪仗执事和轿辇，所谓半副銮驾，是指仪仗执事齐备，独缺轿辇。挂甲寺庆音法鼓的仪仗执事之所以叫半副銮驾就是因为没有轿辇和车辆。传说，当年娘娘赐下銮驾的时候，杆上都有黄套，不能露着，打銮驾的人还要身穿黄马褂。"[①]

观庆音老会的设摆器物，造型考究，做工精美，可体现出极强的皇家宫廷风格。许多在皇家祭祀中较为普遍运用的龙、凤图案，在民间的法鼓会中有大量体现。以日月龙凤扇的造型与图案为例，分为阴阳两对，阳为日扇，阴为月扇，各有两把。日扇和月扇外缘均为宽阔的镂空金箔吉祥纹样，点缀红缨球，玻璃面上彩绘龙和凤的图案，龙的上角云纹升腾，托起"日"字，凤的上角云纹升腾，托起"月"字。另据傅宝安介绍，过去法鼓会中打执事的人都要头戴黄翎苇帽、黄马褂、长袍及三底绿盖靴。这种服装今日已不多见，但在某些法鼓会前场茶炊子表演中，仍然有表演者作清朝衙役打扮，穿蓝色大褂，戴红翎苇帽，腰间要别有白色擦汗巾。另外，在今天法鼓会中使用钹、镲铬上的缨子仍然使用彰显皇家贵气的黄色。

观《天后宫行会图》可看出，基本伴驾娘娘左右的各道法鼓会均有前场儿。另据《天津皇会考纪》对法鼓会前场的记载："西园法鼓会的组织，

---

① 据河西区庆音法鼓銮驾老会时任会头傅宝安口述资料整理，2012年4月28日采集。

……前面有茶催子、旗帜和软硬对联，最后是一面大旌，上面写着'西园法鼓老会'"；龙亭公议井音法鼓会："前行也和旁边的法鼓会一样，有茶桃子、软硬联、旗子、灯牌等等东西"；宫前宫音法鼓："前边为软硬对联，茶筥、茶炊子、旗子、灯牌等等的物件。练法鼓的人随在中间，最后是两个鼓"①。因此可以看出，直至清中后期，各道法鼓会基本都已经有前场。然而，《天后宫行会图》中也记载了不少高跷香会，如石桥升仙高跷圣会、金山寺高跷会、东大寺高跷会、混元盒高跷盛会等，这几驾高跷会却没有前场。除了表演的角儿之外，只有伴奏及打会旗几人。通过对天津现存高跷会种的调研时发现，大部分高跷会基本都有前场，且与法鼓会相似，大部分包括圆笼、茶炊子、衣裳箱子、灯图、灯牌、高照、角子灯、会幡、会旗、手旗等器具。通过对老会知情者的问询，普遍反映自解放前高跷会就有前场执事儿，且高跷会基本都有。据安维鸣师傅介绍：

"这会里原来有没有前场我不知道，但是现在会里前场的物件基本都是清朝传下来的，基本都有一百多年的历史了。民间的东西嘛，就是互相传来传去的，都是出会时看见哪家会里的东西好，心里就惦念着给自己会里也来一套。要是关系好的，那就直接借过来个样子复制。要是不怎么熟的，就记个差不多的样子，找到做这些东西的手艺人，他们都能按照你说的样子给你做出来个大概的。基本上各会前场的那套东西都差不多。过去和现在不一样，能出得了皇会的那都是体面的会，从执事儿到家伙事儿到服装，都得光光亮亮的。咱这会一出去不能栽面儿，住在这会附近的大户们脸上可挂不住，都得给钱。"②

根据诸多材料分析，高跷会的前场基本是从清朝末年间出现的。此时的皇会已经同最初为自身祈祷平安获得护佑的初衷有所背离，变成了为了争夺皇封和赏赐的比赛，虽然在一定程度上对会组织技艺的提高起到一定作用，但是有炫耀势利、跟风置办銮仗，甚至耗财买脸的现象。可以说，

---

① 参见：来新夏.天津皇会考·天津皇会考纪·津门纪略［M］.天津：天津古籍出版社.1988：11.

② 据西码头百忍京秧歌老会时任副会头安维鸣口述资料整理，2011年11月25日采集。

皇会的出现，在某种程度上打破了会规对会员们的完全约束力，皇权的力量已渗透到这项民间文化的最核心部位，使皇会由里及表发生根本性的变化，打破了原来庙会的规范和价值标准。一时之间，能受皇封成为皇会追逐的最高目标，这也标志着民众的心理正在从神圣到世俗的再次转变。

绝活儿表演

（三）移民文化的影响

据《天津卫志》记载："天津近东海，故荒石芦荻处，永乐初始辟而居之，杂以闽、广、吴、楚、齐、梁之民。"[①] 津地水系庞复，四通八达，平日通达于三岔河口有船舶无数，流动人口激增。据 1845 年编写的《津门保甲图说》记载：城内和北部、东部沿河一带城区范围的居民，土著居民约为 740 户，仅占全城区总户数的 2.28%。由此可见，在天津城市人口中移民占了大部分比重。另外，河北、山东、河南、山西、安徽一带的移民成为天津移民的另一主流，以流离失所的农民及小手工业者为主，因而城市中弥漫了市井之气。接纳了大量的漕运船民、外省商贾、本地商贩、垦戍军士及其家人、破产农户和外省流亡打工人员，天津成为一座

---

① 引自《天津卫志》。

"舟楫之所式临，商贾之所萃集，五方之民所杂处"①的移民城市，并主要聚集在老城里及旧城区地区。由于外来人口的大量增加，清代时期，本地居民甚至出现"土著者少，流寓者多""比闾而居者，率多流寓之人"②的情况。相应地，就天津文化本身而言，其原生文化并不明显，或者说，天津文化形成的过程就是在移民所带来的文化上，在相互融合、相互作用的基础上形成的。这种表现在天津民间的艺术形式上有较为明显的体现，如：天津集各地民间版画之大成，形成了独具特色的杨柳青年画；集民间泥塑之精髓，造就了"泥人张"泥塑；集各地剪纸之精华，形成了粗中有细而又写意严谨的剪纸艺术；特别是在民间庙会的基础上，各道会将自身特俗与各地文化相结合，形成了蔚为壮观的皇会。

　　《天后宫行会图》第二十三图（原第二十三起）画面中有"乐善双花鼓圣会"的画面在题记校注中有载："说凤阳，道凤阳，凤阳本是好地方。自从出位朱洪武，十年倒有九年荒。"凤阳花鼓起源于凤阳府临淮县（今凤阳县东部），是一种集曲艺和鼓舞为一体的民间表演艺术。此种表演形式何时传入天津不得而知，但在表演形式方面以有所变化，从传统的一男一女、一丑一旦的"单花鼓"，或者一丑二旦的"双花鼓"，发展成为对子戏。另有"响锣行会、截会、看会、瞧会。会唱半年多月，到处人截会唱，跟随人都爱听。"由此可以看出，凤阳花鼓传入天津后，已经在形式上有所变化，按照皇会行会的会规参与到行会、截会等活动中来。另外，在《天后宫行会图》中也有记载部分演唱昆剧曲目的老会，如"和善长亭老会""永长金钱竹马圣会"，分别表演《西厢》《石榴花》等曲目，"同乐十不闲老会"演奏的十不闲乐曲形式，窑洼秧歌老会所演奏的"霸州调"为今日流行于河北霸州市的一种秧歌曲调。

　　诸多来自四面八方的会表演形式在天津汇聚一堂，并没有因为不是原产地而受到排斥，反而因其姿态各异的艺术表现形式，被选入皇会，并在

---

　　①　引自《天津政俗沿革记》，"户籍"，卷五。
　　②　同上。

本地得到了更为长足的发展。会与会在表演风格之中的相互融合，并取各家之长、为我所用的艺术特点，形成了今日丰富多彩的会种，造就这种现象的原因有多方面。表层原因有二：在社会的不同时期中，民间艺人在商业运转规则下受到自然利益驱动的主动转变。参与皇会虽无经济利益，但是可以提高自身会的知名度，能以独辟蹊径的艺术种类更为容易地参与到皇会中，成为"在会道"的一分子。纠其深层原因则是因为地域文化集体性格中人们厌弃墨守成规，并讲究随心所欲、融入各种地域性因素的创造。但是归根到底，造成天津海纳百川态度来接纳各类会的现象，主要得益于移民心态的开放性与包容性。

在这种众口难调的特殊文化氛围内，天津文化的草根特质得到了很大的体现，要想在天津卫立足，那就必须要获得广大民众的认同，要接受本地民众最直接的检验。民间就有"北京学成，天津走红，上海赚包银"的说法。天津民众有"绝活儿"情节，对技艺很是崇拜但却极为挑剔。

"一个演员想红遍全国，那必须得过天津这道槛，天津演红了，走遍天下都不怕。天津人赚钱不易，好不容易演一场戏，我们常说这是'汗珠子掉地上摔成几瓣儿才挣来的'，要演砸了，他可不干，别说喝倒好，第一排的茶壶都飞过去了。但要是要演好了，在边上看你演的人的嗓门，比你唱戏的声儿还高。我们有次在天后宫演出，两拨会碰一起去了。两会的大棒槌（陀头）都玩命赛的耍棒槌，最后，他们那拨会儿的棒槌也不知道怎么地掉棒了，旁边的人一看都给喝倒彩，他们嘛也没说就下去了。反过来，我们会儿可以露脸了。以后一提起中营后同乐高跷那棒槌，啊，都挑大拇哥，可都知道了。"①

由上述材料中可以看出，移民文化一方面使得天津文化的原生文化不明显，而以荟萃四方文化的精华为特长。来自各地的民间表演形式在天津都有一种自然而然的归属感，易在本地扎根，造就了丰富多彩的会文化。另一方面，各种文化在此地交流，竞争自然十分激烈，若想得到来自五湖

---

① 据中营后同议高跷老会时任会头李凤龄口述资料整理，2012 年 6 月 2 日采集。

四海的民众的一致认可，必须做到技艺十分精良。同样，民间会组织若能参与到皇会中去，那必定是对其草根价值的一种认可，无论是在行内还是社区中都拥有了至高无上的荣誉，这必然会迫使各种表演组织必须十分注重技艺造诣方面的提高。可以说，移民文化对皇会的影响十分巨大，津地是孕育皇会文化的优质土壤，此地民众是演员技艺最佳锤炼者。

基于天津城市居民构成状况复杂，明清以来，八方移民想在一个生活习俗各异、语言环境陌生的城市扎根，相互依靠、帮助才能较好地生存。这就形成了本地人热情好客、乐善好施、仗义豪爽的性格特征，养成了在遇到困难时乐意施以援手的处事风格。这一方面造就了天津会馆文化十分兴盛，各地人在此以相同的地缘文化情结在异乡结成了互助性的同乡会组织；另一方面造就了本地公益慈善事业的发达。虽然不能否认某些时期内，部分盐坨组织、茶棚会的建立与官商之间共同的经济利益勾当有关，如通过建立慈善组织，为地方官员树立政绩以博得中央集权团体的青睐，从而获得更多的经济利益。但在清末至民国初期这段时间，随着国家权势式微，民间社会力量壮大，民间自发的慈善事业占据了城市的主要部分。因此，天津确实是一个有深厚的慈善情怀积淀的城市，并具有独特的扶危济困地域精神和城市文化情怀。20 世纪 30 年代宋蕴璞在《天津志略》就曾发出这样的感叹："近论河北，远论全国，对社会公益之热，对慈善事业之诚，慷慨解囊，乐善好施，不得不让天津为首屈一指。"[①] 天津慈善事业明清以来便十分兴盛，清末民国已达到高峰。以 1948 年的各同乡会慈善事迹为例：因华北战区战事危机，河北、山东、东北等地大批难民逃致天津，共计 31800 余人。各地同乡会建立组织收拢所点，津南二十六县旅津同乡会联谊会共收拢 3300 余名难民，山东登莱同乡会于大毕庄收拢 400 余名难民，宁河县同乡会于丁字沽收拢 490 余名难民。[②] 正是受这种地域文化的影响，造就了天津多个慈善人群、民间群体和各类名目繁多的

---

① 转引自北方网 http://news.enorth.com.cn/system/2009/08/26/004174726.shtml，2009 年 8 月 26 日。

② 引自《天津市社会及经济行政概况统计》（1937 年 5 月），第 19 页。

慈善组织。如收拢落难本乡人的同乡会、设立义园义地为死于荒野路边的难民收尸入殓，开办学校、收拢所、粥厂为穷苦民众提供生存条件。除了日常的帮助外，很多慈善类的会馆组织与公所同皇会及社区会组织的关系十分密切。以闽粤会馆为例，此会馆成立于清乾隆四年（1739年），位于北门西部，其后门直通针市街，由潮州、厦门两地人员共同建立。因福建为妈祖家乡，故此会馆与皇会情缘颇深，在历次皇会举办中都占据特殊位置。如行会路线中就有闽粤会馆一站，天后圣母行至此地，要"回娘家"接受乡人香火，会馆人员负责组织接驾和送驾等事宜。皇会中有一类会种专门为办会提供各项服务的公益性组织，是皇会不可或缺的重要组成部分。仅参与皇会行会的会种就包括十余种有：水会、净街会、接香会、梅汤会、叉子会、护棚会、黄绳会、防险会、茶棚会等。这些公益性组织因为行善的行为与内容不同被冠以不同的具体名称，"一切诸司善众，各有发心，会名不等"①。在皇会会期中举办的出会、行会、出巡散福等各种活动中，都缺少不了这些慈善公益类组织的身影。如黄绳会主要负责维持看会秩序，皇会行会时，黄绳会会员要拉起黄绳阻拦周围观会群众，为行会队伍清理出一条道路，保障出会队伍通畅行进。防险会除负责防火外，还防止看会时人员拥挤所造成的坍塌、踩踏、人员走失、突发疾病等意外事故，为皇会的顺利举办起到一定维护作用。

在这些公益团体中，水会是天津民间最为普遍、声望最高的公益组织，无论是在日常生活还是举办皇会期间，它都在社会舞台上扮演着重要的角色。清代道光至宣统年间，是天津水会发展的全盛时期，清津门诗人崔旭曾作诗赞扬水会救火时所体现出侠肝义胆和古道热肠：

结社同防回禄灾，登时扑灭剩残灰。

锣声几道如军令，什伍争先奋勇来。②

樊文卿在《津门小令》中也对水会有所赞扬：

① 引自《敕建东岳庙碑记》（崇祯五年），碑额：四季白纸圣会，第60页。
② 引自清崔旭《津门百咏》。

102

津门好，

救火事匆匆，

万面传锣趋似鹜，

千条机水矫如龙，

旗帜望连空。①

此类公益慈善类的组织，成员之间有严格的等级之分，这在某些方面受到了军旅文化的影响。这些纯公益性的民间组织，会员们都是无偿行为，并不能收到任何物质奖励。冯骥才也曾说过："天津人身上有北方人的豪爽，人情厚重，天津人争强好胜，性格中有比较硬的东西。"② 而这种性格的形成，同天津城市早期形成时的军旅文化的影响颇深。如始于清同治十三年的盐坨六局净街会，也是脚行工人为主要参与者的慈善类组织。据《天津皇会考纪》记载：

"当年盐坨六局势力颇大，人位也多，并且经济充裕，便聚集了大众，把盐船满装着盐坨（就是成包的盐），行驶到单街子靠岸，把船砸漏，沉在水中，再由上面垫土。数百人连日工作，才把单街子这条道路修好。从此开始每有皇会，盐坨六局净街会必定参加，担任修路、打扫工作。"③

明清时期，慈善性质会在天津地区的盛行并非偶然现象。此类会并不全是在皇会会期中有所作为，在日常的生活中也发挥不小的作用。其中的历史渊源、实践背景和积功思想都十分复杂，但是这同津地此时所受的外来文化的交流与冲击、社会秩序的动荡与不安和社会风俗的骤变有极大的关系。在这种形势下，地方精英阶级表现出了积极的热情，通过善会的建设，既可以达到救助贫弱，维护地域社会稳定的功能，也可以宣传行善积德的道德思想，行使教化职责。另外，慈善组织在天津的兴盛和妈祖信仰所倡导的信义有密切关联，妈祖历来所崇尚的慈悲为怀、救苦救难的精神，与天津人民所追求的最佳人格模式不谋而合，从而致使慈善组织在天

---

① 引自樊文卿《津门小令》。

② 根据冯骥才口述资料整理，2012 年 10 月 23 日采集。

③ 来新夏. 天津皇会考·天津皇会考纪·津门纪略［M］. 天津：天津古籍出版社，1988.

津社会中有着广泛群众基础。从另外一个方面来看，这也是妈祖"乐善好施"精神在民众现实生活中的实践与延伸。

（四）军旅文化的影响

天津筑城设卫后，随燕王扫北而入的大批军队驻扎于此地，军人及家属在天津高度集中，形成大量军旅移民。军队中的官兵驻扎异地，若想在军中占有一席之地，必须有较强武功才能生存。军旅性格中坚忍不拔的硬性与燕赵移民性格相结合，形成今日津地民众中的尚武精神，这在民众的日常生活及皇会中的各道会表演形式中均有所体现。

汉沽飞镲表演

皇会中的各道会种都有自身特色，大部分玩会儿如高跷、跑落、重阁、飞镲、法鼓等都是集音乐、舞蹈、武术为一体的综合性表演形式，其中以飞镲表演的武术特点尤为突出。

汉沽飞镲成立于清朝光绪初年，原为本地渔民庆祝出海归来，渔业丰收所进行的酬神活动。2008 年，在国务院发布的《关于公布第二批国家级非物质文化遗产名录和第一批国家级非物质文化遗产扩展项目名录的通知》中，"汉沽飞镲"被列入传统民间音乐项——锣鼓艺术类的首位。汉沽"飞镲"用四对镲进行表演，技法有："溺镲""镲缕""掏镲""怀镲""分镲"等等。并配合大鼓、大铙节奏，边要镲边做出"插花盖顶""亮翅""老树盘根"等武术动作，其中还融合了汉沽形意拳中的部分招式，使得汉沽飞镲特色鲜明，今日仍焕发着活力。除此之外，武术招式在高跷会种的表演中也十分盛行。天津高跷分为文高跷、武高跷及礼仪高跷，在前两种高跷表演中常有如："鹞子翻身""骑马蹲裆""马步冲拳"等武术招数。在过去行会极其艰难的时代，若没有较强的身体素质和武术功底，连续长时间从事高强度的表演，常人是很难完成的。在皇会中还有一类，其他地区庙会中罕见的民间舞蹈艺术形式——跑落（lǎo）儿。跑落表演因所抬道具不同，分为"宝辇跑落儿""大轿跑落儿"和"大座跑落儿"。这类表演十分考验表演者的武术功底，一般没有进行过专业训练的人是很难驾驭的。以宝辇跑落中辇夫的表演步伐为例，无论是原地"踏步""慢步走""快步走""半蹲走"还是"小颤步子"走都要保持 500 公斤的木质宝辇在身体上各个位置的平衡及美感。另以法鼓为例，如贾沽道善因法鼓老会的表演动作，相传是以为外号"大力王"王成海的武术大师传授。此人武艺高强，精通武术，便将少林拳、八卦拳、秘踪拳等拳法招式融入于法鼓的表演动作之中，而使得此法鼓会具有和武术相同的拳式名称，如"童子拜佛""大鹏展翅""白猿摘桃"等。皇会中还有一道专门以武功、真刀真枪进行对打表演的会种——五虎杠箱会，此会相传是由天津守城军人而建，并利用平日训练的兵法、招数编演而成。因为本身就是习武之人，所以在行会时的表演十分威猛有力，获得良好口碑，甚至有部分想要入会的人，抱着"缘着上会而入伍"的态度进入军队，以求有机会能参与玩会。三营改变后，此会吸收了多种戏曲故事，丰富本会的表演内容与形式。

二、地域文化对会文化的影响

文化是塑造一座城市的形体、面貌与灵魂的血脉与基因。天津是一座因水文化的繁荣而兴起的移民城市，河海航船上的商旅、漂泊流浪的难民、屯垦戍边的士兵从南北各地汇聚，并同本地的原住民混居与此，形成了五方杂处的民俗民风，形成了多元的文化品质与个性鲜明的地域集体文化性格。

（一）义气豪爽、乐于助人、包容力强

天津城市中的码头文化特征十分明显，相应地，帮派风气也非常重。

尤其在从事苦力生计的阶层中（如码头工人、脚行工人、运输工人等），讲义气、"够板儿"成为人与人之间相处的首要标准。同时，早期的天津城市人口是由军旅、经商、逃难的人员构成，都有背井离乡之感，因此同病相怜之下，互帮互助成为百姓们相互扶持的生存之道，不但形成了扶危济困、见义勇为的江湖侠气，也形成了对南北文化、中外文化、传统与现代文化的强大包容力。由于早期参与娘娘会的人员基本以码头工人与脚行工人为主，在皇会阶段中人口基数最大的也是处于社会中下层的平民百姓，因此，在长时间的沉淀与沁霪下，这种集体文化性格就被带入到皇会中去，并与之紧密地融合在了一起。具体表现在：民间会组织基本建立在以家族传承、社区传承、行业传承的方式之上，会员之间不但有着地缘与血缘的关系，还受业缘的约束，因此，组织内部本身十分团结紧密，易"抱团儿"，不易受外界力量的影响而松散。他们期望通过会与会的交往，结交更多的人脉与朋友，寻求和自身性格较为接近的团体、组织，以求获得心理上的认同感与实现感。参与皇会时，若遇到与自身会组织表演形式不尽相同或来自于异地的会种，他们也能够表现出来强大的包容力，以本地的处事方式去接受对方、感染对方，最后达到同化的目的。

（二）好面儿

面儿，在天津可被认为是人际交往和社会生活中的行为底线。在人际交往过程中，无论是自己顾及面子还是给别人留面子，都是天津人所尊重的公共美德之一。天津人好面儿的性格与这座城市浓烈的商业意识有很大关系，所表现出来的难免有一些虚荣浮华的市井气息。在皇会中，各道老会中常有"当了估衣玩会""卖车玩会"的普遍现象存在。当然不能否认会员们是真正的热爱自身的会组织，愿意为会倾尽所有。但是从更为深层次的性格方面分析，这确实与旧时行走异地，一定要把容貌、衣着等"外面儿"整理的高贵体面，免得被凭外表取人的商民心态所轻视。这种性格也被带到了皇会当中去，对于老会的会员们来说，不但仪仗执事儿、服装道具是会的"面儿"，只要展示给公众看的东西也算外面儿，如技艺、绝活儿等方面。在皇会这场大的文化、视觉盛宴中，游神赛会中的"赛"字正体现出这一点。若与同会种的较量中失利或自身表演失误，都会被称为"栽面儿"，以后这道会实难再在众人面前立起威望，因此每道会对于自身的"面子"看的都十分重要。"好面儿"的集体文化性格既有消极因素，也有积极因素。消极的一面表现为：很多会为了追求"阔"，时而出现"耗财买脸"的虚荣现象，在竭力追求攀比的过程中，将皇会发展为越发地奢靡与穷奢极欲。民众为了参与皇会耗费了更多的金钱，使本身贫穷的生活更加困窘；积极的一面表现为：不服输、不甘心落后的性格，形成了技艺上的长足发展，会与会之间在赛会比拼的同时，创造出了种类更加丰富、技艺更加精良的艺术表演形式。可以说，"好面儿"这种集体文化性格正是会组织之间形成良性竞争、百家争鸣、齐头并进的积极动力所在。

（三）绝活儿意识强烈

天津卫五方民众杂处、三教九流云集，南北文化、雅俗文化、大众文化与小众文化纷纷聚集在此，因而本地居民往往眼高识广、博采众长，对艺术的造诣追求极高。百年来，天津有个约定俗成的说法：无论从事何种行当的艺人，只要得到天津观众的认可，那在全国各地的舞台站稳脚跟就差不多了。天津本地也涌现出不少戏剧、曲艺相关的文艺形式，这不但为皇会表演输入了源源不断的动力，同时，也提高了人们欣赏皇会表演时技艺与艺术方面的审美眼光与审美标准。著名京剧表演艺术家张君秋也曾说过，"唱戏就要过天津码头。天津码头过不去，哪里都过不去"。本地流传着"北京学艺，天津唱红，上海赚钱"的俗语。这些话突出的就是天津民众对技艺要求高，"刁钻""眼毒"的特点。这种特点也与码头文化有莫大的关系，"英雄莫问出身，只看本事吃饭"。过去码头居民竞争力大，因争夺地盘维持生计形成的"成者为王败者为寇"的处理方式。并在社会分工日益明朗的背景下，转化为只要有服众的"绝活儿"，那在天津就可以立足扎根。无论所拥有的是否是高强的武功，还是手工技艺，只要能独树一帜，就会得到本地人的信服与接纳。对于很多来自异乡或备受生计困扰的民众来说，能掌握绝活儿就等于得到了在本地生存的希望。长此以往，天津人强亮、逞强、好胜的独特气质魅力与之相融合，就形成了这种对"绝活儿"的崇尚，并逐渐内化为本地民众衡量一个人是否有生存能力的首要标准。同样，这种崇尚"绝活儿"的集体性格特征也被带到皇会中去。皇会可以说是提供给展现"绝活儿"规格最高、传播速度最快、最为权威的一个舞台。任何会组织或者个人若想扬名立万，只要有"能耐儿"在皇会中展现出来，就会得到本地民众公平的认可。若没有绝活儿，会员在会中也是站不住脚的，会随着更新一代会员的加入，逐渐被淘汰。所以，在天津丰富多彩的会文化中，靠技艺立会的机会特别多，如茶炊子、法鼓、中幡等会中，若没有点"拿"得住人的本领，根本不可能立会。可以说，天津人对"绝活儿"意识之强，渗透至生活中的方方面面。从个人到会到村落之间的各种竞争示强心理，酝酿出一种巨大文化张力。虽然，会与会之间也曾产生过矛盾，但同时也促成不甘落后、你追我赶的能量叠加，积极地推动了各道会组织追求技艺精度与难度的行为，并形成了良性竞争的势头，为皇会文化传承创造了勃勃生机。

第三章　皇会祭典仪式的"正祀"稳态因素

第一节　正祀性质与仪式中"双轨制"的平衡点

一、妈祖祭典的正祀化演变过程

自唐宋以来，由于生产力发展、政治控制相对松懈、民众精神世界更加自由，物质生活也有所提高，这为民间文化的发展提供了较好基础。许多较有民众基础的区域性民间宗教和信仰，如妈祖信仰、陈靖姑信仰等，都在此时萌芽或形成，后经逐渐发展，在明代特别是明中叶成蔚然大观，并于清代时期达到鼎盛。

然而，国家与基层社会之间的矛盾及对立关系在大部分时段内是以一种此长彼消的方式共处。在长期的历史过程中，传统的信仰、仪式和象征不仅影响着占中国社会大多数的一般民众的思维方式、生产实践、社会关系和政治行为，还与帝国上层建筑和象征体系的构造形成微妙的冲突和互补关系。[①] 因而，两者表现出来是一种时而暧昧、时而严厉的态度，但统治阶级没有一刻放松对基层社会的控制。明洪武三年政府曾下令："天下

---

① 王铭铭、潘忠党. 象征与社会——中国民间文化的探讨 [M].天津：天津人民出版社，1997：91.

神祀不应祀典者，即淫祠也，有司毋得致祭。"[1] 这说明，即便被认为是"淫祀"，国家也只能禁止官方的礼仪行为，而并未采取彻底禁止民间祭祀的行动。也从另外一个角度反映出，"淫祀"在明代民间就已经十分普遍，官方对其多采取的是一种礼仪性的做法来禁止，国家虽屡有颁布禁令，但实为一纸空文。自明清开始，专制君主便试图寻得一种"温和"的方式对基层社会进行控制及约束，他们明确地知道，只有利用民众对神力的信仰来加强民众对社区教化的方式，才能凸显其潜移默化而又不露声色渗透的优势。然而选择何种信仰，选择何处推行这种控制的模式是统治阶级反复斟酌的问题。

何为"正祀"，何为"淫祀"？两者之间能否划分得泾渭分明、非黑即白吗？据《礼记·曲礼》记载，将越份而祭称为淫祀，即不能超越自身身份地位去祭祀某一种神，但却并没有对神的类型本身进行划分。[2] 宋代以后，淫祀定义有所明确，包括了对不在国家正式封赐范围内的鬼神的信仰活动，以及有伤风化的民间行为活动等。然纵观中国封建社会中的历朝历代，统治阶级都没有对正祀、淫祀做出十分严格的区分，甚至对同一民间信仰持有来回摇摆的态度。赵世瑜将正祀与淫祀定义为："前者大致可等同于'精英宗教'，后者大致可以等同于'民间宗教'。……但是'淫祀'绝不是以参加者的社会身份或者群体属性来判断的，而在于它们是否符合'礼'。"[3] 但在中国的历史中，当一个朝代想要重新建构自身正统性、重新塑造其权利支配下的社会秩序时，作为"异端"的非官方文化形式总要遭到排斥，而无不讽刺的是，所谓"正统"化的精神往往多来自于对民间文化的吸收，而这种"俗"的活动，正是构成民间信仰活动的主体部分。据《礼记·祭法》所规定：

"夫圣王之制祭祀也，法施于民则祀之，以死勤事则祀之，以劳定国

---

① 引自《明史礼四》，卷五十．北京：中华书局，1974：1306.

② 赵世瑜．狂欢与日常——明清以来的庙会与民间社会 [M].北京：三联书店，2002：25.

③ 同上。

则祀之，能御大灾则祀之，能捍大患则祀之。"①

这是古代对正祀的选择标准，而在此之外的其他统称为"淫祀"。在这个标准的选择下，作为护航有功的妈祖信仰经由制度化方式逐渐走入统治阶级视野，并被作为"正统化"的典型范式进行开推广。

前文已对妈祖所获得的朝廷赐额、封号进行了归纳梳理，这个从民间神到官方神的转变过程，充分体现出了统治者神道设教的良苦用心，并利用妈祖等民间信仰辅助统治的手段。而自宋宣和五年（1123 年）起，妈祖信仰被纳入国家正祀体系，规格及等级在朝廷对民间神祇的祭祀中确实是少有的殊荣。在元代，祭祀规格甚至高于岳渎标准，其中"正统性"范式规律值得考察分析。

国家对妈祖祭祀体系中的地位的肯定，可追溯至宋代。现存官方史料有《淳祐临安志》及《咸淳临安志》，两书中均有《加封妈祖"助顺"诏》，志曰：

"古以女神列祀典者，若湘水之二妃，北阪之陈宝……灵惠妃宅于白湖，福此闽粤，雨旸稍愆，靡所不应……尔之封爵，既曰妃矣，增锡美号，被之轮奂，崇大褒显，凡以为民，尚体异恩，以永厥祀。"②

《淳祐临安志》书成于南宋理宗淳祐十二年（1252 年），此为记前代皇帝宁宗于庆元四年（1198 年）的诏书。而据清乾隆年间官员翟灏所记："潜志特以庆元敕文载此庙下，疑南宋时专列此庙于祀典也"③。据此材料分析，妈祖之神在南宋时已纳入县地方祀典。另外，在前文中所梳理的妈祖庙宇较为密集的闽、粤、江、浙等区域的地方志中，大都在铭文伊始提及《礼记·祭法》选择正祀神标准。换而言之，若不将妈祖信仰本身纳入官方承认神祇，那与此说明便产生矛盾。因而此处可做大胆推断，或许此时妈祖已被纳入朝廷祀典中，但只是由地方官主祭，而并非通祀之神。而在祭祀规格上，据目前所掌握的史料，均无南宋朝廷遣官致祭妈祖的记

---

① 引自：十三经注疏 [M].杭州：浙江古籍出版社，1988：1590.

② 淳祐临安志，咸淳临安志.选自中国方志丛书 [M].台北：台北成文出版社.

③ （清）霍灏.艮山杂志 [M].丛书集成续编.收录于光绪二十二年钱塘丁氏刊本.

载。由于妈祖出生地莆田地区的宋代方志已不存，故无法得知此地祀典的祭祀规格。①

元代对海运漕运的依赖，造就了妈祖祭典在国家祭祀体系中特殊地位。规模虽未达到天下通祀，但漕运沿线枢纽位置均设有妈祖庙宇，以正祀方式祭祀。与宋代相比，元代妈祖庙宇从漕运沿线及东南沿海的闽、粤、江、浙一带，向北拓展至山东、天津、北京等地区。如元代熊梦祥所作的《析津志辑佚》中有关"祠庙·仪祭"的记载，是目前所存北京地区最早关于妈祖祭祀的善本，其中有云：

"幽州镇山、海漕天妃……未时遣使致祭，先用雅乐，而后用俗乐。天妃，姓林氏，兴化军莆田都巡君之季女，生而神异，有殊相，能知人祸福，拯人急患难，室居三十年而捐世，邑人祠之，灵应。自宋绍兴廿年始封'灵德夫人'，历封。至景定间，加封'灵惠溥济嘉应善庆妃'。宝祐间，仍封。神之父母姊兄以及神佐，皆有锡命。迨我元累封，加'护国庇民广济福惠明著天妃'庙额。兴化莆田庙额'顺济'。天历二年改曰'灵慈'。……神父名孚，宋仕福建总管，至都巡公，封'积庆侯'。神母：王氏，宋封'显庆夫人'。神姊：大娘、十九娘、廿娘、廿一娘，俱自昔敕封；廿三娘，宋宝祐间封'慈惠夫人'。神兄：洪毅，未封神佐。额名顺济庙。佐神朱大夫，名先，宋宝祐封'灵威侯'，加封'灵威嘉祐侯'。"②

根据熊梦祥书中的记载，可得知妈祖在元代，不但享有封号及庙宇、庙额，甚至在祭祀时刻还使用音乐，并且其父母、五位姐姐以及佐神朱大夫也受到了封号。此书一方面说明了妈祖在元代就已落户北京，另外关于其"亲属"的记载为其他书中所罕见。

"樽俎豆笾，祝币牲酒，罔不具备。"③

---

① 郑丽航. 宋至清代国家祭祀体系中的妈祖综考 [J].世界宗教研究，2010（2）：122.

② 引自：北京图书馆善本组——析津志辑佚 [M].北京：北京古籍出版社，1983：60－61.

③ （元）洪希文. 降香祭湄洲林天妃祝文，转引自：妈祖文献史料汇编·散文卷 [J].卷10：12－13.

在元代地方祀典中，妈祖已享受由地方官主祭的春秋二祭，且：

"天妃、海神、水仙等十余处祠……朝廷给牲牢醑祭之费，岁为中统钞百定。"①

由上述材料分析，妈祖祭典此时已享受由地方官主祭的春秋二祭规格，并且祭祀妈祖的费用由朝廷负责。另外，在每年春夏漕运起运前的祭祀仪式由"皇帝函香降祭，自执政大臣以下，盛服将事。合乐曲，列舞队，牲号祝币，视岳渎有加焉"。②宋元两代，岳渎之祭配备乐舞、祭品、仪式，规格高于小祀各神，在国家祭祀体系中位列中祀，若"视岳渎有加焉"，则妈祖祭祀规格应高于此，并由皇帝亲自函香降祭，大臣主祭，且仪式中使用牲畜及玉帛等物，并配有乐舞，意味着此为宫廷级别祭祀活动，为同等祭祀规格的历代之首。

今日为妈祖举办的祭祀大典依然人潮涌动

(2008 年 天津大毕庄福建莆田会馆 王晓岩摄)

---

① （元）虞集．昭毅大将军平江路总管府达噜噶齐兼管内勘农事黄头公墓碑，道园学古录[M]．转引自：妈祖文献史料汇编·碑记卷，卷 41：16—18.

② （元）黄向．天妃庙迎送神曲，载明李诩：续吴都文萃，转引自：妈祖文献史料汇编·碑记卷 [M]．北京：中国档案出版社，2007：14—15.

至明代，统治阶级对妈祖的推崇主要表现在同国家命运相关的大事上，洪武初年，已被纳入朝廷祀典中"名山大川"神灵之列，由地方官祭祀。据万历年间《明会典》载：

"洪武元年，令郡县访求应祀神祇、名山、大川、圣帝、明王、忠臣、烈士，凡有功于国家及惠爱在民者，具实以闻，著于祀典，有司岁时致祭。二年，令有司时祀祀典神祇，其不在祀典而尝有功德于民，事迹昭著者，虽不祭，其祠宇禁人毁撤。"①

据上文分析，洪武初年朝廷已将各郡县有功神灵报奏朝廷，并进行朝廷祀典。也就在此时，妈祖在朝廷祭祀体系中的规格有了明显提高，且被纳入许多地区的官方祀典，弘治《明会典》在《礼部·祭祀·合祀神祇·后增祀神祇》中有载：

"天妃宫：正月十五日、三月二十三日遣南京太常寺官祭……巳上俱南京。"②

弘治《明会典·礼部·祭祀》中有载：

"今山东、直隶诸处多有庙，不具载。"③

朝廷官吏陈瑄所建清江浦天妃宫，因此庙十分灵验而获得较高殊荣：

"守臣以闻，赐祠额曰'灵祠宫'，并命有司岁用春秋祭。"④

从上述材料分析，永乐五年，在都城南京龙江天妃宫建成之后，妈祖祭典就已就被新增入京都祀典规格之中，并于每年正月十五、三月二十三日由太常寺官代表朝廷祭祀，并纳入许多地区的官方祀典。

在具体的祭祀仪式与规格方面，明朝期间并无关于妈祖祭典仪式的确切史料记载。⑤明永乐十九年政府将都城由南京迁至北京，但并未建立新宫，南京天妃宫仍保持以往祭祀活动，据汤显祖《续天妃田记》载：

---

① 引自：续修四库全书，大明会典（明万历）[M].卷93.
② 引自《文渊阁编四库全书》，大明会典（明万历）.卷八十五。
③ 引自《明会典·礼部·祭祀》。
④ 郑丽航.宋至清代国家祭祀体系中的妈祖综考[J].世界宗教研究，2010（2）：126.
⑤ 部分学者因考证天妃宫同关公庙祭祀属同一等级祠祀，得出祭礼差别不大的结论。因无确切考据，在此不多加赢述。

"今上九年，卿陆公以和所献贮银三百两买高桥门外田亩百，岁入银一十八两，为祷祠时有所修治费……今庙下主者，日夜供养，灵帐饰除，炳芳执烛，所以歌雩祝塞甚恭，岁常百人。"①

此段文字说明，至迟明代万历年间，南京天妃宫依然按照明初所传承的规范化祭祀制度进行着祭祀。虽然，明中后期，朝廷对妈祖信仰的重视程度有所减弱，甚至被儒家士大夫们视为"异端"采取了抨击、打压的态度，部分地方妈祖庙宇被列入"淫祀"范围。据嘉靖《长泰县志》记载：

"顺济院，在县福胜之比，俗祀天妃也。黄卓峰以淫祠斥卖充修学宫之用。"②

但根据材料依然不难发现，妈祖在明代的国家祭祀体系中已提升至京都祀典等级。在国家等级的庙宇中，由朝廷定期派遣官员进行祭祀。

妈祖信仰发展至清代，已到了空前繁荣时期，在统治阶级不断对其神能扩大、叠加的过程中，妈祖祀典在国家祭祀体系中占有了极为重要的地位。《康熙会典》已将妈祖列入《群祀·岳渎、历代陵寝祀典（有司各祀典附）》中，并载：

"其余山川、社稷、文庙……载在祀典者，俱令有司岁时致祭。兹以现在举行者，备列于后。"③

《康熙会典》始修于清崇德元年（1636年）止于康熙二十五年（1686年），由此推论，至迟于清康熙二十五年，妈祖祭典仪式已享受较高规格，由地方官"岁时致祭"。在其后的雍正至光绪的四朝《会典》中，妈祖均列为群祀类，并由地方官员主持春秋二祭。另外，雍正十一年（1733年）闽都郝玉麟上奏朝廷增加妈祖在各省及州县中天后宫祠宇数量及祀典规模，遂得朝廷批复：

"至凡江海处所俱受天后庇护弘施，其建有祠宇而未设祀典之处亦应如该督等所请，行令督抚照例春秋致祭。但各省天后祠宇不皆在省城之

---

① （明）汤显祖.续天妃田记［M］.载于：玉茗堂文（之七）.

② 引自《长泰县志·寺观》（明嘉靖），"天一阁藏明代方志选刊"本。

③ 引自《大清会典》（清康熙）卷六十六，"中国近代史料丛刊三编"本。

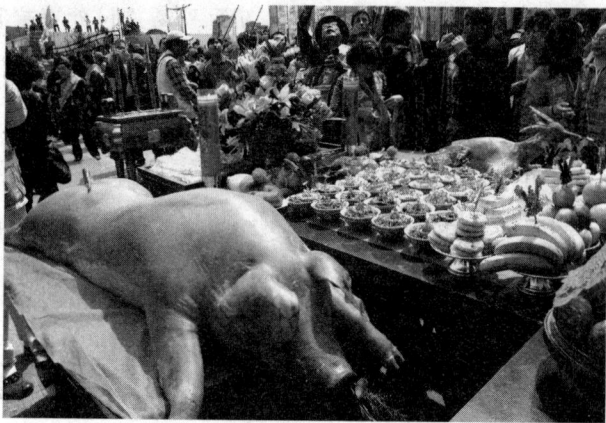

祭典上的贡品

（2008 年 天津大毕庄福建莆田会馆 王晓岩摄）

内，如省城旧有天后祠宇，应照例令督抚主祭；如省城未曾建有天后祠宇，应令查明所属府州县原建天后祠宇，择其规模弘敞之处，令地方官修葺，照例春秋致祭。其祭祀动用正项、钱粮，造册报明户部核销。俟命下之日，臣部通行各省遵奉施行，并得旨依议执行。"①

此规定影响范围较广，某些处于内陆的江河沿岸城镇也大肆修建妈祖庙宇，并将其纳入官方祀典。

在祭祀规格上，较前朝有较高提升。《康熙会典》中有载，朝廷派遣礼部司官携祭文至湄洲致祭，行"三跪九叩"②礼，并有迎神、三献、送神等仪程，配有简单乐舞，此为宫廷取少牢之祭，同当时祭祀黄河神、火神庙及关帝庙规格相同。所祀贡品为：

"羊一、豕一、笾十、豆十、簠二、簋二、白磁爵三、酒一尊、烛台三对。"③

---

① （清）三泰等．为闽省南台天后祠颁匾致祭事题本，选自清代妈祖档案史料汇编［M］.北京：中国档案出版社，2003：46—47.

② 自清朝一统天下后，定三跪九叩的拜天之礼，取代明朝五拜三叩之礼。

③ 引自《大清会典·事例》（光绪），中国近代史料丛刊三编本。取少牢之祭为：祭牲取少牢，羊一、豕一；祭器中簋二，为黍、稷；簠二，为稻、粱；笾十，为盐、薧鱼、枣、栗、榛、菱、芡、鹿脯、白饼、黑饼；豆十，为韭菹、醯醢、菁菹、鹿醢、芹菹、兔醢、笋菹、鱼醢、脾析、豚拍。

在董季群所著的《天后宫写真》一书中，有对湄洲妈祖祖庙祭祀仪程的详细记录：

"1. 严通三鼓。2. 宣布祭典开始，鸣礼炮。3. 仪仗队、仪卫队、乐生、歌生依次就位。4. 司礼生引主祭等及舞生就位。5. 迎神、上香。6. 诵经。7. 读祝文、奠帛。8. 行初献礼。9. 行亚献礼。10. 行终献礼。11. 焚祝文、焚帛、送神。12. 礼成。"①

《天津府志》是按照行政区域划分，以天津本地作为记叙范围最早的一部官方志书。成书丁清乾隆四年（1739 年），据此志书记载，天后宫此前已经施行由官府出面，举行隆重的"春秋二祭"（农历的二、八两月）祭神祭庙活动。据卷十二记载，清乾隆二年（1737 年）时，"本县天后宫神祠祭祀银四十两"，表明此时已有官方祭祀妈祖的活动。

就上述史料分析，妈祖在宋代虽无史料记载是否纳入朝廷祀典，但在元、明、清三代的朝廷所著的典籍史料中都有记载，证明其属朝廷"正祀"性质的祀典身份。对上述资料梳理，意为对妈祖祀典在各个时代的演进进行梳理，以求来佐证从民间神祇逐渐往官方靠拢的过程。祭祀细节及乐舞详细规格等方面，在此不做详细考究，而是力求解释这种演变现象其中之根由。

二、"正祀"体系形成原因探究

目前，全国范围内普遍分布的寺庙，大多是建于封建体制下，带有国家正祀性质、信众人数多，分布较广的寺庙，如城隍庙、关帝庙、文昌庙、龙王庙等。而妈祖信仰最初起源于南方一个小范围内，神格并不符合正统规范，但是却最终发展为全国范围内的正祀大神，这同妈祖信仰传播的地缘性有很大关系。传播的地缘性，是与人类一起出现的血缘意识与血缘情感的重要伴生物。"同时又与地缘的因素相表里，在个人对家庭、家

---

① 董季群．天津文化通览（天后宫写真）［M］.天津：天津社会科学院出版社，2002：160.

族所负担的义务和责任，在邻里关系的扩张之中又得到进一步的延伸"。[①]妈祖信仰之所以能突破地缘性、行业性及群体性，具有的正祀性质，其本质源于国家正祀与民间信仰存在一种互相利用及互惠互利的互动关系。

有许多民间信仰及祠庙通过统治阶级的封禅逐渐被"国家化"与"正统化"，这实际上是一种被重新偶像化的过程。这个过程被按照民众或地方精英的意志进行重新塑造和定义，但是大多数信仰活动仍属于民间性质，实质上与其他所谓的"淫祀"并没有本质区别。

从妈祖信仰的传播轨迹中不难得出以下结论，或者有人将妈祖信仰的传播方式定义为先从地方性保护神发展为区域性保护神，进而再发展为跨区域范围，经由民众广泛传播，最终被统治阶级选中，"包装"成为全国范围内"正祀"的。然而，本妈祖信仰是作为地方性神祇与全国性神祇两条轨迹发展传播，才使其地位得到下至平民百姓、上至统治阶级的全民性推崇，而获得稳定位置的。然而，这两者之间的关系却十分微妙，皇会的繁荣与稳定并不是由其中一种关系造就的。不能说是因国家施以正祀规格，皇会就是一项纯官方的仪式。亦不能说参与皇会的大多数群体以民众为主，仪式中有诸多显而易见的地方性因素与风俗的加入，就将其定义为"淫祀"。这并不适用二元论的观点来解释，若以更为宽泛的观点来预设，皇帝、地方政府的官员及地方绅士若不作为统治阶层来看，其自身作为个体来看也是忠实的信众，他们就算掌握比民众更多的文化，但是归根到底他们也是封建时代的人物，仍然不能逃脱社会伦理道德的束缚与影响。我们将作其为阶层代表的观点来阐释问题，只是为了对其有一个较为明显的划分。对于百姓来说，他们有至高无上的权利，有绝对的控制权，是布施者。但从另外一个层面上来讲，在神灵面前，他们同民众并没有不同，依然是作为受施群体。纵然在很多时候，他们自诩为"真命天子""天人合一"，但在生、老、病、死等诸多不受人的意识为转移的事件前，他们也只能示弱，求助于神灵的帮助。因此，在大多数事件的处理中，他们的做

---

① 仲富兰. 民俗传播学［M］. 上海：上海文化出版社，2007：336.

法更多的时候是在无意识的情况下决定的，并不是像人类学家所概括的那么有规律性与前瞻性，如果可以认识到这一点，对认识皇会中"双轨制"的祭祀方式有很大帮助。

妈祖信仰的扎根、正祀体系的形成、皇会的举办是自上而下的阶级教化和自下而上的民众推崇相结合的产物。统治阶级虽然对妈祖神能的宣扬、夸大有着推波助澜的作用，但是在民众内心深处，也确实需要有一位对百姓生活进行庇佑的神灵出现。妈祖信仰先入为主地进入到天津地区百姓的生活中，人们便根据自身的需要，对妈祖的神力进行了叠加而派生出其他的功能，如祛痘、祛天花、保佑生育的功能。换而言之，妈祖信仰的传播过程无论是一种民间宗教信仰观念向社会上层的渗透，抑或是民间教派企图拉拢社会上层以便扩大影响，而进行的主动示好，都反映出两者在不同程度上的靠近。

供奉于天后宫内的纳奉船（清代）

首先，妈祖信仰特性保存、正祀体系的形成，很大程度上赖于民众心理的基本需求，并且同这个群体的推波助澜有直接关系。实际上自宋代以降，国家对民间信仰以及民间对国家所赏赐的封号与匾额的热情态度就说明了这一点。许多民间祭祀组织以一种极大的热情参与皇会，与其发生联系，这可以解释一部分以脚行工人为主要构成，供奉妈祖为航海神的会种的心意。天津地处海运与漕运的双重要塞，本地居民家中基本都有从事与航运和脚行相关的人，因而妈祖作为海神，其佑护水运安全的最基本职能必然不会被忽视。至今尚存在天后宫的"海门慈筏"牌坊与配殿内所供奉着的"纳奉船"① 模型就是对此功能的历史见证。另从旧时封建社会中国家政权与民间社会之间的关系来分析，妈祖是经历代王朝政府封赠而进入国家"正祀"体系的主要神祇，这对于保持其独立神格具有十分重要的意义。妈祖频受"敕封"这一点，在其信仰的传播过程中被民众大肆渲染。民众相信祭拜被统治阶级认可的正祀，可以更增加它的威灵。反之，仪式的庄严肃穆，仪式权威增强了对民众的社区教化，必然会对民众的行为产生一定的震慑作用，对民间社会起到整合力和凝聚力。因而，从妈祖被加封的过程与天津地区民间社会逐步融入"国家"体制的过程来看，两者基本是同步的。这也导致虽然经过历次朝代更迭和复杂动荡的政治局势，但乡民们在文化价值的认知层面上，对于"国家"的信念并没有产生撼动。不管现实的政治环境如何，理想化的"民间社会"的原型长期存在于百姓的集体无意识之中，并成为与正统性相联系的民间社会理念的外化及象征。相对来说，处于北方地区的民间信仰受官方意识形态的影响比较大，地域性文化的独立性相对较弱，因此，此区域内的民众所表现出来的多是一种较为"正统化"与"顺从化"的意识。除却表达朝廷对妈祖的虔诚与敬重外，从另外一个方面也可以看出统治阶级对于其"正统性"的宣扬。民间信仰的"正统性"，主要体现在社会上层和民间教派的密切之中。如此一来，不但使自己的内心得到了满足，渴望保证生命的平安及营生的繁荣，若真能把与自己工作息息相关的保护神同国家政治联系起来，还可以强化及塑造本群体的信仰象征，增加这个象征被社会各个阶层接受的机

---

① 纳奉船来源：相传，六百多年前，广东有名古董商，从广州携带大批古玩珍品北上，途经黑水洋遭遇到风暴，周围船只纷纷被风浪淹没。古董商当即高呼海神娘娘大名请求护佑，并在心中默默许下愿望，只要能保住性命，平安到达目的地，就一定将本船的珠宝一起贡献给娘娘。顿时，所乘之船有如神助，一帆风顺地抵达了直沽寨。商人想到自己所许的愿望，顿时又心疼起来。但因民间流传着许愿必须还愿，否则就会遭受报应的说法。商人便照着自己船的样子做了一只模型，进贡给了天后娘娘，意味着将本船的珍宝一起进献。从此以后，船商们纷纷效仿，如果出海前对妈祖许愿，平安归来后必须要到天后宫还愿，并进贡一条小船模型。日积月累，天后宫内的小船模型数目就越来越多了。

会，从而提高本行业的社会地位。这其中的缘由不啻想获取国家认可而具有合法性与正统性，从而能在各种民间组织中具有权威性。

其次，正祀的形成同统治阶级与地方政府的助推有极大关系。妈祖民间信仰被"正统化"的过程，实际上也展现出统治者把特定的神灵祭祀与统治秩序的维持、官方权威地位的巩固联系起来的企图。宋代以降，统治阶级往往通过赐额赐号的方式，将民间较为流行、具有一定群众基础的民间信仰纳入国家正祀的系统，这反映出了国家与民间社会在文化资源方面的互动与共享。从国家层面来讲，不断进行封禅的过程其实是一种把地方神连同其信众一起拉拢的过程，有利于对民间社会的全面控制。从民众阶层来讲，这是个非常难得向官方靠拢的机会。据王斯福的观点，"官方宗教与民间宗教的区别之一，在于前者强调其行政层级，而后者强调神的灵力"。[1] 当然，这两者并不是孤立存在，而是有重叠之处，即官方通过赐额、赐物、封号、建庙等方式将民间宗教纳入官方体系之中。除此之外，妈祖信仰在京畿地区的无危险性更是被官方推崇的重要原因。据 1985 年天后宫重新复制的部分匾额中，可获取一些相关信息。

正殿北门木质横匾。据《天津卫志》（康熙）卷一载："护国保民坊，一在东门外天妃宫前，一在城外西北龙王庙前。"匾额上载：

护国保民

万历元年岁次癸酉仲冬月　吉立

顺天巡抚部院关中杨兆书[2]

杨兆，字梦镜，今陕西延安人，明世宗嘉靖三十五年（1556 年）进士，万历五年（1577 年）任南京刑部尚书。

牌楼正面下方木质横匾。据《天津皇会考记》记载："牌楼……下面横着四个大字是'海门慈筏'。"匾额上载：

---

① 王斯福．学宫与城隍，收入施坚雅主编：中华帝国晚期的城市，徐自立译 [M].中华书局，2000：708.
② 引自《天津卫志》（康熙）卷一。

海门慈筏

康熙十三年岁次甲寅春王正月

圣饬天津道副使加六级薛柱斗立①

薛柱斗，今陕西延安府人，时拔贡，康熙九年（1670年）任天津道，并修《天津卫志》（康熙）。

位于原曲廊西侧木质横匾上载：

诚意献茶老会

乾隆乙巳年

民国二十五年重修

赵元礼题②

赵元礼，天津著名诗人、书法家，为天津近代天津四大书法家之一，文学方面有较深造诣，并有多部专著。

从以上为匾额颁布及题字的对象可以看出，天后宫一直十分受地方政府及官员们的青睐。作为国家政权的传达者与执行者，官员们对天后宫的加封，其实也是一种其对神灵正统性的认可与彰显。另外，天后宫内还存有诸多因妈祖各式神能而加封的匾额。如"万里波平""垂佑赢□""圣德在水"等匾额，内容均为歌颂妈祖在护海域方面的神通；"护国保民""灵护万方"，内容为赞颂天后护家卫国，守护民众；另一匾额如"资生锡类"，是感谢送子娘娘赐福后代，助人类繁衍生息；"百谷朝宗""普天同济"以及"永受嘉福"，从匾额上看是反映了人们对当时商贸繁华、安居乐业、安宁祥和的景象。进而也说明了天后宫在当时城市生活中所处的重要地位，皇会不但带动了各种商贸经营的繁荣，也促进了饮食业、旅店业、香纸业、五金百货业的发展，进而推动了整个城市经济的发展，改善了人民的生活。

第三，妈祖虽然仍然是民众心中的妈祖，但同时也是官方的妈祖。这

---

① 来新夏. 天津皇会考·天津皇会考纪·津门纪略［M］.天津：天津古籍出版社，1988.

② 引自《天津卫志》（康熙）卷一。

些举措在强调妈祖信仰特性的同时，也是国家阶级意识的传递。在民众对妈祖信仰崇拜不断加强的过程中，官方通过在潜意识方面的渗透，使得人们对既定秩序产生强烈的认同。共同的集体记忆在一次又一次重塑的过程中，让民众在认同妈祖神能的同时，也认同了因"顺应天意"而受妈祖格外庇佑的政府。在爱屋及乌的心态作用下，这种记忆在民众间代代相传，十分有助于统治阶级正面形象在民众内心深处的树立。

第二节　大传统向小传统渗透，小传统向大传统靠拢

一、大传统与小传统在皇会祭典仪式中的关系

大传统（Great tradition）与小传统[①]（Little tradition）这对概念，最早是由人类学家罗伯特·雷德菲尔德（Robert Redfield）在其 1956 年所发表的《乡民社会与文化》（Peasant Society and Culture）首先提出来的。他试图利用这对概念来说明：在较为复杂的文明之中所存在的两种人群——乡民（peasants）与绅士（gentry）、两种区域——农村与城市、两个不同层次的文化——大传统与小传统之间的区别和关系。妈祖信仰是中国文化重要的一个组成部分，同精英、士大夫官方文化有巨大差别，同制度化的儒释道民间宗教也不能等同。以妈祖信仰而形成的皇会其身份更加特殊，都有两种文化的渗透，但若非要在大传统与小传统之中归类，可将皇会归属于小传统之中。虽然皇会有大传统的特征，如：有精英文化的存在，有文字记载，受到历代皇权统治者的册封，并得到官方认可、利用。但其小传统特征格外明显，并成为作此区分的首要标准——从社会力量或参与人群来说，皇会受社会中民众的支撑而存在，并与民间生活密不可分。作为一项整体的文化来看待，处在底层的百姓与处在上层的官方及士

---

① 雷氏对这两个概念的阐释为：所谓大传统是指以都市为中心、以绅士阶层和政府为发明者和支撑力量的文化；所谓小传统是指向乡民社会中一般的民众尤其是农民的文化。

绅两个阶层虽然是两个层次，但是却互相依存、相互影响并时时互动。"大传统引导文化的方向，小传统却提供真实文化素材"①，这两方面都是构成文明的重要部分。中国文化中历来存在大小传统的分野，在传统的宗教及祭祀仪式中表现得尤为突出。在《荀子·礼论》中就有记载：

> "圣人明知之，士君子安行之，官人以为守，百姓以成俗。其在君子，以为人道也，其在百姓，以为鬼事。"②

因此，无论是大传统还是小传统都对了解一个完整的皇会有很重要的意义，若顾此失彼，定会有所偏颇难窥全貌。纵然，大传统的绅士阶层与小传统的民众阶层所关注的点相同，但随着角度和意义的转变也变得完全不同。大传统在国家体制、官僚组织等社会秩序及伦理道德的关系方面十分注重，并对分辨儒释道的派别及产生源流等问题非常严谨。但在小传统乡民的世界中，他们并不能按大传统的意图来理解这种复杂体系。当然，这不能妨碍他们用自己的方式表现出来，或许这种方式只是一种狭隘现世观的体现。如在民间祭典文化中，却经常看到多神共聚，甚至多教合一的民间信仰。对于代表着小传统的民众来说，关怀的不是教义、教别，他们在乎的是哪一种神灵能更为及时更为持久地降福赐祉。

如，以20世纪50年代天后宫神像方位图分析，就有把信奉儒教者心中所崇尚的，抽象的、非人格化的"天"，转变为具象的、人格化的"玉皇高上帝"，这其实是将抽象的"天"的概念同现实生活中"帝"合二为一的现象。虽然玉皇高上帝在天后宫并不是主神，但作为一个神灵体系来讲，也有和人间阶级秩序阶级类似的从属，如各类仙官、元帅、大将、宫女等，以及保地方平安的神祇，如送浆哥哥、挑水哥哥等。在《礼记·王制》中对天的解释为："天，谓日也。"人们最初对天的崇拜是出自一种原始形态的天象信仰，是在原始宗教信仰把人间与天、地并列起来思考的时期才产生的，并形成了"天界"的概念。玉皇高上帝及手下的神灵，一同

---

① 李亦园. 人类的视野 [M].上海：上海文艺出版社，1996：144.
② 引自《荀子·礼论》。

构成了此民间信仰文化中的"官僚体系"。但是，这种超自然的存在的"官僚体系"同现实生活中的体系并不相同，在这里没有尘世间的不公与欺骗，神灵面前人人平等，而且直接与百姓生活有密切关系，这就突出显示出了小传统群体的功利心理。

这种小传统向大传统靠近的态度与倾向在皇会仪式中可谓比比皆是，体现于种种细节中。以皇会中数量最多的法鼓会为例，无论从会的命名还是表演的动作中，均体现了雅文化与俗文化的交融。

法鼓最初为僧、道作法时多伴奏的音乐，因而受宗教影响较深。如最为常见的"端钹"，实际受佛教地藏菩萨"禅定手印"姿态的影响；"托塔式"，是从释迦牟尼佛的"接引手印"演变而来。

此外，法鼓会的命名也体现出浓厚的民俗文化内涵，被视为天津皇会中特有的一种文化现象，在其他民间会种中较为罕见。天津法鼓每一道会的会名都各有不同，首先都会标明所在地域，有的甚至精确到具有代表性的本地参照物，如：陈家沟娘娘庙前善音法鼓老会、城内石桥后洪音法鼓圣会；其次，还会在老会（或圣会）前冠以"音"字，此外，还有一类法鼓会在起名时，会将自己的主要职责或办会宗旨加入进去。如：盐道运署法鼓老会、永丰屯公议香斗法鼓老会等。这些法鼓会也在自己的会名中附会诸多耳熟能详的宗教教义、传说、掌故，以此提升自身会的神圣与庄严程度，显示本会顺意宗法。如："草厂庵清音法鼓圣会"之名，本会会员认为会名中的"清"字顺应天下百姓期盼国泰民安之意，正所谓"万里无云天清，当今国号大清，入阁四相九清（清通卿），官审曲直断清"；"音"字代表"西天我佛雷音，南海菩萨观音，盂兰盛事缘音（音通因），师旷整理五音"，此文力图拉近法鼓会与佛教之间的关系。纵然是在"法鼓"二字上，也大做文章。"法"字意为"九莲台上讲法，八大菩萨听法，天师请神作法，国家劝世王法"；"鼓"字意为"神圣落凡大鼓，金銮殿景阳鼓，衙署内镇堂鼓，庙宇嗵经钟鼓"。另以"河东上盐坨三道井沟诚议心音法鼓圣会"之名为例，会员们将"心"阐释为"普度群生学好佛心，十八罗汉参佛问心，君主爱民疼民存心，轻易不动杀戒善心"；"音"字阐释为"天降风雨雷电锉音，供佛烧香敲磬仰音，管教学生念书师音，口供不招动刑打音"；"法"字阐释为"诛仙阵化三清斗法，孙悟空求菩萨学法，金钟罩体像铁练法，印祖来渡麻祖讲法"；"鼓"字阐释为"三国弥横骂曹击鼓，张翼德拿刘封滚鼓，霜降操演打式俱鼓，赴宴借酒传花听鼓"。

天津法鼓会的仪仗与执事儿，一部分来源于宫廷，另外一部分又与宗教信仰有关。法鼓会出会时所伴随的各种辇、轿、座等执事儿，均为各类佛教、道教庙会出巡时使用。另在法鼓会的执事儿中，与佛教有关的器物造像、纹样众多。据河西区挂甲寺庆音法鼓銮驾老会会员李相义口述：

挂甲寺庆音法鼓銮驾老会
"佛八宝"之一——花

"我们会的銮驾，那在天津这些会里可是独一份儿，既有宫廷的华丽又有法门的庄严。轮、螺、伞、盖、花、冠、鱼、长，我们称为'八吉祥'或者'佛八宝'，这八种执事儿的名字都和佛教有关。轮，佛经中有'万事不息'的说法；螺，其实是一种海螺形的装饰物，原来是一种演奏的乐器，传说能传'妙音'，佛经上有'具菩萨意，妙音吉祥'的说法；伞能遮风避雨，盖就当住的地方，就是说这个意思，娘娘出巡不能被日晒雨淋。佛经有'偏复三千，净一切业'的说法，这个'三千'就是指老百姓、'业'是指犯的罪，所以，我们会的伞也叫'锦伞'。我们也叫'盖'为'天盖'，这意思和佛经中'张弛如如，曲复众生'有关系。花，不是指牡丹花，指的是莲花。为什么选莲花，菩萨和佛不都是踩着莲花宝座嘛，选这花吉祥；罐在佛教很常见，老菩萨手里都端着这样一个净瓶，佛经上说'福筒圆满，具定无漏'；鱼，代表富贵吉祥的意思，连年有余，期望人民生活富裕嘛的；长，代表的是盘长，也是佛家的东西。"①

---

① 据河西区挂甲寺庆音法鼓銮驾老会会员李相义口述资料整理，2011 年 4 月 27 日采集。

根据上述法鼓会对其名称的阐释、法鼓会的招式、执事儿，可以看出代表小传统的民众通过会为载体，而向代表着正统性大传统的"儒教""佛教"等主流思想的主动靠近，这其中也不乏对现实秩序的歌颂与统治阶级的示好甚至谄媚。而统治阶级利用自己的力量普及了"德"的概念，随着时间推移，在民间社会中构建成了共同的意义思想体系及世界观，这种系统为大多数民众塑造了较为一致的行为模式。反之，当这些共同的行为模式对社会产生足够的影响时，又会影响、强化、传递这些思想观念，而这些思想观念正是社会共同世界观的构成。马克思·韦伯认为，正是这种象征性互动指导着人的思想以及在社会中的行为模式。而基于皇会中上述现象的分析，可得出以下观点：象征大传统的上层绅士文化着重于形式，趋向优雅的言辞，习惯哲理的思维，并且十分侧重于对社会秩序和伦理关系的关照。对于他们而言，这不仅仅是一种仪式，更是一种进行教化其他阶层的工具或是稳定社会关系的手段；象征小传统的民间文化一般由普通民众组成，他们进行祭祀或祭拜神灵，主要是从一种日常所需的范畴出发，因而多所表现出的是一种现实而功利的思维模式。

二、两者融合的基础——"致中和"式的均衡和谐观

"喜怒哀乐之未发，谓之中，发而皆中节，谓之和。中也者，天下之大本也；和也者，天下之达道也。致中和，天地位焉，万物育焉。"[①]

早在《中庸》中，古人就已对"致中和"有了系统的阐释。皇会中所存在大传统与小传统，并不是两种对立事物，而是存在于同一事物中的正反两个方面。两种传统无论以何种目的出发，总能在皇会这同一事项中找到和谐均衡的点，维护其正常运转。因此，找寻到皇会两种传统的合力点，对分析其稳态性因素有重要意义。

李亦园在研究大小传统之间的相互关系问题上，曾提出了"三层次均

---

① 引自《中庸》。

衡和谐"① 模型。他认为在传统民间社会中，小到追求个人身体健康，大到整个社会的运作，都是以整体的均衡与和谐（致中和）为目标的。三层均衡必须要达到自然系统的和谐、有机体系统的和谐和人际关系的和谐。这种均衡正是皇会中大传统的官方仪式同小传统的民间思想相融合的关键点。

第一个层次，自然体系的和谐所要达到的是人所追求的与自然、天地的和谐上。在民间文化中，可以从空间和时间两个方面来分析与理解。人们通过信奉民间信仰，来获得神灵的护佑，在不能掌控的事情上，如风、雨、雷、电、水、火等自然灾害方面能驱凶避祸、获得好运。比如，人们最初对妈祖的崇拜，就是渴望在水运中获得护佑。他们已经认识到这并不是要将暴风、雷电、骤雨等象征"凶"的事物完全消失，而是祈求自己在出海、航运时，可以躲避过这些灾难，而在别的时间点、航行不到的区域是否发生这些，和自己是没有关系的。这一方面说明了民间信仰中所蕴含的小传统中的狭隘性，另一方面也说明了人已经意识到，面对大自然中的很多因素，自己是无法改变的，若想获得"和谐"，只能选对时间纬度和空间领域。对于传统的中国人来说，一生之中都在努力寻求对自身最"和谐"的"天时地利人和"来改变所谓的"运"。古代的中国人无论是小传统的民众还是大传统的士绅、地方官员甚至是九五至尊皇帝都无法改变追求"和谐"的愿望，或许表达的方式不同，小传统的表现方式较为粗糙，利用的是摸骨、批八字等方式，大传统可能会利用较为精致的方式进行，如占卦、紫薇星术等。但是，双方表现出来的理念确实完全相同，都是渴望妈祖的神灵能给予指引，趋吉避凶，达到时间与空间的和谐。

第二个层次，追求个体有机系统中的和谐，表现在内在和外在的统一。传统文化中，个人有机体是由阴阳两面构成，只有达到平衡人才能均衡。这种阴阳对立的观点表现在生活中的各个方面，如冷—热、内—外等对立因素上。在民间最为常见的就是运用名字的外在形式而同人的生辰八

---

① 李亦园. 民间文化与文化中国 [M]. 上海：上海教育出版社，2002：148.

字、五行因素的协调上。在天后宫内，常有香客请天后宫道士为新出生的孩子命名。历史上最为著名的莫过于有一灾年，天后宫救济当地百姓渡过难关，当地百姓为了感恩，请求道士为孩子赐名，天后宫道士为当年所出生的八名婴儿均起名为"宫生"。当然，这种情况较为极端，但是娘娘宫内道士为孩子起名的习俗一直存在，此外还有一些根据生辰八字为孩子做"戴锁""跳墙"的民间习俗。前来求此仪式的既有大传统的官吏，也有小传统的乡民，这时并没有身份上的区别。或者说，渴望仪式奏效的心情是相同的。本质上这其实是一种接触巫术的观念而成，利用名字、锁等外在因素，将人内、外的追求达到平衡。

第三个层次，人际关系在社会中的和谐。能否达到人际关系和谐一直是中国文化系统中最高的衡量标准，而其中最重要的观点就是伦理道德。传统的伦理精神主要反映在两个方面，一是家庭成员的和谐，一是家族的传承与延续，这是无论大、小传统中的人都要不得不共同面对的问题。在娘娘面前，无论人的职业如何、位居何级高官、收入几何，都必须面对根深蒂固的传统理念。或许小传统所表现出来的是一种仪式上的实践，而大传统更注重伦理观念上的遵守，但是归根到底，这仍然是一件事情的两面——同一信仰中传统与仪式的两面。人们因"不孝有三，无后为大"的理念制约，抱着虔诚的心去娘娘面前"拴娃娃"。人们因家庭安康、家族高升的心情，去求得"灶君""文昌"的护佑。纵然在今天医学技术高度发达，但隐藏在人们内心深处的这种传统的家庭理念与行为模式依旧会受此影响与制约。

毋庸置疑，这三个层面的均衡共同构成了中国人"致中和"式的世界观。在小传统的民众中，或许表现为具象的对日常生活行为的追求上，大传统士绅与统治阶层中，或许表现为对抽象的对社会秩序与国家的运作模式中，但是，这两种行为在皇会中行为互助、互补、互相牵制，或许是皇会历经百年仍能展现勃勃生机的重要原因。而体现皇会中"致中和"式的世界观，归根到底应该是两种传统下的阶层都能满足自身利益的结果。无论是追求社会与国家的均衡还是家庭与个体的和谐，从中国深层的文化里面来分析，大小传统之间必定是以某种共同性相联系，两者才会在同一体制内形成往来。

第三节　国家与民间社会的互动关系

一、国家意识通过仪式输入民间社会

在传统中国的区域社会研究中，"国家"的存在是一个客观存在又无法回避的问题。但皇会作为一种处于华北地区的庙会，既具有"典型性"又具有"代表性"，既具有"区域性"微观特点，又有"全民性"宏观叙事特征的民俗事项。因此，在研究任何一种民间庙会形式时，"国家"的在场是必须要注意到的。但这并不是要割裂地运用二元对立的概念来作为分析的工具，将其笼统地外化为国家—地方、精英—民间、历史—现代、全国—地方的对立关系，而是力图将其置于国家的历史场景中去理解、考辨。"区域社会的历史脉络，蕴涵于对国家制度和国家'话语'的深刻理解之中。"[①] 却又不可完全信任"王朝典籍""规章制度"的记载，国家权利及思想已深深地渗透入民间社会，具有极大的"被建构性"，因此，深究"历史文献"的真实性也是非常重要的意义。若想尽量减少偏差与缺失，就必须置身于大文化之中，不可简单外化为历史事实和社会关系本身，努力了解由于漫长的文化过程而形成的社会生活的地域性特点，以及不同地域百姓关于"皇会"的正统性观念，并在国家与地方长期活动中得以形成互动的现象。"区域历史的内在脉络可视为国家意识形态在地域社会的各具特色的表达……国家历史也可以在区域性的社会经济发展中'全

---

① 赵世瑜. 大历史与小历史——区域社会史的理念、方法与实践［M］. 北京：三联书店，2010：227.

息'地展现出来".① 皇会作为一种国家正祀，较之其他民间庙会形式与统治阶级的关系更为亲密，只有认识到各个时期国家或者官府对地方力量的投射，才能科学地认识到皇会作为地域研究的价值所在。

元朝以降，政治中心移往大都（今北京），随着南北经济往来的密切，因漕运及海运的发展直沽寨（今天津）逐渐成为京师门户要塞。地理位置上的四通八达，十分有利于经济、文化方面的交流，也使得各个种类的宗教、信仰、思想在此地碰撞、融合。"从政治文化方面来说，北方距离政治中心较近，具有对统治文化的较强亲和力，具有一个相对的文化主轴"②，相应的，南方却缺少对中央政权的向心力与凝聚力。独特的地理位置决定了国家将天津作为具有代表性的民间庙会"示范性"作用。可以说，明清时期的天津所受国家力量的影响比其他任何一个城市更大，更强，更直接。因而，代表统治阶级的国家便频频为妈祖进行赐名、赏号，为其正身，将娘娘会改变为皇会，使其从组织性不强、规律性不明显的普通俗民庙会形式，形成了组织严密、会规严格的象征官方的神圣体系。从某种意义上来讲，皇会所具有的稳态性，同官方力量的注入与参与确实有密不可分的关系。自明代开始，专制君主便试图寻得一种"温和"的方式对基层社会进行控制及约束。最终，他们发现利用民众对神力的信仰，来加强民众对社区教化的方式，具有潜移默化而又不露声色渗透的优势。然而选择何种民间信仰，选择何处地点才能使这种控制模式发挥其最佳的效用呢？统治阶级经过反复斟酌，最终将来自南方，却能迅速融入北方各镇，并成为天津护城神的妈祖信仰作为"理想"范式进行推广。

妈祖信仰的繁荣，皇会的兴旺，先入为主地进入到天津地区百姓的生活中，人们便根据自身的需要，对妈祖的神力进行了叠加。与其说这个过程因受到地域文化的逐渐同化而在潜移默化中完成的，不如说是统治阶级、地方政府、乡绅、民众各个阶级合力重塑的结果。妈祖信仰在天津的

① 赵世瑜. 大历史与小历史——区域社会史的理念、方法与实践［M］.北京：三联书店，2010：229.

② 同上。

兴旺发展，看似是民众的主动接受，并不存在被控制的因素。但在时间与空间的坐标轴上，却恰好契合了统治阶级正在寻找的具有示范性的民间信仰。换而言之，如果不是出现妈祖信仰，也会出现其他的民间信仰（或者是碧霞元君信仰）被统治阶级利用。这种民间信仰是否正祀、杂祀或者淫祀已并不重要，成为传达国家意识的载体才是其存在的意义。只要信众众多，在民间社会能起到巨大影响，符合自身统治需求，统治者也会按照自己的意志或对神灵进行大肆褒奖、宣扬、鼓励，将民间信仰往官祀的体系拉拢。而对于民众而言，他们也主动向官方靠拢，普遍认为官方的承认会提高神的威灵。妈祖信仰不断被赐额赐号的过程实际上是一种被拉拢与利用的过程，国家对其的控制实际上是间接对众多信众与香客，乃至整个民间社会的控制。

二、地方官僚与士绅阶层上通下达的媒介作用

皇会中的国家、地方官僚、乡绅、民众各阶层之间虽然存在地位有轻有重、话语权力度不一，然而却不得不说是以一种共生关系而存在。为了实现各自利益而互依、互存、互补、互动，最终形成维持皇会繁荣、兴盛、经久不衰的合力。但这不代表阶层与阶层之间、阶层内部之间没有矛盾，无论是垂直管辖，还是水平管辖，其中必定会存在控制与反控制力量之间的博弈，以达到互相牵制的目的。

在此，可以将地方官僚与士绅阶层做同一个团体来考察他们在皇会中的作用，并不是凭空而论的。在费孝通的《皇权与绅权》一书中，曾经这样阐述："官僚、士大夫、绅士，是异名同体的政治动物，士大夫是综合名词，包括官僚绅士两专名。"[①] 费老认为，这几者无论名称如何变化，其本质上都是没有区别的。剖离称谓、官职等表象，对利益关注的点都是相通的。"官僚是和绅士共治地方的，绅权有官权的合作而相得益彰"。[②]

---

① 费孝通、吴晗. 皇权与绅权 [M]. 长沙：岳麓书社，2012：44.
② 费孝通、吴晗. 皇权与绅权 [M]. 长沙：岳麓书社，2012：45.

这种合作在皇会的权利与利益维护方面表现得尤为突出，可体现出官僚与绅士阶层在执行皇权过程中的直接操控性。

《天后宫行会图》中的扫殿会

在皇会中，扫殿会被誉为"会中领袖"，拥有至高无上的权利，可谓"总指挥"，负责皇会行会的组织筹备、调度差派、请会提会、安置协调等工作。扫殿会名称意为在天后宫殿内打扫，侍奉妈祖。这道会可以直接为妈祖娘娘服侍左右，若能跻身扫殿会的确是一件光宗耀祖的事情。天后宫建成之初，扫殿会由天后宫内僧侣担当，后来又由道士担任。在清朝乾隆以后，随着皇会规模的逐渐扩大，仅有道士的能力已经负担不了。当地的富贾商人共同加入扫殿会，民国以后，官府为繁荣地方经济，也加入了扫殿会的行列。

过去，能入选扫殿会的群体必须有严格的身份限制，可谓非富即贵。不仅在社会上具有一定的口碑与声望，而且还要求在某一方面要取得功名才可以参加。参加扫殿会还需要有诸多具体要求，民间将其总结为"三十二条"，只有能达到这些条件的才有机会能加入扫殿会。具体规定为：

"讲自豪、讲礼貌、讲衣冠、讲知事、讲说话、讲调道、讲运筹、讲为公、讲做人、讲孝道、讲恭敬、讲待人、讲仗义、讲疏财、讲息事、讲深厚、讲忠正、讲廉洁、讲除恶、讲安良、讲遵规、讲根本、讲儒雅、讲行好、讲修善、讲劝诚、讲吃亏、讲寸心、讲规矩。"①

扫殿会人员一般有 300 人组成，会期内，分为 20 组维护行会等相关事宜。所着服装也较别的会种更为讲究，《皇会论》中有这样的描述：

"数杆黄旗在会前，上写着'扫殿'，逞精明，露强干，薄底靴亦穿武备院，夹套裤簇新月白缎，腰巾儿长，帽梁儿短，清洋绉棉袍齐把袖挽。"②

民国二十五年（1937 年），扫殿会改名"香烛社"，其成员结构发生了很大变化，增加了洋行买办商家和民族工商业资本家。如遇天后宫或皇会需要费用，他们立刻会出资出力、慷慨解囊。

扫殿会在整个皇会体系中占据着重要的位置，而在具体的每一道会中，也有大批地方精英的参与，并在其中焕发出积极的活力。会组织中与皇会中的地方精英，并不是两个完全没有交集的群体，很多时候是重合的。他们既以"为老娘娘当差"表现出无上光荣，又为本地域（多以村落为单位）内的会种获取社会认可、谋得皇会中的一席之地而不断努力。具体的行为表现在，为本村会组织置办仪仗执事、服装、给予良好的经济保障，鼓励后学等举措。据西码头百忍老会殷洪祥回忆：

"我听老人们说，过去我们出会的时候，会头里（行会最前方）走着的都是会里老人们。原来我们会里有一个会员叫王馨山，他哥哥是大财主，在我们这里玩会。还有谢茂义茶叶庄老板、干鸡场、鸭场的李少棠李大爷，都喜欢我们的会。他们有钱，出会时穿的可阔了，里面穿长衫，外面套大衣，头上戴尼赫鲁式的帽子。这些老头可都是会里有威望的人，天后宫里'提会'（为皇会来请会）的来了，都得找他们吟哦（音 yín e）。平时会里置办东西出钱，出会时候穿哪套衣裳都得他们管。有时候，村子里有什么事需要解决，也得找这些人评理。"③

根据殷洪祥口述，可以观察到地方精英在地方区域内权利的广布，以

---

① 尚洁. 皇会 [M]. 天津：百花文艺出版社，2006：88.

② 张焘. 津门杂记 [M]. 天津：游艺山庄，光绪十年（1884 年）.

③ 据西码头百忍老会时任会头殷洪祥口述资料整理，2010 年 11 月 21 日采集。

及在会组织中的渗透。地方精英在会中常常扮演"会头""会董"的角色，平时极少参与演出，少数人只在行会中负责掌"头锣"。但每次在商讨能不能出会、去何处出会以及会中的财务支出时都具备决定权，并在出会中较为"露脸儿"的时刻，如换帖、下帖、拜会等情况下出面。由上述材料不难看出，地方精英作为中间阶层，所占有的"话语权"的发出。如：行会过程中，若各道会之间产生矛盾摩擦，负责协调解决的是扫殿会成员，一般情况下，各会成员都会服从此类安排。

"话语权"，顾名思义，"即由话语的优势构成的一种权利关系"。① 娘娘会发展至皇会阶段，随着地方精英的不断加入，这无疑是一种官方话语与民间话语的结合，或者说是民间话语向官方话语的一种让渡，更或者是两者的"一拍即合"。统治阶层利用地方政府及乡绅的"话语权"优势，将自身的意识进行层层传达。最终利用自身的优势，产生并影响了在皇会中所占人数最多，但是却最没有"话语权"的民众身上。由于被赋予了强大的生命力与绝对的支配力，在这种"承上启下"的发展主义话语优势下，完成了对民众的侵蚀与控制。

分而谈之。地方官僚阶级在皇会的运行中一直作为中间阶层出现，所起到的是纽带作用。虽然这个阶层不能对国家的权利进行完全的执行，但却还是地方社会权利网络中，代表国家的一种中介制约力量。但实际上，这个看似在中央集团权威下完全妥协的群体，在本质上却并不完全接受控制，或者说，他们并不甘心接受完全控制。在地方社会中，能借助地方士绅的力量维护地方秩序才是他们的追求。这在他们对皇会掌控权的独断性上，即在皇会组织中，皇权是否可以代替会规的核心价值方面有着明确体现。他们的态度便是，地方政府阶级的立场坚定，对皇会的掌控权不做丝毫让步。

乡绅的地位较为特殊，他们不同于地方官僚，鲜有机会同皇权直接对话，但又要受地方政府的管控，虽在地方村落秩序内，较之民众阶层更有

---

① 徐勇.流动中的乡村治理［M］.北京：中国社会科学出版社，2003：66－67.

发言权，但在多数时刻，尤其是从家庭或家族的角度来看，乡绅的身份和平民的身份在很多情况下是无法完全区分的，因而部分乡绅并没有获得比民众更为特殊的权利。但在商业化程度较高的清朝时期，商人的地位有所提高。随着城市化分工的不断细化，商业活动和商人阶级已经成为皇会的主角之一，成为这一时期掌握皇会权利阶层中的主体。在社会激烈动荡的时期，特别是明清以来，处在国家权利无力触及的民众生活中，乡绅显然成为地方自保的关键力量。他们认为自己有权利也有义务要对无论是乡里、村落还是家庭等"小共同体"的稳定负有维系和调节社会的责任。

然而，我们需要认识到，官僚与地方绅士对皇会所投入的热情的根本意义在于对社会声望及经济利益的追求。"在一个国家行政控制力比较强，又缺乏流动的乡土社会，社会声望是一个人社会价值的最高体现"。[①] 在当时的社会中，个人的社会地位及名誉直接决定了其社会关系的广博度，在与其他人的交往中获取的利益或达成愿望，可以得到民间社会人群的肯定，发展自身的"权利的利益网络"。杜赞奇的"权利的文化网络"对于理解国家与地方的社会关系时，的确对解释多元村际关系有着非凡的意义。然而，对于小范围内以村落为单位的民间社会中，贺雪峰认为"权利的基础是利益网络而非文化网络或是组织网络"。[②] 在封建社会，社会的物资分配极度不均衡，劳动力资源的配置权基本由地方精英掌控，获得了广济的人脉与民众的认可，无疑就掌握了更多物质资源和劳动力的分配权，在活化自身权利的同时，便可以以一种较为"温婉"的方式向民众施压，从而榨取更多的剩余价值。这种"权利的经济网络"，将社区权利与经济链条紧紧地联系在了一起，纵横交错，经纬并存，最终织成了一张紧密的权力大网，垄断着当地乡村社区的各种资源。

地方官僚与精英群体投资皇会，表面是"耗财买脸""甘当老娘娘挡驾人"，实际上更是希望从中获得更多的好处。正所谓"用之于民，取之

① 吴效群. 妙峰山：北京民间社会的历史变迁 [M].北京：人民出版社，2006：256.
② 贺雪峰. 论村级权力的利益网络 [J].社会科学辑刊，2001（4）：52—55.

于民",有"话语权"的乡绅,利用皇会资源,无论是积极参与扫殿会、还是置办执事儿、热情地为会组织做资金支持,都是借助皇会来对自身(亦是个人、商号、品牌)的一种立体宣传。通过一种借会生权—借权生财—得财助会—再借会生权的运作模式,来实现攫取自身权利的良性循环。这不但成为"慷慨解囊"式的大善人,由此树立了社会声望,并且稳固了自身的社会地位。但是,这其中也不乏积极的因素呈现:第一,在商家"截会""助会"的悬赏下,各会纷纷使出浑身解数猛练绝活,这对于技艺的提高有很大帮助;第二,正是在商人们的大力资助下,皇会仪式才会如此气势辉煌,仪仗执事儿才会如此精美华贵;第三,为本地的民间工匠艺人提供了施展手艺才能的机会;最后,随着皇会繁荣和影响力的与日俱增,一些皇会外的民间组织深感身单力薄,积极向皇会靠拢,也希望借此平台提升社会名望,使自身组织得到更好发展。在皇会举办的过程中,扫殿会成员能够与各类人群产生接触,从而促进了官与商、官与民、民与民、民与商和会与会等不同阶层、各个群体之间的互动交流。从某种意义上来讲,这的确为协调社会关系、淡化阶级矛盾、减少阶层冲突以及维护社会稳定起到了积极的作用。

三、各阶层之间的相互"借势"

纵观皇会仪式,虽然各个阶层参与的是同一场仪式,但管理者和参与者所处的社会阶层与政治范畴的差异,在这场仪式中的地位、参与出发点、达成目的及获得利益也是截然不同的。貌似和乐融融的皇会,并不意味着所有的群体都会对这一文化符号有着共同的认可程度,民众之间、民众与精英之间、民间社会与国家之间仍然存在一定矛盾。但无可置否的是,扫殿会领导地位的确立,对于保障皇会组织的凝聚力、执行力方面的确具有积极意义。在某些方面,还加强了官、商阶层对地方社会事务的渗透能力和处理能力,起到了促进和保障区域社会内部整合的作用。然而,"社会交往的过程,既是人类社会走向规范与有序,又是走向分化与冲突的过程"。① 因此，皇会之所以几百年以来稳定传承发展，是在于参与群体之间的金字塔形结构。当然，这种结构不能用社会学中"金字塔形社会"与"橄榄形社会"进行阐释，而是从金字塔形的稳定性层面对皇会这一文化现象本身进行阐释。妈祖信仰的扎根、皇会的举办，是自上而下的教化同自下而上的民众自发观念相结合的产物。换而言之，妈祖信仰的传播过程无论作为一种民间宗教信仰观念向社会上层的渗透，抑或是民间教派企图拉拢社会上层，扩大自身影响而进行的主动示好，都反映出几者之间的不同程度上的靠近。然而是何原因使得几个阶层打破之间的"间隙"，共同参与、融入皇会之中呢？由此可以认为，这源自于各阶层之间的相互"借势"心理，看似和谐的皇会，其实蕴含着各种阶层代表势力的暗流涌动，是各方角力博弈的结果。

国家与民间信仰之间的矛盾始终存在。虽然在大多数历史时期中，国家与基层社会之间所表现出来的是一种较为"舒缓"而"和谐"的互动方式，但是在封建社会中，阶层矛盾始终都是不可调和的产物。而皇会在民间和官方以及各个阶层的民众都毫无限制的开放性空间场域内，的确为各个阶层的介入提供了最佳的机会。各个阶层根据自身的需求，可以通过皇会这一媒体与介质达成相互"借势"的目的。首先来说统治阶层期望在皇会当中完成的"借势"心理。明中叶以后，社会动荡加剧，国家无力对地方基层社会实行有效控制，更是"要通过各种手段团结社区和领导社区，来与朝廷分享权利"。② 君王们最为畏惧的朝代更迭、取而代之的历史事件一直没有停止上演。如何控制好基层社会的稳定，达到长治久安的统治是他们最关心的事情。正如前文中已经论述过的观点，皇会的确是为统治阶级服务的一种较为"温柔"的手段，他们将封建等级制度及差序格局的思想在皇会及其仪式中进行着潜移默化的渗透。如将妈祖信仰中"忠、

---

① 赵毅、刘晓东.16—17世纪中国社会结构问题笔谈，东北师范大学报（哲学社会科学版）[J].1999（1）：1—14.

② 沟口雄三.所谓东林党人的思想——前进带中国思想的发展（上），东洋文化研究所纪要（75号）[J].1978（3）：203.

义、孝"的基本信义以及特定时期下所衍生出来的"保家卫国""平息战乱""去除瘟疫"等功能,依靠信仰背后的强大信众群体进行全民性的思想及行为传递,使人们在接受妈祖信仰的同时,也接受了她所传递出来的信义;将象征封建等级制度的仪式形式,通过皇会仪式在民间的不断重复与演练,而获得民众心理上的广泛认可等。换而言之,统治阶级就是利用皇会的强大影响力,来协助自身维护王权的稳定。皇会的影响力越大,接受这种仪式的人越多,就意味着教义辐射的范围就越广。因此,在皇会的发展过程中,统治阶级发挥了自身的主导优势,频抛橄榄枝,甚至主动地为妈祖祭典仪式"造势",将民间的妈祖"收至麾下",塑造为"君王的神""朝廷的神""国家的神",将民间的娘娘会"包装"为"国家的会""与民同乐"的会。

而地方官僚、乡绅等中间阶层是处在夹缝中的中间阶层,既需要对"上"负责也需要对"下"安抚,为了趋利避害而在两者之间一直摇摆不定。对于处于社会主导地位的统治阶级来说,地方官绅需要从这一层获得社会声望认可、身份认同及经济收益,因此对其依赖性较大。而在民间社会中,地方官绅虽然也具有一定的权利,但是从本质上来说,他们也是处于被控制、被支配的阶层,较之生活于社会下层的百姓来说具有一定的地位,但仍然要看统治阶级的脸色行事。而且很多时候,他们在某地域内能否将自身的权威发挥彻底,还是主要依赖于地方百姓是否配合、是否支持。在某种情况下,为自己争取更多的利益,不得不要得到百姓的首肯,或者更多的社会认可。毕竟,在相对闭塞的乡村社会中,良好的社会声望是他们巩固本区域内社会地位的重要砝码。而当从统治阶级方面获得的利益大于百姓时,他们又会站在另一头,软硬兼施的对待百姓。面对统治阶层无所不在的施压,在大多数情况下,地方官绅表现出来的是较为温顺的接受,这样做的目的就是完成对统治阶级的"借势"。如,清代中叶,天津大盐商为博得皇帝欢心,曾在天津一掷千金,大兴土木修建行宫,其中最为著名的为清朝康熙年间(具体竣工日期不详)的望海楼、乾隆三十一年(1765年)修建的"柳墅行宫"。另外一处由本地盐商查日乾、查为仁父子修建的"水西庄"更是深得乾隆皇帝喜爱,他十次巡视天津,曾经三次下榻这座被誉为"北方园林之冠"的私人别墅;建立乡校、私塾等教化组织,对本地区民众进行德化教育及政治管制;不断扩大皇会规模,为仪式提供资金支持;建立同乡会、善会、茶棚会、水会之类的慈善组织,在民众中树立良好形象;资助在村落中具有影响力的会种,提高自身威望度;最为明显的是他们对民间信仰的利用,通过请求朝廷将妈祖这一地方神纳入国家神统体系一分子,以此提高本地区在全国范围内的地位。而事实上,皇权阶层面对拥有着巨额财富的特权盐商阶层,也的确表现出另外一种借势。盐商阶层不仅掌握着当时中国盐业的兴衰,还制约着国家的财政收支。仅在乾隆皇帝在位时期,就曾前后九次减免课税,并继续推广"引岸专销"制度,御赐奇珍异宝以示"恩恤"等。但无论如何,地方官僚及精英在皇会中的作为,依然可算作是一种对一方秩序的维护与关怀。当然,羊毛出在羊身上,地方官绅支援皇会的资金也是通过剥削百姓获得,投入民间的利益与从民间获得利益相比,可谓杯水车薪。总之,在地方官僚与精英向上下两层阶级"借势"的过程中,可谓左右逢源、背腹受敌。他们对上需要接受国家的命令,对下还要做出积极措施来抚慰群众情感,不过在巨大的经济利益驱使下,这些问题便不再是问题了。

再者,在皇会仪式的参与者中,数量最多的当属妈祖的信众与会的表演者,这一阶层处在金字塔的最下层,发挥着如磐石一样的固定作用。虽然在皇会中组织者大部分是在本地有一定声望的乡绅阶级,但是主要的参加者基本是下层民众,这正印证了"上巳家家赛五侯,乡娃齐上庙山头"① 这句谚语。但这不代表天津的民众不关心士绅阶层乃至皇权阶层的动向,相反,他们对朝廷权利格局、权臣的变动等方面十分敏感,他们渴望在合适的时机中寻得为自己"借势"的机会。几千年以来,等级制度一直是维护中国传统社会秩序的重要工具,儒家思想一直试图规范民众的日

---

① 引自《唐栖志略稿》(乾隆),风俗(卷下),第19页。

常生活规范。而事实上，这种等级制度也确实渗透至民众心中且根深蒂固。"天生丞民，有物有则"，表面这是教化民众要尊重的礼、法、德，实际是不断强化民众"顺从"的君主观。因此，下层百姓在变化频繁的社会变革、阶层冲突中，通过"天高皇帝远"的统治阶层改变命运的机会无疑是登天之难，所能接触到的"被借势者"也就只有离自身阶层最为接近的地方乡绅了。据中营后同议高跷老会时任会头李凤龄介绍：

"原来护着我们会的人叫刘兰廷（音），他住在西门里，只要有嘛事儿，给他下一张帖就出来了。这人很讲义气，护这一块的威望。他住在这儿，要是会老受欺负，他脸上也没光。那年头，没有保长，没保甲长，通不了官面。派会里几个人过去，跟他说，'刘爷，您帮点忙，咱们会明要出，派点儿弟兄给维持维持'，他就说'甭管了！'到了明儿一下子就派出20个人，一边10个，都挂手枪。不单闹日本时期这样，自古以来就这样，没有官面的会就不玩不了。再往前就找衙门里的官护着，衙门出点儿弟兄，就是衙役，一样（的）。"[①]

"农业经济社会必然需要一定的组织或权威，这便是习惯法产生的基础。……而习惯法中权威结构的中心是'面子'。"[②] 皇会是一种简化了的商业活动，也有自身的运营体制，在维护面子时，必须寻求到"中人（保护人）"的保护，而这种中人往往是会组织所处地域内的地方官僚与士绅阶层。参与皇会的各道会都在积极寻找到一个有"面子"的"中人"来护佑本会。在行会过程中，可能会为了一些谁占用的资源多、给谁的表演时间较长、谁搭的善棚更大、谁在出会时更能得到秩序保障等这些"面子"问题上而纠结。因此，在面对比自己更强的一方（如扫殿会，也是由地方官僚与绅士阶层构成）交往时，中人的作用就得此突显。换而言之，中人的面子越大，他为"弱者（会组织）"谋求的优惠条件就越大，具体表现

---

① 据中营后同议高跷老会时任会头李凤龄口述资料整理，2012 年 6 月 2 日采集。
② （美）杜赞奇. 文化、权利与国家：1900－1942 年的华北农村［M］.南京：江苏人民出版社，2010：148. 书中杜赞奇将习惯法定义为：村民在劳动和生活中达成的一种默契或共识，是一种公认的行为规范或惯例。

为可能是"出会的时候由带着枪的保甲长护着"。皇会中，得到中人保护的过程就是"借势"地方官绅的过程。当然，中人并不是白白付出的，他们也将会员们的感谢、忠诚和拥护，转化为知名度更高的社会声望，同时也借此机会获得了民众的信任与社会上的权威和地位，从而赢取更多物质财富，物质财富又逐渐转化为人们所承认的精神财富，并为会组织谋取了更多的利益。这可以被认为是一个往复循环的"借势"过程，具体如下：

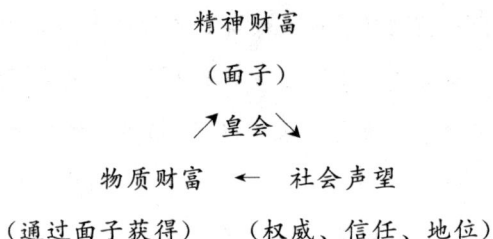

精神财富

（面子）

↗皇会↘

物质财富　←　社会声望

（通过面子获得）　（权威、信任、地位）

但是，对于大多数参与皇会的民众来说，皇会所提供的只是一种"打破"等级、职业、性别界限的狂欢场合与宣泄途径，能参与到酬神、敬神的演出，本身就是一种无比的荣耀。他们通过皇会的"借势"目的或许相对单纯，只是渴望能为心中真诚崇拜的妈祖娘娘进行一段不遗余力的表演，只是想卸去生活的压力进行一场痛快的狂欢，只是对掌握着命运生杀大权的权贵们一种谄媚。但是，无可置否的是，身份的叠加为参与会组织的民众们获取了文化权利网络中更为优势地位，在某些情况下也赢得了国家话语所认可的权威身份——民间地方知识精英，同时，也在信息交流相对闭塞的社会中，加强了与外界社会交流与接触的机会。

正是因为各个阶层都怀揣获取精神上或者物质上利益的目的，才在皇会中形成了这种"借势"的现象，而正因为在相互牵制、互相制约的力量下，各阶层人员纷纷加入皇会之中，形成了下大上小的金字塔形人员结构。可以说，在官方与民间的角力与合力下，皇会中的人际关系被织成了一张脉络清晰，又能根据环境变化伸缩度极大的关系网络。各阶层之间的"借势"对皇会这一文化事项的稳态性发展起到了巨大的维护作用。

第四节 "不规则"祭祀圈的辐射作用力

一、作为文化、经济中心地的祭祀圈

"祭祀圈"理论最初是由日本人类学家冈田谦所提出的,他是最早运用"祭祀圈"理论对台湾地区的祭祀现象进行研究的学者。他认为关于祭祀圈的研究,是了解中国部分地区村落地域团体以及家族团体的重要方法。冈田谦对祭祀圈的定义是:"共同奉祀一个主神的民众所居住之地域。①"随后,大批人类学家都在此基础上,对祭祀圈概念进行过阐释。其中,台湾学者林美容继承了前人的研究成果,对此概念进行了重新精确的定义:祭祀圈是指一个地方社区的居民基于祭祀天地鬼神的共同信仰需求所形成的义务性祭祀组织。② 这个定义从社会组织的角度来介入,阐释出了祭祀圈的本质,这实际上是在一种范围内,本地居民以共神信仰而结合为一体的组织形式,并通过某种形式的共同祭祀组织,来维持规律性的共同祭祀活动。这种范围上的划定并没有明显的界限,可以是同村落的,可以是超越村落的,也可能是以地域联合体的方式结合,但都是以神庙及仪式活动为中心点而形成的。对妈祖祭祀圈的探讨主要集中在以娘娘宫为中心的全城范围内,以妈祖为主祭神灵,其他天、地、神、鬼等为附属祭祀对象的一种由地方性民间宗教组织所合理完成的共同祭祀仪式。因此,可以推断祭祀圈对妈祖信仰及皇会的繁荣具有推动作用,但围绕妈祖的祭祀圈较之其他地域内的祭祀圈另具自身特点——"不规则"性的辐射方式,就全国妈祖信仰分布而言并不均衡。除了在大部分水流及海域,妈祖信仰还以会馆的形式被带到了全国各地。

---

① 林美容. 由祭祀圈到信仰圈 [A]. 中国海洋发展史论文集(第 3 辑)[C]. 台北:中央研究院三民主义研究所,1988:97.

② 林美容. 由祭祀圈来看草屯镇的地方组织 [J]. 北京:民族学研究所集刊,1986:62.

《秋庄夜雨读书图（局部)》（清）朱珉绘

（该图实为对水西庄的写实之作）

清代封妈祖为天后，天津海河沿线、运河沿线的天妃宫庙，皆改成天后宫、天后庙，鲜有新建建筑出现。特别是清末民初之时，随着内河运输的式微、陆上铁路运输的发展，运河流域内的妈祖信仰已经淡漠，沿河而建的天后宫数量急剧减少。因此妈祖信仰在内地的传播，最主要还是以商业会馆的形式存在，并通过水运商人和福建移民的修建实现的。在我国沿海、沿江及一些商埠的会馆，大多是和天后宫的建筑合为一体的，或在天后宫附设会馆，或在会馆里特建一座天后殿。[①] 据陈尚胜在《清代天后宫与会馆》中的资料统计，清代共有 159 座天后宫会馆，闽商所建为 105 座，其余有广东商人、浙江商人、山东商人及客家商人的会馆，分布在广东、广西、云南、贵州、四川、湖南、湖北、江西、上海、江苏、浙江、安徽、北京、天津、辽宁等广大地区。[②] 至于移民和商人对妈祖信仰的传播，则以四川省的天后宫最为典型。据统计，清代四川大约有 200 座天后宫，分布在福建移民的各个居住区。[③] 作为移民会馆的天后宫，较原福建

---

① 蒋维锬. 清代商帮会馆与天后宫 [C]. 妈祖研究文集. 福州：海风出版社，2006：103.

② 陈尚胜. 清代的天后宫与会馆 [J]. 清史研究. 1997 (3)：19.

③ 刘正刚. 清代福建天后宫考述 [J]. 汕头大学学报（人文科学版). 1997 (5)：52—60.

祖籍地妈祖庙派生出了新的社会功能。联络乡谊是他们的首要职能，并逐步增添了带有地方移民的组织管理功能，逐步成为官民之间沟通的桥梁。随着时间的推移，移民更多地参与到地方事务中，各省移民走上融合的道路。商业会馆的设立对于妈祖信仰的传播具有重要的意义，它突破了以往在沿海地域传播的限制走向内地，大大拓宽了妈祖信仰传播的空间。同时，也促进了海上交通贸易的发展和港口商埠的开发，成为联系同乡，维护同行商业利益的桥梁。因此，妈祖信仰在天津的传播因受地理位置的特殊、京都文化的冲击、水文化的无序性等因素制约，其祭祀圈并不是以一种同心圆的形式规范地进行着传播，而是以一种较为不规则的方式往各个区域进行着辐射。

在中国的传统社会组织中，基本是依靠两种纽带发生组织联系的：一是血缘组织，一是地缘组织。所谓血缘组织，是指以父系家族的关系为基础所形成的亲属组织。这其中包括家庭、家族或宗族、祭祀公业、宗祠组织，以及某些以宗亲会为名但成员资格较受限制的亲族组织。所谓地缘组织，是指某一地域范围内人群的结合，基本是以部落为最小单位，以神明信仰为名义的社会组织，包括各种公庙（聚落庙、村庙、联庄庙或大庙）组织，有一定地域范围的神明会，以及各种大型的宗教活动的组织。①

年节时的天后宫大街人声鼎沸

---

① 林美容.由祭祀圈到信仰圈——台湾民间社会的地域构成与发展［A］，张炎宪，中国海洋发展史论文集（三）［C］.台北：中央研究院三民主义研究所，1988：95－125.

然而，村落中由各个宗族所共同举行的村落仪式体系，有着民众们关于村落生存空间的行为记忆，这当之无愧地地成为宗族之间共存与认同的最佳方式。王铭铭曾指出："不同层次的仪式反映了不同层次的地方认同感（identity）和它们的交互关系，同时宗族形成的历史是在宗族之间由离心和向心两个互补过程造成的。"① 换而言之，在中国较多村落中，都是由多姓的宗族构成，他们都试图通过自身不断努力，来建构本团体的祭祀中心，以此来保持宗族在这个范围内的权威。而获取这种权威的根本就是对于资源的控制，包括政治话语权、教育资源、文化资源、自然资源与经济利益。所以生活在这个祭祀圈辐射社区范围内的人们几乎都被卷入到这种仪式活动中去，从而突破了单一的寺庙前、自然村、社、城镇等空间的局限，体现出了极强的全民参与性质。天后宫作为天津城市和妈祖信仰的原点与中心，不断向外辐射，逐渐形成了以各个社区为单位的一个个大的同心圆。生活在这个同心圆中的民众，生活、经济和思想必然会受到影响，必然会往中间靠拢。因而，在面对祭祀圈这个文化空间内的具象载体——皇会之时，所体现出全民性积极参与热情便不足为奇了。

天后宫兴办教育的历史一直被民间视为津津乐道之事。1900 年义和团战争以后，国内兴起废庙兴学、教育救国思潮，大肆提倡将寺庙改为学堂、将庙产充为学款。时任天后宫主持的刘希彭迎合形势，于清光绪三十二年十一月二十九日（1907 年 1 月 13 日），于天后宫后楼南跨院的空房内，创办了天津民立第一初等商业学堂，王永泰等人担任学堂校董。学堂定格招生 40 人，不收取学费。学堂开办费用，由庙租及设汉文教员两名，洋文教员一名，体操教员一名，庶务一名。

据 1922 年出版的《天津指南》② 记录，天后宫所办的天津民立第一初等商业学堂已改称民立第一乙种商业学校。名誉校长为天后宫"香烛社"的社长张月丹，校长是徐克达，并聘有教师二至三名负责教授《三字

---

① 王铭铭. 宗族、社会与国家——对弗里德曼理论的再思考 [J]. 中国社会科学季刊（香港），2007（16）：4.

② 孙学谦. 天津指南 [M]. 北京：新华书局，1922：122.

经》、珠算、国文等传统与现代化并举的科目。此时学堂规模已经有所扩大，据 1938 年《天津政俗沿革记》记载：

"学校有职员 3 人，教员 5 人，学生 36 人，经费 635 两。"[1]

但此时天后宫的校舍有限，学生上课需与"香烛社"人员同在一处，加之班级仅限于初小。因而，于 1925 年，天后宫香烛社经过商议，决定将只有初小的第一乙种商业学校扩建为有高小的完全小学。但因其中事多变迁，此举完全竣工之时已到 1942 年底。扩建成后的天后宫小学更名为私立慈化小学，并增盖二楼，共有校舍 25 间。

场域狂欢中的高跷会

天后宫此种助学善举，在当时确实为意识超前，又广得民心之举。其中原因诸多，但必定会受妈祖文化中"教人向善""乐善好施"思想的影响。天后宫作为妈祖文化的外在表现形式，用具体的行为传递着妈祖信仰的思想，并深刻影响着祭祀圈中的民众。直至今日，作为早期天津寺庙兴办慈善教育的先驱，天后宫对天津国民素质的提高做出了突出的贡献，并为慈善事业的未来发展打下了良好的基础。

---

[1] 引自《天津政俗沿革记》（三）（卷十），1938：39.

另外，天后宫作为祭祀圈的中心点，还对城市的文化性格、经济发展产生了巨大的影响。影响天津地域性格形成的文化，按照板块划分可分为三块，分别为：老城厢文化板块、码头文化板块和租界文化板块。作为近代天津长时间并存，却截然不同的形式，代表着华界文化的前两者和租界文化，在很长的时间内处于一种完全隔绝状态，基本没有融会点。前两种板块的地理位置均靠近天津的河流、码头及运河，受漕、盐和海运业的发展影响较大，并以妈祖文化为代表处于华界文化的中心，在天津城市的政治、经济、文化和社会生活中发挥着潜移默化的作用。租界文化因产生时间较短，对于天津主流文化的影响力较小，可谓微乎其微，因而此处不做考察。天后宫地处的空间坐标正是位于两种华界文化的交界点，从历史的时间坐标上来看，依天后宫而形成了庞大的庙会，为天津早期经济发展提供了原动力。"庙会是一种综合性的民俗，关系到宗教信仰、商业民俗、文化娱乐等诸多方面"。① 除了能满足人们在精神方面的慰藉外，还发挥着文化娱乐功能和商业贸易功能。

每到会期，皇会的参加者、各地的香客、本地和外埠赶来经营生意的商人小贩都齐聚海河之上，尤其是香店、饭店及旅店，更是生意兴荣、人满为患。随着天后宫庙会逐渐繁荣及影响力的扩大，依天后宫为中心形成了最早的集市和年货市场——"宫前集"。

清中叶，天津的商业出现空前繁荣，娘娘宫一代商贾云集、栈房林立；各种功能性较强的专门性街道出现，如估衣街、针市街、锅垫街、鱼市、竹竿巷……金店、银楼、茶店、点心店、纸店、药店鳞次栉比，白天游人如织、夜晚灯火辉煌。鸦片战争前夕，外国流通至此的舶来品也进入天津市场，甚至在东门外、北门外分别建立一条洋货街，天津诗人崔旭曾在《津门百咏》中做如下描述：

> 百宝都从海舶来，
>
> 玻璃大镜比门排。

---

① 李永菊. 庙会的文化功能分析 [J]. 湖北省社会主义学院学报，2003（6）：43.

荷兰琐伏西番锦，

怪怪奇奇洋货街。①

清代，宫北大街一带设有钱市，后逐渐演变为天津金融业的聚点。钱商于每日清晨在此聚会，商议银钱的行市，并在市面上发行钱票、银票等。清咸丰年间，天后宫财神殿后院内建立起了天津第一所钱业行业组织——钱号公所。清嘉庆二年（1797年），天津出现了专营汇兑业务的钱庄——日升昌票号，从此汇兑业在天津发展了起来。另外，自清末民初到新中国成立之前，天后宫有近一半的殿堂兼作商业铺户使用，部分为整间出租、部分为按位置出租。无可置否，这同当时道士依靠殿堂出租获得经济利益的思想有关，但同时这对于城市经济的发展起到了推动作用。据天津学者的不完全统计，在天后宫各殿内经商的实名店铺有以下数家：药王店的义丰成首饰店，斗姆殿的宝华首饰店，朝房（官厅）的永兴承首饰店，河伯殿、龙狮殿的两处绣花作，鼓楼下、斗姆殿一角的眼药店，老君殿中的生远斋空竹店，药王店一角的刘捷三照相馆，戏楼下的豫春林杂货铺。另外，还将空间以水铺、花店、占卜摊、香蜡店等活动摊位的形式出租给商家。

从某种程度上讲，正是妈祖信仰的祭祀圈向心力功能才使得此地形成了人流的汇集，借此产生了天后宫庙会，并形成经济链条，起到了繁荣和发展市场经济的作用。这也符合"在一个市场化和殖民化的大背景下，经济文化处于强势地位的'中心'地区，相对于处于劣势的'边缘'地区来说，会扮演剥削者和掠夺者的角色；而边缘地区则成为其劳动力市场、原料市场和产品推销市场，利润一般是从边缘地区流向中心地区"② 的说法。娘娘宫庙会中，除了大量中高档的消费品外，还有许多精神产品和休闲用品，这种情况普遍存在于当时大多数城市的庙会中。但是娘娘宫庙会有一些普通集市取代不了的特殊功能——娱神更娱人的文化功能和沟通人际关系的功能。例如，杨柳青年画、天后宫剪纸、"泥人张"泥塑等民俗

① 引自崔旭《津门百咏》。

② 参见沃勒斯坦.现代世界体系［M］.北京：高等教育出版社，1998.

用品。直至今日，每逢年节，本地居民也必然要亲自走一趟。正是因为此处承载了太多的共同文化记忆，才使得虽然历经时代变革、时光流转，皇会直至今日依然经久不衰。

"广场是全民性的象征"，巴赫金认为，"欧洲狂欢节的中心场地就是广场"①。然而，在中国传统社会的城市中，鲜有专门建有中心广场之类的建筑。但在寺庙前，往往有场地空间，这就顺理成章地成为当时人们聚会的地点。可以说，天后宫的广场恰好为祭祀圈的形成提供了这个文化空间场。人类所产生的任何活动都是在一定的时间和空间范围内进行的，个人、组织、社会都具有自身的活动空间。"城市空间结构是各种人类活动与功能组织在城市地域上的空间投影"。② 从狭义方面理解，社会空间包括居住空间、行为空间和感应空间；广义地讲，它定会与经济空间结构等诸方面发生联系。③ 因此除了按照时间维度从历史学角度阐释皇会外，还应该从存在的空间角度进行阐释。在传统的城市中，城市居民的身份等级高低是从中心向边缘逐渐递减的。④ 从社会空间（social space）的角度分析，天津城市中心往往由商人、衙门或官人住宅占据，下等人以及外来人口基本居住于城市边缘或城乡接合部。由此也可以解释，虽然参与皇会的群体可用三教九流形容，但真正参与表演的人，多来自农村及远离祭祀圈、距离社会等级上层或权力中心较远的民间社会建构地域。因为更渴望获得社会认可，因为更想得到身份的提升，因为更想接近祭祀圈的中心位置，所以社会底层的人更加有兴趣从祭祀圈的外缘往中心点靠近，并对皇会仪式投入了极大的热情。

---

① 参见巴赫金《陀思妥耶夫斯基诗学问题》前揭书。
② 柴彦威．城市空间 [M]．北京：科学出版社，2000：13—14．
③ 赵世瑜．大历史与小历史——区域社会史的理念、方法与实践 [M]．北京：三联书店 2010：167．
④ 赵世瑜．大历史与小历史——区域社会史的理念、方法与实践 [M]．北京：三联书店 2010：203．

二、祭祀圈存在的基础——"认同感"

中文"认同"概念译自英文词汇 Identity，表达的却是 Identity 和 I-dentification 联合意义。[①] Identity 源于拉丁文 Idem，表示相同、同一性等内涵。作为学术术语，这个概念最早由弗洛伊德提出并使用的，他认为认同就是"个人与他人、群体或模仿人物在感情上、心理上趋同的过程"[②]。在这个概念中，认同不仅是主体的内省过程，也是主体与客体取得相互一致的互动过程。这个过程较为复杂，需要通过主体仿效榜样行为等主体与客体相联系的方式来共同作用完成，最终的意义是能够以此满足主体对归属感的需求。简而言之，认同就是一个寻求主体"自我"与客体"共同性"之间关系的过程。

处在祭祀圈内的人们，对于信仰的认同规则更为复杂，可以定义为：信仰者认为自己所归属的精神范畴；信仰认同则是信仰者个体自我观念的组成部分，这源自于自身的身份与知识状况，并由此涉及一个或多个信仰群体中成员的资格及与其紧密联系的意义与价值。[③] 因此，可以认为，认同通过个人与个人、个人与社会的互动来实现，是被人逐渐建构起来的，既是人类经验的来源，同时经验也实践着人类的认同。对于妈祖的祭典仪式的"正祀"性质，从国家的意义来讲，是一种神圣图式的建构，主要功能就在于利用神圣的表象、信仰的圣化来获得全社会的认同感。而其他的民间信仰，因获得不了"正祀"的性质时，就只能在一个世俗的世界中存在。前文中我们已经分析，中国对于"正祀"与"淫祀"并没有制度化的明文规定，这就导致了祭祀秩序的领导者并不固定。当被划分为"正祀"时，可能由国家或地方政府充当主祭者，当被划分为"淫祀"时，可能由百姓进行主要的祭祀群体。换而言之，只要主祭者的身份发生改变，祭祀的性质就有可能发生改变。皇会仪式正是因为被国家赋予了神圣意义，所

---

① 贾英健.全球化与民族国家 [M].长沙：湖南人民出版社，2003：282.
② 车文博.弗洛伊德主义原理选辑 [M].沈阳：辽宁人民出版社，1988：375.
③ 方文.学科制度与社会认同 [M].北京：中国人民大学出版社，2008：79.

以吸引着处于祭祀圈范围的人投入更大的热情参与其中，并期望借此得到更为广泛的社会认同。在此处，对于祭祀圈的认同可以被认为是在社会性与互动性内涵中不断彰显中完成的。然而，这种神圣观念，并不是一种单纯的社会观念，而是期望能利用祭祀圈的辐射力，将单纯的国家认同以及整合机制，融入群体认同与个人认同中去，并最终实现"归属感"。"就认同而言，其基于某种被意识到的'共同性'为基础，本质上表达的是'归属性'的内涵，而在对'归属性'的回答中又可以按照强度由低向高，由弱及强的分为三个层次……认知、情感（态度、心理感受）及行为方式"。①

（一）认知

个人感觉自身属于某群体，并了解这一群体的特性。在人类社会历史发展的进程中，任何群体或者说是团体的形成，除了原生的作用力外，更多时候是在人们的精心构建下完成的。对于群体中的某一个体而言，若从未超越过本身所属群体的边界，那么个体就不会意识到自己对所属群体的"归属"，通常在此情况下，个体将自身归属的层面一定是低于目前所属群体的层面。也就是说，这个个体与他所存在的群体中的其他个体的"共同性"是一直存在的，但是因为边界一直没有被打破或者模糊不清，"共同性"一直以一种隐性的状态存在，只有"差异"显现的时候，这种"共同性"会得以对比并彰显。也只有此时，个体才能产生自己"归属"于何种群体的认识。具体表现为，处在本祭祀圈中的民众因参与皇会祭典，因而在无形中对妈祖信仰及仪式有较深了解，如在妈祖信仰起源、历史、神话传说，仪式流程、路线、会期等基础文化上的认同感。或许这种"共同性"一直是以一种彰而不显的状态存在，只有在与其他信仰的信众接触并产生对比时，他们才意识到和自己同属一个祭祀圈中的其他信众的"共同性"，并对其他从属信仰群体产生强烈的归属感。

（二）情感

个人不仅对认同团体及崇拜对象方面有归属感，并在情感上有更深一

---

① 何博.认同的本质及其层次性［J］.大理学院学报，2011（1）：61—65.

步的发展,将信众与非信众分为"团体内"和"团体外",并产生喜好、愉快的感觉。在祭祀圈认同的问题上,和人类所追求的实用主义还是密不可分。一般而言,当"归属"现状有利于满足自身追求时,主体对所产生的"归属"情感和态度会积极。反之,当"归属"现状不利于自身对需求满足时,主体对于"归属"现状就会产生较为消极的感情。人的交往是人们精神满足的基础,处在妈祖祭祀圈内的人们的交往不仅包括人与人的交往,而且包括人与神之间的交往。作为共同信奉神灵的服务者,信仰是信众们集体感的一种象征,与他们共同所经历的多种历史语境有着密切关联。更多的人参与到信仰圈中,意味着妈祖的神力更为提高与彰显、仪式的更加隆重。具体表现为,个人除了对身为妈祖信众群体中一员表现出强烈的认同感以外,还对此群体的精神选择和价值选择表示认同,并认同他们的行为方式、态度观念、价值标准等。

(三)行为方式

不止在认知、态度与价值观方面表现出强烈的趋同,并上升至行为实施,并在行为中体现出认同对象或团体的特性。根据建构主义的观点:观念影响身份定位,身份反过来影响行为方式。因此,主体对于自己"归属"于"何人"的认识,必然会形成自我的身份定位。当这种身份被赋予一定的社会及文化意义后,必定会形成一种强大作用力,反作用于主体的行为方式。具体表现为,更深入地将对妈祖信仰价值观念的认同感激发出,并将思想化为行动,积极参与到仪式当中。

祭祀圈既可以被认作为一种价值体系,也可以被认为是一种精神结构。妈祖信仰从地方性神祇被构建为国家性神祇时,就决定了这个祭祀圈也会随之无限扩大。同时,在升格为"正祀"体系之前,妈祖信仰多依赖的是个人信仰及家族制度,受地域性因素影响较大。而在成为"正祀"后,她的命运就紧紧地同国家、民族、政治、文化的命运紧密地结合在了一起。这些源自于国家、民族等信仰认同结构的力量巨大,就会把个人、家庭等相对较为薄弱的信仰吸纳进去,并在此认同规则的基础上构建成为一种新型的群体信仰,并促使同属于一个祭祀圈的信仰个人也要承担起更大的责任，深陷于"正祀"制度的制约之中。可以说，在享受到强大认同感的同时，祭祀圈中的居民也同时承担了转嫁自国家层面的责任。因此，在更多的时候可以认为，国家所提供的只是一种无形的仪式模式与规范，真正负责实践的还是处在祭祀圈中的信仰个体们。

三、祭祀圈对地域文化的整合作用

一般认为，村落中由各个宗族共同举行的村落仪式体系是村民关于村落生存空间的行为记忆，代表着宗族之间的共存和社区认同。[①] 毋庸置疑，皇会的繁荣发展，离不开妈祖信仰祭祀圈内各种不同层次的人群的结合，同时又对地域文化起到了一种整合作用。

出会时，"老门口"上的人都来帮忙

首先，这种整合作用表现在村落之中。妈祖信仰所表现出来的超自然力与威慑力，使得处于同一祭祀圈内的村民表现出了强烈的敬畏。"仪式是信仰源泉，而这一切的基础就是那个先在和外在于个体，超越个体生命并大于个体之和，能够通过'内化'（教育）或者'外化'（惩罚）来影响个体的行动、思想和感情，直到造成种种社会事实的社会"。[②] 妈祖信仰的祭祀仪式是民众对神圣对象和力量的真实态度的表达，他们用"行动"

---

① 刘晓春.仪式与象征的秩序［M］.北京：商务印书馆，2003：180.

② （法）E·涂尔干著，林宗锦译.宗教生活的初级形式［M］.北京：中央民族大学出版社，2002：189.3（法）E·涂尔干著，林宗锦译.宗教生活的初级形式［M］.北京：中央民族大学出版社，2002：189.

表达了"信任",虽然是面对同一种模式化的祭祀仪式,仍然坚信其中有超自然因素力量的存在。并将这种力量认为是"联系和反映着某种真实的存在,这种存在当然不是信仰者信以为真的鬼怪、神明、精灵或者灵魂,而是由这些概念表象或符号化的社会本身或其组成部分或者是其成员中的代表性个体"。[①]因此,平日在村落中严格存在的等级秩序,一旦进入仪式过程后,这种差别便消失了。成员间贫穷与富有的差距,上司和下属的差距都暂时不存在,每个人都以个体公平地存在于仪式中。任何人只要进入会组织就都不再有特权,而需共同遵守同一规则,不触犯任何禁忌。当然,在仪式结束后,日常的差异依然会显现出来。但无可置否的是,围绕着祭祀圈展开的酬神活动,在一定程度上体现出了处在同一地域内民众对村落文化的认同,为不同层级的社区组织提供了维系和凝聚的纽带。

其次,这种整合作用还表现在对地域联合体形成的影响上。社会学家陈绍馨曾根据社会整合原则将民间社会发展划分为三个阶段,最初阶段是以血缘关系为整合原则而形成的部落社会;第二阶段是以地缘关系为整合原则的俗民社会;第三阶段是以社会功能或社会需要为整合原则而形成的公民社会。参与妈祖祭拜仪式的会组织,始于以"子孙会""乡亲会"的入会标准,这也是社会发展的前两个阶段的具象表征,以血缘与地缘为基础构建而成。据西码头百忍老会会员安维鸣口述:

"过去我们招收会员很严格,只招收两种,一种是家里本身就有在这里玩会的,一种家就是老门口的人。为嘛这么挑人,不要外面的人?一是怕外面的人学了我们会里的绝活儿去了,跑别地方玩儿了,一个是怕不了解外面的人,万一丢嘛东西怎么办。一个村的人,大家都认识,一到出会的时候几乎全村的人都来帮忙,该凑钱的凑钱,没钱的就给做衣裳、做吃的,还有一些嘛也不会的人,来会里帮忙护腿子、打旗什么的,主要是谁家还没个玩会儿的人,谁也不想让本村的会差了。平时就更不用说了,乡

[①] 徐秦法.论信仰的社会作用 [J].内蒙古民族大学学报(社会科学版).2009(3):72—73.

里乡亲的，抬头不见低头见，互相都有个照应。"①

由此可见，因共同祭祀圈形成的仪式团体中，非常注重"地缘关系"的整合，同一个区域内的民众，不但在仪式中利益的取向是一致的，这反映在对于本地域内的会投入了无限的热情，并具有共同的荣誉感与自豪感；而且也反映在日常生活中，这种情感的延续，而在平时的生活中互相帮助。不将属于本区域内的"绝活儿"同其他地域的人共享，实际也是一种建立在"地缘关系"上利用"血缘关系"进行整合的表现。但是这种入会标准并不是一成不变的，当问到今日对于入会人员的选择上时，安维鸣这样说：

"今天，我们选人不那么选了。原因多方面的，一个是现在住的老门口的人不多了，该搬的搬，该走的走。现在的年轻人也不愿意干这个（高跷）了，练这个又苦又累，哪个家长愿意。我们现在招人都是放开招了，无论你家住哪，干嘛职业的，只要想学，我们就把技艺都传授给你，不再保守了。现在还有很多会都借人玩，就是你们会要出会，但是凑不齐人，缺个什么角儿，就来我们会要人。这在过去是肯定不行的，但是现在也无所谓了，大家在一起玩得好就行。毕竟能传承下去才是最重要的。"②

对于天津老会在入会规则上的改变，一方面说明，虽然在今日的公民社会中，随着国家行政组织的日益严密，传统的亲属性及地缘性的社会组织已不再那么重要了。然而这并不是说俗民社会中没有血缘的原则，公民社会中没有地缘关系。只要是在相同的祭祀圈内，无论社会发展到何种阶段，部落社会中的血缘整合，及俗民社会中的地缘整合，都会延续传承；另一方面说明，对于不处于一个社区的民众，也因"祭祀圈的形成提供了跨地域联合体形成的新途径。"③ 虽然，冲突与械斗在所难免，但是其中也不乏因为共同的信仰体系与利益取向，打破地缘与血缘的束缚，形成一

---

① 据西码头百忍老会安维鸣口述资料整理，2010 年 11 月 21 日采集。

② 同上。

③ 赵世瑜. 大历史与小历史——区域社会史的理念、方法与实践［M］. 北京：三联书店，2010：136.

种新型的联合体。这种方式无论是在文化、经济还是其他的资源共享方面都有良好的作用，但却始终是在以妈祖信仰为中心的祭祀圈中的共享。另外，"祭祀圈是以主神为经而以宗教活动为纬建立在地域组织上的模式"①。对于过去处在资源劣势的村落，因为大家敬奉同一神灵，参与相同的仪式，而打破这种从属关系，同处在资源强势的村落获取平等的地位。

第五节　仪式与象征对权威的再造

人类学家李亦园在其著作《人类的视野》中曾经这样界定过仪式与信仰的范畴："对超自然存在以至于宇宙存在的信念假设部分"被视为信仰；"表达甚而实践这些信念的行动"就是仪式。当然两者的关系十分密切，可认为是同一事物宗教中的两面。仪式的功能主要是通过表达、实践，来对信仰的行动进行肯定；信仰反之又会加强仪式行动的意义。

天后圣母宝辇前的銮驾（1936 年）

---

① 施振民. 祭祀圈与社会组织 [J]. 中央研究院民族学研究所集刊，1973（36）：199.

　　"仪式"一词来源于英文"Ritual",原意是指"手段与目的并非直接相关的一套标准化行为"。换而言之,仪式中所表现的行为并不仅限于直接作用到的层面,而是具有更加深远的目的与意义,这从另外一个层面表明了象征性并非仅具有实用性的功能。皇会仪式作为人类行为之中实用行为(practical behavior)、沟通行为(communication behavior)与宗教巫术行为(religious—magical behavior)的融合体,其中既有为妈祖神像重塑金身的实用行为,有实际的结果存在。包含在人与人之间、群体与群体之间、民众与国家之间,通过皇会为媒介是所实施的沟通行为,这种沟通行为也不一定有实用目的。第三类巫术行为当属其中最为复杂。巫术行为虽然是一类不具有实用目的的行为,也属于沟通行为的一种,但其沟通的对象并不是人,而是神灵。人类利用贡品、香火等媒介向其示敬、进行的沟通行为。因此,仪式并不仅限于巫术行为范畴,人与人之间的沟通联络也应算作仪式行为的一部分。为了方便阐释,可以将仪式划分为与人沟通的"世俗仪式"(secular ritual)和与神沟通的"神圣仪式"(sacred ritual)。

　　对于大多数中国的民众来说,在很长一段历史过程内,民间信仰、仪式和象征影响着他们的思维、生产、处事、行为方式。德国人类社会学家马克斯·韦伯(Max Weber)在其著作《经济与社会》中曾对"权威"(authority)[①]划分为三类:神异性权威(charisam)[②]、传统权威(tradition)[③]与科层式权威(buresucracy)[④]。人类学家王铭铭根据多年的研究经验认为,这三种文化现象具有双重性特征,一方面还留有原始巫术和万物有灵论的遗存,并与民众世俗生活紧密相关;另一方面,这与宗教现象有诸多相似之处。然而在现实社会中,这三种文化往往相互糅合,不可分

---

　　①　(德)马克斯·韦伯经济与社会 [M].上海:上海人民出版社,2010:6.
　　②　"神异性权威"所指的是,个人利用创造对众人的福利获得声望,从而具有一定的支配力量和尊严。
　　③　"传统权威"所指的是,某种制度在长期的存在中,逐步获得公众的承认,成为具有象征力、道德和行为约束力的存在。
　　④　"科层的权威"所指的是,其力量来自于正式的官府以及工作单位上级的任命,以行政等级为其存在基础,涉及制度的建置(instituion building),因此是官僚式的。

割的。这一点在妈祖信仰当中表现得尤为突出，人们最初对妈祖的崇拜，实际上是对其"神异性权威"的认可。若照前文分析妈祖的身世，最初只是作为普通民女，因为在地方获得声望，而逐渐升格为神。因此，从这层意义上说，她所获得的权威来源于此。在逐渐发展的过程中，因为护航有功，其神能逐渐得到公众的认可，但是这时仍然受到传统社会中的帝国秩序的制约与道德标准的衡量，如妈祖护航在某种意义上说是顺应天意、报效朝廷，为统治阶级实现"天人合一，天佑我朝"的权威。此外，在妈祖信仰逐渐发展的过程中，因与统治政权的日渐结合，逐渐向科层式权威靠拢，显示出"正统性"的特质。妈祖信仰在传统社会逐渐演进的过程中，所完成的正是这样一种从自然性的神异性权威向制度化的科层性权威演变过程。天津皇会作为妈祖信仰在天津的发展的具象投影，反映出了仪式及象征对权威"再造"的过程。对于这种"再造"的过程，某些研究一方面认为某些民间仪式和象征是文本传统的民间化的成果，另一方面强调民间宗教与制度化宗教及官方象征体系的矛盾。在此认为是来自于两方面的合力结果，一方面来自于统治阶级，另一方面来自于民众。

　　皇会仪式可以认为是一种交流模式，交流双方分别是人和神。无论是敕封"妃""天妃"或是"天后"，这都是按照既定社会秩序所进行的"俗"化表现。《礼记·曲礼》注："妃者配也。"此时，妈祖以被忘却"年二十八岁，犹以未嫁之身"，俨然被视为封建帝国秩序中的官员，甚至是同皇帝的"婚配"之人。在中国几千年的大部分封建时期中，女性一直处在一种从属地位，人身关系较多依附男性。这种命名首先就是一种对封建关系的叙事方式，无论妈祖神能多庞大，无论所获得的敕封多高，其最终地位也只能是作为皇族的从属身份。这既可以从妈祖祭拜仪式中所用的设摆、道具中体现，也可以从仪式本身的步骤与体态中彰显。如，在皇会出巡时有一道"銮驾"老会，这与前文中被统称为"半幅銮驾"的法鼓会不同，是一种单独的仪式表演形式。据《天后宫行会图》记载，"善念銮驾老会"由"河东众位杂粮店"捐助，原驾位列次序不详，伴驾于天后圣母及其他四位娘娘。参与行会者绘有四十五人，十八人执金瓜、钺斧、朝天

159

蹬、蟠龙棍及戟、"八宝枪"等各种仪仗,四人执扇,一人擎黄罗盖,九人挑小灯,灯上书有"銮驾",二人提香炉。此会渐微后,民国时期,由居住于东门里的天津盐商纲总李子赫捐办起了"赫赫堂銮驾会"。李家财势显赫,遂将所掌执事儿种类增加至二十一种,数量多达五十余件。包括:一对大锣、一面小锣、四副高照、一副软对、一副硬对、一对蟠龙棍、一对立瓜、一对躺瓜、一对钺斧、一对朝天蹬、一套八宝枪("云、罗、伞、盖、花、冠、鱼、长"八种法器意义的八宝)、五对灯牌(上书五位娘娘法号,分别为"天后圣母明著元君""斑疹娘娘回生元君""送生娘娘随胎送生变化元君""子孙娘娘保生元君""眼光娘娘明目元君")、两担茶炊子、一对提炉、一对盘炉、一对纱灯、一对歪脖伞、一对龙扇、一对凤扇、一对龙凤扇、一对金凤扇、一对孔雀凤扇等。另在行会时,后还要伴有提灯者40—50人。皇会行会时的此类銮驾,均以皇家风格找寻民间能工巧匠悉心订制而成,做工之精美、工艺之复杂在其他庙会中实属罕见,由此可以看出皇会祭祀规格之高。

另外,在皇会行会中,队伍最前端必定要挂一条门幡,上写有"上造娘娘敕封,世人念到,就知娘娘常常显圣,才受敕封"。[①] 这些世俗载体在强调妈祖信仰灵验的同时,也传递了封建帝国的宇宙观,通过在文化意识方面的反复加强想要传递的"再造"意识,以获得人们对这种秩序的自然认同。

其次,无论是作为皇帝下属的官员还是"母仪天下"的"妃",对于祭拜的人来说,与神沟通犹如将自己的夙愿、请求告知官方,请求庇护。这种现象实际上是一种封建时代文化模式在民间社会中的循环。

还有部分人类学家认为,出现这种效仿模式并不是因为对封建秩序的向往,反而是因为对这种模式的不满而产生的。而这种出自民众内心需求而实现的过程,也是促成这种现象的另一因素。"实际上在基层社会,在附近民众日常生活的层面上来说,人们所拥有和使用的是混杂了来源不同

---

① 许青松、郭秀兰合编. 天津天后宫行会图 [M].香港:香港和平图书公司,1992:191.

的象征和仪式的'大众宗教文化'(Popular religious culture)"。[①] 受封建社会制度的钳制,民众根本不能享受到正式的公正与权威,往往不能表达自身的诉求,于是他们根据自己想象创造出了能够同神或者权威沟通的仪式。他们并不认为这是一种对既定秩序的遵从(或者说他们没有意识到这其实还是一种遵从),而是想通过这种隐喻来表达对现实统治秩序的不满与讽刺,这种"非官方的权威与公正"的表现在大多数情况下是隐而不彰的,在统治者看来反而成为"官方的权威与公正",甚至可以为我所用的。但无论是属于两者中的何种,其最终的表现就是通过仪式与象征,共同促成了仪式的"再造"。

---

① 赵世瑜.狂欢与日常——明清以来的庙会与民间社会 [M].北京:三联书店,2002:58.

第四章　皇会中会的"津味"稳态因素

第一节　会与会文化

一、会与会种

此处所说的"会"，具有多层意义，具体含义如下：

一种对会的阐释为：将天津民间信仰和民间娱神活动中具有具象形态的民间组织称为广义上的"会"。最初表现为敬神、谢神、求神，后来逐渐演变为娱神及自娱自乐，带有歌舞的仪式行为。在特定时间、特定地点进行活动，被称为"出会""过会"及"行会"。

另一种对会的阐释为：将参加皇会及民间庙会中的娱乐性组织作为基本单位，狭义地称之为"会"。会有"会""老会""圣会"之分。最初，名称中的老会与圣会在名称上有严格的区别，圣会是指那些相对老会来说资历尚浅的会组织。圣会与老会之间也并不是完全不能转化的，有的圣会因获得过历代封建皇权的封号与赏赐，可以破格被命名为老会。此外，随着时间推移，若圣会技艺逐渐纯熟并能获得较有名望的老会认可，也可以晋升为老会。具体而言，若想达到"老会"称谓需要达到几方面的条件：一、此会要有较长历史，会员中必须有三代以上的子弟会；二、曾参加过皇会；三、在表演风格方面独树一帜，在表演技巧上要有过人之处，并能得到行业内普遍认可，并在社会上有良好的口碑。今日，会的名称已经不那么严格，民间与官方都将其统称为"会"或"花会"，——也将遵从此称谓。现在会的称谓较之过去随意，并不再受资格与资历方面的限制。

社是地方级别中最小行政单位，是为了报答大地之恩而奉土祭祀的活动，祭土之神坛，又称社坛，今日已演变为土地庙。——所提及的会，其实就是从这种因祭"社"的组织形式逐渐衍生而来的。据《左传·昭公二十九年·秋》载：

"共工氏有子曰句龙，为后土，此其二祀也。后土为社，稷，田正也。"[1]

《礼记·祭法》篇中有载：

"大夫以下包士庶，成群聚而居，满百家以上，得立社。"[2]

《汉书·五行志》有载：

"旧制，二十五家为一社……土地广博，不可遍敬，故封土为社而祀之，以报功也。"[3]

在道经《道要灵只神鬼品经·社神品》中，曾引《老子天地鬼神目录》载：

"京师社神，天之正臣，左阴右阳，姓黄名崇。本扬州九江历阳人也。秩万石，主天下名山大神，社皆臣从之。"[4]

由上述材料可知，"社"会既是指人们聚会，祭祀本身的行为，也是指人们为社祭祀而组成的组织本身。顾颉刚早在20世纪80年代就提出了自己的观点，他认为从"社"会向"会""花会"演变的过程，实际上是一个从固定到流动的过程：

"到远处的神佛面前进香既成了风俗，于是固定的'社会'就演化为流动的'社会'。流动的社会有两种，一种是从庙中抬神出巡的赛会，一

---

① 引自《左传·昭公二十九年·秋》。
② 引自《礼记·祭法》。
③ 引自《汉书·五行志》。
④ 引自《老子天地鬼神目录》。

种是结合了血多同地同业的人齐到庙中进香的香会。赛会是南方好……香会是北方好……"①

西头双忠庙后鲜花圣会

然而，参与皇会的会组织却同北方地区一般性的香会组织不同，虽然也有自娱自乐的性质，会组织运行的模式也大致相同，但民众想依照会传达的意义及理念却不仅限于此，会规之严格、规模之大、人员构成之复杂、与政府关系之密切，恐怕为其他庙会所不具备。然而，无论如何复杂，作为皇会中的子系统，各道会的确是自发组成，并以侍奉老娘娘为初衷，在一种特定的体制制约下，保证皇会能有秩序地运行。

目前存在的会大多是以社区为单位，由地缘之中的居民自发组织起来的，并依然按照子孙会、乡亲会的模式进行传承，是构成皇会行会的最基层的民间组织。

皇会中，参与行会或进行表演的会，按照表演形式及内容的不同，可归为"指挥协调类""还愿归善类""公益服务类""仪仗銮驾类""座会设摆类"及"玩意儿表演类"六类。每种性质的会种又包含若干类型的会组织，若再细分，又可分为：扫殿会、梅汤会、净街会、接驾、请驾、送驾、护驾、防险、护棚、黄绳、茶棚、太狮、宝伞、銮驾、日罩、秧歌、

---

① 顾颉刚.妙峰山 [M].上海：上海文艺出版社，1988：11—12.

灯亭、宝塔、宝鼎、杠箱、抬阁、花鼓、捷兽、大乐、十不闲、挎鼓、法鼓等七十余类。其中每一种会种中又包含若干道会，以参与皇会行会中，数量最多的法鼓会为例。旧时法鼓会十分普及，清代最鼎盛时期中，天津法鼓会数量曾经多达一百三十余道，参与皇会行会的有三十至四十道，其中较为有名有的：城西大园金音法鼓老会、陈家沟娘娘庙前善音法鼓老会、小南河进香音乐法鼓老会、河东于家厂同议雅音法鼓老会、同愿太平法鼓老会、挂甲寺庆音銮驾法鼓老会、大觉庵金音法鼓老会、锦衣卫桥和音法鼓老会等。每年参与行会的会的数量并不相同，时多时少，这同当年的经济实力状况有紧密关系，最多时可达一百五十多道，最少时也可达三四十道。

二、会组织的人员结构与文化

在大多数玩意儿类型的会组织中，根据职责和承担任务的不同，会员的分工也都不同，可分为"会董""会头""表演会员"及"普通会员"四类。

"会董"多由为会提供经济支持的商家富贾及本村落中具有一定社会影响力、人际关系广博的精英人士组成。这些人大部分都不参与表演或日常排练，平时会员聚会也不一定出现。只是在遇到决定本会是否答应"请会""提会""拜会"等重要事宜时才会同会员们商定。他们经常为会里置办仪仗执事、服装道具，并负责会中的日常挑费，还有很多会董为会组织提供排练和放置器物的场所。由于传统的会组织基本都不缴纳会费或者缴纳极少，周围民众的助会费又十分有限，因此会董可以当之无愧地被认作为会的经济支柱，为当时会组织的发展，乃至皇会的辉煌都起到了重要的作用。每逢初一、十五，或皇会行会时，会董们支持的会按照惯例会到会董的门前"撂一场"，将新练的招数和绝活儿一一呈现，若能得到认可，那会董也会根据"截会"的规矩，不但赏以大量点心、水果、布票、肉票等，有的还会直接打赏银两。会也有规矩，无论这些钱赏给的是谁，都要交给会中作为会费集体保管支配。在这里，需要注意的是并不是每道会都存在会董阶层。在较有资格的"老会"中，会董的数量有三到四名，出皇会时走在自己支持的会前方，穿着打扮十分气派得体。但在多数新立的或所处郊区的会一般没有会董支持，这样的会经济状况相对较差。在对天津老会、圣会采访中获悉，因得益于老城内商家富户的资助，"天后宫宫音法鼓"实属皇会中最"阔"的会。

"会头"一般指平日负责会里具体会务、财务、招生等方面的负责人。在有的会中，会头分为表演会头与会务会头，但大多道会并不得如此详细。一般情况下，会头都擅长本会的表演，只有少数仪仗銮驾类不需要表演的会种中，会头只负责会务。会头的选择也需要大家推选产生，由在技艺方面有较高造诣、对会做出过一定贡献、通晓会与会之间交往规则并在村落中有一定威望的人担当。一道会一般有会头一名，副会头两至三名，日常组织会员排练、负责审核新会员入会资格，出会前负责外联内协，出会中负责保障秩序，出会后还要收纳、整理、清点器具，在财务方面也要及时清算，做成账本以备保存。出会时，要选择懂得皇会行会规则、社交礼仪、又"脸儿熟"的会头带队，并在会董与仪仗、表演场之间执头锣。若遇到其他会，头锣必须第一时间敲"停会"点，示意后场人不再敲打，等两会相差"一箭之地"后，才又重新开锣"行会"。若会头出会经验较浅，对礼仪不熟，很容易"失了面子、被人笑话"，甚至还被认为是故意不尊重对方，容易与其他会结下梁子。过去就曾发生过两道高跷会相遇，其中一道会已经驻点了，而另一道会因会头不懂规矩，依然不驻点，被认为对自己不尊重而大打出手。

"表演会员""普通会员"的划分限于表演类会种中，若在不侧重表演的会种中，则全部为普通会员。天津的表演类会种中，基本分为前场与后场，前场由掌仪仗执事儿及茶炊子表演会员组成，后场为表演类会员组成，这被称为"上角儿"或"上场"。掌仪仗执事儿的会员不需要表演，只需要按照规定的路程行进，注意前后左右的距离。茶炊子表演虽然属于前场，但是也非常考验表演者的表演功底，技艺的繁杂程度不亚于后场表演。后场表演的会员更加卖力，作为每道会的焦点，他们表演是否精良直接影响到会的口碑与名誉。另外，对于不上角的普通会员，他们除了平时在会里帮忙，根据能力为会出资外，出会时还负责维持秩序，搬运杂物等工作，来协助本会的正常运行。

每道会因会种类型不同、支配资金多少、会员分布状况各异，而并不是每道会都如上述概括那般齐全，多数会分工较粗、人员较少，但会头却是每道会必须存在的阶层。——将借用"卡理斯玛权威"来阐释"会头"阶层的存在，并以此对中国民间社会中所存在的无政府而又有序存在的状态进行探析。

卡理斯玛（charisma）原意为"天赐恩宠"，此概念出自《哥林多后书》。韦伯用来表示"某种人格特质，某些人因具有这个'特质'而被认为是超凡的，禀赋着超自然以及超人的，或至少是特殊的力量或品质"。[①]这种领袖依靠个人非凡的魅力来获得权威与推崇，这种权威所建立其来的组织与其他官僚制所建立的官职类型组织完全相反，他们的担当既不用取得"俸禄"，也不用非要接受过所谓的规律性专门教育，这就导致了这种权威在本质上其实是不太稳定的。以会组织中的会头为例，他们的权威并不来自于上级的指派与规定，也不从世袭的家产制权力中获得，而是必须依靠自身能力被选举产生。而当选或者连任的根本原则就是能否完成"担纲者攫取赋予他的任务"——让会变得更加繁荣、富有名望。若他不能证明自身的能力，没有让会发展的更加辉煌，那会员们便会怀疑他能否完成此"使命"。相应地，若达不成会员们的心愿，在下一次选举的时候，会头必然会落选。也就是说，会头之所以成为会头，是因为他支持者的推选，会头不再担任会头，也是因为这些支持者不承认会头的能力。"除了最狭义的家父长权力外，几乎所有的原始权威都带有卡理斯玛的性格；只要成功不再，首领往往即被见弃。"[②]传统社会中的民间会组织或者只是

---

① （德）马克思·韦伯，康乐等译. 支配社会学 [M].桂林：广西师范大学出版社，2004：353.

② （德）马克思·韦伯，康乐等译. 支配社会学 [M].桂林：广西师范大学出版社，2004：358.

诸多民间组织中的一种，但是会头的确立，无疑在这些玩会儿组织的小团体中，为会员建立了一种大家认同的行为准则与社会秩序。"传统权威之所以能被确立，是透过一种特殊的文化转换过程，过去的资源所以能重新利用，其基础是在于重塑该群体共同的经验和记忆，而被唤起一种群体情感和意识，或挖掘历史的源头，使人们在家庭、亲属、世系等'血浓于水'的关系和情感之外，建立一种'共同体'的情感意识，来帮助现在及未来的联结和维系"。① 这在法律观念相对薄弱、法律规范未渗透到的无政府状态下的民间社会中，的确有助于维护社会秩序的作用。随着时代的变迁，会头选取的条件、资格也有很大改变。历史上的会头，因有大商家的赞助，故在资金筹备能力方面并不做过多限制。较为注重的方面为：是否能有"绝活儿"服众、是否能有社交能力让会更加"露脸"、是否了解更多关于会的历史、是否为会做出过突出贡献。总之，会员们更看重的是，会头能否通过自身能力使得会组织得到行业内外人们的认可。因此，这造就了当时很多会组织的会头并不是最有文化、最有经济实力的人来担当，反而有很多会头是由在当地较能"吃得开"的人担当，甚至有部分人还有一定的"帮会"背景。以会员们的话来阐释为："一看哪道会阔，就知道这会后面肯定有'人'，一般这样的会没人敢欺负。"然而，随着盐商阶层始终不能独立于整个封建剥削阶级之外而存在，他们财势的发展主要依靠于封建王朝所赋予的种种特权。步入近代以来，随着西方资本主义的入侵以及封建经济秩序的不断破坏，特别是"引岸"制度的废除，关税自主权逐渐丧失，封建地方豪富逐渐失去了封建制度的依托，破产和没落是他们的最终结局。在资产迅速缩水、阶层特权逐渐消失的情况下，从国家到士绅阶层对皇会的热忱度减弱。在国力渐微、来自内忧外患的社会环境中，他们较为关心的是如何保持住本阶层的利益，相应地，对皇会进行的投资越来越少。然而，对于民间会组织来说，正是由于国家提供了皇会这

---

① 黄美英. 台湾妈祖的香火与仪式［M］. 台北：自立晚报社文化出版部，1994：195 – 196.

个可以共同参与的舞台，士绅阶层解决了经济方面的后顾之忧，他们才有
了参加皇会的动力与能力。一旦国家阶层不再热衷于此，士绅阶层斩断了
资金链条，会员们玩会就必须面对过去从未有过的问题。如：通过何种方
式合理宣传让花会在新的时代背景与新社区中获得国家认可与民众支持。
经济上的问题如何解决，特别是经历了战争及"文革"的洗礼，几乎每道
会中的仪仗执事儿都有了不同程度的破坏，重新立会必然需要一笔不小的
开销。仅凭出会前临时"敛钱"①的形式来积累资金已不符合时代的发
展。在这些问题的制约下，会若想发展就必须寻找新的"卡理斯玛"性质
的人来担当会头，领导会的发展。相应的，新会头的选择标准发生了巨大
转变。虽然也在技艺水平的高低上有要求，但是更为在意的是，新会头能
否为会提供更多资金上支持或者拉到赞助，能否让会获得专家政府的认
可，能否利用自己的社会关系网络将会办红火等。

　　以锦衣卫桥和音法鼓老会为例，老会具体成立时间不详，大致为清朝
顺治年间②。历史上多次出过皇会，为保驾娘娘轿辇的五道法鼓会之一，
曾参与过 1936 年最后一次皇会出巡。据《天后宫行会图》记载，位列第
四十九起。老会由于诸多原因，自 1989 年最后一次在北宁公园演出后再

---

　　① 会组织的主要资金来源，除了由支持会的商贾富户和本会会员的捐助外，大部分会组织
出会前，还会在会组织所在的村落中张贴黄报进行宣传。随后，由会头或是在会中较有声望的老
人在村落中挨家挨户上门收取。村民根据自家的经济收入集资，捐钱、食品、布料，及会组织所
需品均可，集资完毕后，会组织会在村头张贴黄报，告示每户的捐助明细。
　　② 锦衣卫桥和音法鼓会员认为：大觉庵金音法鼓作为天津法鼓开山鼻祖一说并无异议。但
老会具体起源于何时，并无确切文字记载。一说：明代燕王扫北（1390 年）时已经有了法鼓；
另一说：明末清初之时，法鼓已是一种较为盛行的表演形式。两种说法均未得到最终考证，系民
间口传，但本会会员认为第二种说法较为可靠。据和音法鼓老艺人纪福忠（1920—1988）介绍：
会中原来鼓箱子的四个角刻有狮子头，每个狮子头的脖子上戴着一个锁，锁上挂着两个铜钱，两
个钱摞着放的，上面刻的是清代的明治通宝，而下面只露出一半的钱却是明代的钱。另据现任会
长张恩惠介绍，两个铜钱上面刻有满文，下面的铜钱露出部分为"治"字，该铜钱必然来自清
"顺治"或者"同治"。老会头张长青为同治年生人，在世时常说和音法鼓有 200 年了，会中的老
人由此推断法鼓会产生于清朝顺治年间，甚至更早的明末清初，认为雕刻鼓箱子的手艺人还留恋
明朝，不甘心做清朝的亡国奴，所以在雕刻时偷偷地表现了他的心意。虽然这个鼓箱子在"文
革"时期惨遭毁坏，但是的确有多人见过，且叙述差别不大。在郭忠萍 1990 年出版的《法鼓艺
术初探》（百花文艺出版社）一书中也有相关记录。以此实物可以佐证和音法鼓老会成立时间距
今至少已有 300 余年历史。

也没有出过会。随着老会员们的相继故去与传统社区解体所造成的会员搬迁，目前老会会员中，只有张恩惠、纪川、恽恩甲、戴锦良几人还有联系，其他会员之间联系较少。虽然和音法鼓老会没有关于历代会头、会员的文字代谱记录，根据当前健在会员回忆所整理的传承谱系来看，得到公认的会头和拥有较大影响力的会员有：张起、张长清、恽国邦、纪福忠、张恩惠等人。——从这几名"卡理斯玛"式人物选取标准的变化，来分析因所处历史阶段的不同，会头与国家及民众之间关系所发生的巨大转变。据最后一任会头张恩惠口述：

"我们会最早的会头我不知道是谁，没听老人们说过，这都好几百年前的事儿了。和我一个时期的会头是纪福忠，我们俩一起办会，后来他不干了，以后就是我一个人管了。我前任的会头是恽国邦，再之前是张长清，再之前不知道是谁了。但是我们会里有位不一定是会头，但是名气和口碑都不比会头差的人，这人就是张起大爷。

我们会里做的第一次重大改革就是张起（清乾隆年间人，具体生卒年代不详）大爷做的。大约在清乾隆年间，张大爷对我们会的歌谱进行了一次重大改革，在原来天津法鼓界流传的18道歌里的那些，名字不吉利的、风格阴郁的歌谱去掉，经过提炼、筛选、改编为现在的6道。《鬼叫门》《瘸腿儿》这些一听就不好听，我们现在的是《富贵图》《阴阳鱼》《对联》《四时如意》《八卦图》《绣球》，从演奏曲风到内容、名称都是吉祥、喜庆的意思。张起是否真的当过会头，现在没法说，但是会里一致被认为他对我们会的贡献很大。

张长清（？—1957）靠种菜园子为生，家中趁地。小时候总去他家玩，记得他家挺大。一进大门，门楼上有块匾，那是锦衣卫桥的老百姓给他挂的匾，上面写着'济公好义'。三几年（20世纪30年代）那会儿年头不行，谁家有嘛事，只要进他家门里问一句，赵大爷在家吗？说说自己的困难。他马上说，去我家菜园子挑点菜卖了换钱吧。他就是这么一种好心人，谁家有嘛事找他都好办。没钱了，找他借二十个铜板，马上给。要是找他还钱，他就不要了。那年头只要一提锦衣卫桥的长清大爷，没有人不知道的，那是家喻户晓。解放后的 20 世纪 50 年代，还根据他的名字命名了一处公社叫长清公社。张长清本人并不懂法鼓，但因为当时他家有闲置的屋子，会里的老头们经常去他屋里头喝茶、商量事。这人也好惹恼，认识的人面多，街道上有打架的，或者不平的事情他都管。所以，虽然他不敲法鼓，但是每次出会前，大家要到他家商量一下，他是我们会里公认的有能耐的会头。

恽国邦（1905 年—20 世纪 50 年代）是个卖白菜的，他们一家都玩法鼓，算是'子孙会'的那种。他是敲铙的。这个人最大的特点就是脑子聪明，现在有计算机，那时候没有这玩意，他当时在娘娘宫附近卖白菜，全凭脑子算，算的又快又准，人家给他起外号叫'铁算盘'。恽国邦解放前干过这一带的伪保长，但是他没有干过坏事。解放以后，他对街道上的事情比较积极，有出会或者嘛活动的时候，他总是出来为大家张罗。

纪福忠（1920—1988）参加过 1936 年皇会，当时他 16 岁，是上会的人里面最小的人，上的鼓。那一出场，真是震惊四座，打那次以后人家给他封了一个"鼓王"的称号。法鼓这东西也得讲究天分，纪福忠有打鼓的天分，十六岁就打得很好，有的人练一辈子，打一辈子也不一定比他打得好。

我有一段时间曾经和纪福忠共同管理过法鼓会，大概是在 1958 年左右，那时候长清大爷、恽国邦的身体都不太好，我就直接把法鼓会接过来了。做了几十年会头，玩了一辈子的会，中间没少娇情。受累是头一个的，还要受气，最后要自个儿掏钱。要出会了，得到处找人，上级要找，会员也要找，到处求人，一趟一趟跑。会里人多众口难调，肯定有人对你不满意，那就得受气。自个儿掏钱更不用说了，你跑在前面，有点什么事情需要拿钱了，你不能回头问别的人要，自己就得拿上。20 世纪 80 年代刚复会那会儿，我和西头堤头高跷庆音会头孙洪升，没有我们两个人，天津市的很多会都不会出，也形不成气候。可能有人知道会的地址在什么地方，会头是谁，但是总得有人去联络吧，我们俩去就挨着找会，按照会规，用自己的脸面，把人家请出会。没有脸面的人，人家根本不理。我认为当会头不但要做好组织会员排练、协调出会事宜、对外联络等工作，关键一点就是，得肯为会出钱。没钱出会的时候，大家齐刷刷的看你，你就得咬着牙，砸锅卖铁也得把钱的问题解决了。八几年刚恢复的时候，我家里就变成了会员们聚会的场所，床上放满了钹、铙和执事儿，那些东西边儿都利，床单都划破了很多条。我老伴在边上给大家沏茶，光茶杯就摔了多少个。"①

锦衣卫桥 1986 年设摆时老中青三代会员们的合影，前三排着黄色衣服的为青年会员，中间坐立的一排为年纪较大会员，后几排为中年会员。（第四排左三为纪福忠，第四排左四为张恩惠）

口述者为锦衣卫桥和音法鼓老会最后一任会头张恩惠，他自 1958 年接管老会至 1989 年最后一次出会，担任会头三十余年。在他的口述资料中，可提供各个阶段中掌管老会的各任会头的标准的变化。之所以能选举为会头，一定有令人信服的"过人之处"来获得会内会外人们的支持。自张起至今，会头除了需要完成基本的工作，如组织会员排练、协调出会事宜、对外联络宣传等工作外，对会头的共同标准还有：一、是否在社区有

① 据锦衣卫桥和音法鼓老会时任会头张恩惠口述，采访时间 2011 年 10 月 9 日。

一定的声望与威信，可以利用自身的社交能力来庇护会，使会再不会被同行排挤；二、在某一件事情上对会产生长远的影响。按照张恩惠的话来说，"会头的作用就是笼络会中的人心，对外还要联络。当会头一定要有威信，大家不服不行，不服干不下去"。根据这种较为笼统的划分，张长清、恽国邦偏重于第一种类型，张起与纪福忠属于第二种类型。民间会组织依靠掌握着较多权威与话语权的地方绅士来为自身博得更多的支持，更好地维护地方小共同体的利益。同时，绅士的参与与加入，不但促进了地方宗教组织的繁荣，也为会组织增加了活力与凝聚力。这在会中也确实得到了很好的体现，早期的会组织成员多是以"子孙会""乡亲会"的形式出现，非常讲究"血脉""支系"。会员们每每说到较有影响力的会头或会员，基本都会用"他家还有××、××也在玩会""他家往上好几代都在会里"之类的话来增加此人在会中的威信与权威，如：与恽国邦同一辈的恽国良、恽国山，下一代的恽恩来、恽恩甲等人都是会中的"顶梁柱"。纪福忠一家玩会历史很长，其子纪川是会中的顶梁柱，擅长钹。此外，锦衣卫桥和音法鼓的人员以几个大家族为主要构成，如"焦姓"家族中的焦跃武、焦跃阳、焦敬茂、焦敬才、焦跃江、焦振起等人，"于姓"家族中的于文景、于文江、于文忠、于雅俊、于恩富等人，"代姓"家族中的代朋、代锦良、代锦全等人。但是张恩惠的情况比较特殊，虽然自小在锦衣卫桥长大，但是家中并没有亲属长辈参加法鼓会，这在"父一辈，子一辈"法鼓会不成文的会规中，能成为会头实为罕见。张恩惠本人擅长铙，但以他自己的话说自己的技艺"只能算过得去"。对于自己的学艺经历，他说：

"学法鼓，我完全是靠熏，熏来熏去就熏明白了。我家里没人玩这个，不像有的人家里好几辈儿都玩。虽然去了会里也是叔叔大爷叫着，但回家后不像人家一样有人能点拨。小时候是出会时跟着玩，在边上认真听，趁大人不注意的时候敲敲镲铬。回家了自己琢磨，自己练，从来没有师傅正式教。"①

---

① 据锦衣卫桥和音法鼓老会时任会头张恩惠口述，采访时间 2011 年 10 月 9 日。

张恩惠1939年出生于锦衣卫桥大街，家庭殷实，曾念过私塾及国办中学。1960年从国营单位辞职后，经营过很多行业，如瓦工、安装机器、卖煎饼果子、酱货、果仁、豇豆、羊头肉，现在以国家低保来度日。他认为之所以能为会做贡献，就是因为"得亏干买卖存了点钱，才能在后来玩会的时候帮会里置办些东西"。不是"根正苗红"而进入法鼓会，是什么因素能获得会员们的广泛支持，甚至当选为会头？作为新型社会意识形态下的会头，除了必须肩负传统的责任外，还需要履行新的社会背景下所产生的责任，如提供会所与汇集资金。而张恩惠恰是除了具备一定的社交能力外，还在于"那年头的脑子比较活"，赚到了钱。另外，在城乡化过程中，能否为会员提供聚会的场所，也是很重要的一点。这正印证了卡理斯玛理论中组织的运作能力与担纲者的性格之间的正比关系。但是，也应该认识到纯粹的卡理斯玛是以一种过渡的状态维持的。例行化过程的出现，必然会以一种新的关系转化入日常的、稳定的社会结构中。随着时代发展，新观念的注入，会组织中的会头的选举也随着追随者的精神和物质利益的再生和长久维持，逐渐转变着评选标准。除了"荣誉"和"忠诚"外，为会谋取更多的出会机会及资金支持已经成为评选会头的新标准，来适应对精神力量及物质力量的需求。这也给予了会组织适应时代发展的机会，逐渐从过去的"反经济"到与经济相适应的转变，在今日焕发熠熠光辉。

第二节　常与非常——狂欢与日常

一、皇会狂欢中的自然性释放

"中世纪的人们似乎过着两种生活：一种是常规的、十分严肃而紧蹙眉头的生活，服从于严格的等级秩序的生活，充满了恐惧、教条、崇敬、虔诚的生活；另一种是狂欢广场式的自由自在的生活，充满了两重性的笑，充满了对一切神圣物的亵渎和歪曲，充满了不敬和猥亵，充满了同一切人一切事的随意不拘的交往"。①

这是伟大的人类学家米哈伊尔·巴赫金对处在阶级社会中的人们，在狂欢节中所存在现象的一种高度概括。据巴赫金的理解，他将产生于人们的状态概括为两种，一类是日常的，一类是狂欢的。虽然民众产生这两种截然不同的世界观的原因多样，但却反映出同官方和教会世界观的大相径庭，甚至在立场上是完全对立的。

皇会每年的会期定在农历三月，这种生发于春季的仪式，同世界其他民族的特征与性质都有共通之处。若从生物学角度分析，这与中国人传统观念中"顺应天时"，"尊重自然"有很大关系。据《礼记·月令》记载：

"仲春之月……是月也，玄鸟至，至之日以太牢祠于高禖，天子亲往，后妃帅九嫔御；乃礼天子所御，带以弓韣，授以弓衣，于高禖之前。"②

另据《周礼·地官·媒氏》记载：

"仲春之月，令会男女，于是时也，奔者不禁，若无故而不用令者，罚之；司男女之无夫家者而会之。"③

从上文中可以分析出，"仲春之月"早在上古时期就已是一项上至天子、诸侯，下至百姓的一种全民性的风俗，且"无故不用令者，罚之。"此处之"令"有两义，一为：国家法令，据《辞源》载：史记一二二杜周传："前主所是著为律，后主所是疏为令。"太平杜预览刘三八杜预律序："律以正罪名，令以存事制。"一为：时节。古代以十二个月分别记述应该施行的政令，叫月令。后沿用为季节之称，如春令、冬令。④此处引申为自然规律，此时为自然万物发芽、生长的最好时期，也是人类进行繁衍生产的最佳时期。因此，这种形成于春季的社会文化活动，在统治阶级及民

---

① （俄）M·巴赫金著，白春仁、顾亚玲译．陀思妥耶夫斯基诗学问题［M］.北京：三联书店，1988：184.

② 引自《礼记·月令》。

③ 引自《周礼·地官·媒氏》。

④ 商务印书馆编辑部．辞源［M］.北京：商务印书馆编辑部，1998：167.

众看来，无论于情于理都是顺应天意的。

　　大多数人类学家认为，在繁衍、生息等问题上，越是低等的生物，受到自然法则的影响程度就会越明显。大部分动物在春秋两季发情，且成功交配的概率高。虽然经过长期进化，人类不再像低等动物般受控于自然规律，交配时间也随着社会文明的进步、生产力的提高，受节气等外界因素影响的程度日渐消退，但进化的过程仍然留下了少许遗存。蔼理士在其著作《性心理学》中曾经有以下阐释："所有的证据都指着，一年之中，性冲动自然而然特别活跃的时期确有两个，一在初春，一在秋季。"① 由此可以看出，自然法则对人类的影响依然是无法完全摆脱的。并在历史的发展中，逐渐融入了宗教的因素，促成了春季香会与庙会的诞生。"游览是人生的乐事，春游更是一种适合人性的要求，这类的情兴结合了宗教的信仰，就成了春天的进香，所以南方有'借佛游春'一句谚语。因为有了借佛游春的人的提倡，所以实心拜佛的人就随着去，成了许多地方的香市"。②

　　受此法则的影响，形成了在今日世界范围内，依然普遍存在春秋两季性狂欢的活动与风潮。然而，随着人类文明步伐的跨越，春秋二季仪式活动的范围与外延逐步扩大，不再拘泥于以男女之间性的交合为目的形式，而是受交感巫术的影响，延伸为对合乎时代审美与标准的万物的崇拜。吴效群认为广泛存在于中国各地的春季庙会现象为："它们基本都是上古时代这种性的狂欢节日的置换变形。"③ 然而，无论皇会及其他春季庙会的形式、规格如何变换，最初的生发源泉都是相同的。其主题仍然脱离不了生殖崇拜的潜意识，暂时性突破社会规范的狂欢方式。

二、皇会狂欢的全民性

　　皇会是天津地区传统社会中少有的全民活动之一，曾被誉为"北方各

---

①　（英）蔼理士著，潘光旦译．性心理学［M］．北京：三联书店，1987：33.

②　顾颉刚．妙峰山［M］．上海：上海文艺出版社，1988：11－12.

③　吴效群．妙峰山：北京民间社会的历史变迁［M］．北京：人民出版社，2006：27.

省之唯一神话盛事"。皇会期间，不同阶级、等级、职业、性别、年龄、地域、民族的人都可以不受限制地参与其中，展现出一种其乐融融的盛景。虽然在实质上，因等级规范的严格性，各阶层参与的程度、范围、心态可谓完全不同，但至少这是一种对传统礼制的公然反动。这种对现实等级划分进行挑衅的反规范活动，实际上带有一种原始的万民狂欢的基因。这种类似于狄奥尼索斯崇拜所衍生出的酒神精神一样，是一种对正统文化中的道德、习俗、法律等约束的一种本能反动。

在部分有"礼"的"正祀"活动中，代表国家利益的统治阶级及地方政府所表现的热情是极为高涨的。除了为妈祖"正身"，频频加封外，占据着绝对权威的皇帝还亲自为技艺高超的老会、圣会赐物赐名。另外，地方政府作为地方精英的代表也表现出了对皇会极大地支持。以 1936 年皇会为例，此次皇会就是由天津商界的银行家及社会名流发起，以市政府的名义组成皇会筹备委员会，市长亲自担当筹委会主任所举办的活动。

毋庸置疑，参与天后宫庙会及皇会娱乐活动的主体仍以生活于中下层的平民百姓为主，他们不但是皇会中主要参与者，甚至成为直接和神灵沟通的"服务者"与"对话者"。据锦衣卫桥和音法鼓老会时任会头张恩惠口述：

"我们会里人的成分比较杂，干什么营生的都有，就是没有有钱人。比如说，原来会里有个叫王左清的人，出皇会时就让我们会挺露脸的。过去，我们会给娘娘过生日，要提前在娘娘宫的附近商家开的小店铺里设摆。如果和买卖家的人关系好，会同他们商量要借用几天，商家一般都很乐意，收了买卖，请法鼓会在自己的店铺里面设摆。那时不跟现在一样是全天都有电，一到晚上都没电。我们会里的王左清，这个人和负责供电的国家比利时关系非常好。经他协商后，比（利时）国的人告诉他，如果有电工，我们会可以自己扯线安装电灯。嗬，当时除了锦衣卫桥法鼓设摆的店里灯火通明外，其他店都只能点汽灯。其他会的人都说，嗬，人家会里有能人啊，我们会那叫一个露脸！还有参加 1936 年皇会那次，我们会也露脸。据说，当时很多会欺生，有几道会想趁庆典人拥挤的时候，把我们会的鼓箱子挤碎，让我们没法敲。但是可不知道我们会里有很多都是在北站干搬运的脚行工人，这些人力气非常大。在拥挤之中，他们把鼓箱子连同敲鼓的人一起举了起来，鼓和鼓手都没挤到，这才使得出会没受任何影响，顺利地完成了演出。还有就是我们会茶炊子是一绝，为嘛挑得好，我们这地界儿买菜做买卖的人多，当时运东西基本靠人力来挑，这些人都练出来了，所以茶炊子的挑技高超。"①

另外一些不符合社会伦理道德标准，平日被排斥之人，在这种特定时间场和神圣空间内，也被平等、友善地对待。过去每逢除夕之夜，天津的妓女常在嫖客的陪伴下去往天后宫叩拜神灵。"每年的大年三十，妓女们依惯例，总要到天后宫来烧香，以保证自己来年好运。只是，到天明前，妓女必须离开天后宫"。② 由此可见，在旧的社会体系中，妓女的地位是多么低下，烧香拜佛也必须是偷偷进行，并不能在初一正大光明地进行。而在这一天，良家妇女为了避讳外界的误会，并不去天后宫烧香，这也是各地庙会中较为罕见的现象。某些缠成"三寸金莲"小脚的妓女，也要雇人背到天后宫进行祈祷。据 1931 年出版的《天津志略》天后宫一节中的记载：

"旧历元旦，各娼妓祷祝于此，粉红黛绿，满院光辉。"

在这场全民参与的娱神活动中，全民性不仅体现为参与群体的"贵贱不分"，同时体现为"男女皆可"。故此处特别需要探讨的是女性信众的广泛参与。在中国的民间信仰中，女性神灵的数量占据了很大比例。女神及女神崇拜与中国妇女特殊的生活、精神需求关系密切，女神也就相应地被赋予了满足与女性需求相关的职能，其中保佑生育是最重要的一项。鉴于制约中国几千年以来根深蒂固的传统文化，女性参加社会交往及公开娱乐活动机会十分有限，但若以替家庭成员的平安祈福、为传宗接代祈祷的宗教活动就变得十分合理。事实上，在对待皇会中是否允许女性参加的问题上，一直是十分矛盾的。一方面，"女子不能抛头露面"是几千年来封建社会对女性不成文的道德观约束。皇会期间众多女性的涌入，无疑是对"男

---

① 据锦衣卫桥和音法鼓老会时任会头张恩惠口述，采访时间 2011 年 10 月 9 日。
② 董季群.图说天津卫［M］.天津：天津社会科学出版社，2006：178.

女授受不亲"传统儒家道德规范的挑战。但女性群体作为妈祖信众中的主体，是妈祖信仰在天津地区得以存续的关键力量。这也是妈祖信仰扎根天津后，派生出其他分身娘娘功能与各种民间生育民俗的主要原因。因此，皇会组织者对于女性信众的参与始终是不鼓励也不禁止，而持无奈又容忍的态度。若从社会进步的角度分析，传统社会中的女性面临来自社会各方面的约束，学习与交流的机会较少，合理的出行可以使她们广博视野，接触社会。可以说，皇会为女性打破诸多限制参加公众活动，提供了一个极好的机会。

詹姆斯·沃森（James Watson）在对妈祖信仰的研究中曾得出这样的观点："虽然都是供奉天后，但不同的社会集团对天后的信仰是不同的。在一个参观者看来，天后是由国家敕封的象征尊严和文明的神灵，但这并不妨碍不同的社会阶层对天后基于不同的信仰和祈望。"社会各阶层从参与皇会的过程中不断找寻自身的实现感，并借此表达对妈祖的敬仰之情。尽管不同的阶层所理解的妈祖信仰及皇会是不同的，但这并不妨碍他们对妈祖的笃定与信任，随着不断派生符合自身愿望，扩大神能的过程，妈祖神格逐渐提高，并最终成为无所不能的万能之神。

三、皇会狂欢中的反规范性

虽然同欧洲中世纪的狂欢节在时间与空间上的不同，但皇会中所存在的大量仪式性表演，其表现意义同中世纪欧洲狂欢节中的表演有异曲同工之妙。如，作为皇会中最具观赏价值的、受民众喜爱的杠箱会，就是利用为国王"加冕"与"脱冕"的形式，用本地特有的谐谑与讽刺手段，表达内心深处对既定秩序的反叛。

五虎杠箱会为武会，全名为"北城根公议集善五虎杠箱老会"，是以民间故事为蓝本进行的改编，故说法不一。其一为：相传，有一地名为霄金桥，有董氏五兄弟设障劫财，凡从此地经过者，必定要将身上银两留下方可，因而兄弟五人得"五虎"绰号。有日，为朝廷进献皇纲的军队行至此地，"五虎"依旧上前强取豪夺，双方各执武器争斗，最终五虎被杀；其二为：相传，宋太祖赵匡胤在登基为皇帝前经过霄金桥，"五虎"企图劫夺，但反被太祖一人打死；其三为：五兄弟身份发生转变，由董氏五虎改为京剧中常见的巴家五虎，也由劫杠箱者转为护杠箱者，面对劫杠箱人，五兄弟使出浑身解数与其对打。据《天津皇会考记》记载：

"杠箱会都是以《绿牡丹》故事编排的，保护杠箱有 5 人，是照巴家五虎装扮。每人手持藤牌 1 面，单刀 1 把，劫杠者为余千、濮天鹏、胡礼、萧师夫、鲍子安。"[①]

五虎杠箱表演中多有真刀真枪的对打表演。主要的技艺有：旋子、单缠腰、掖脖、打过桥、翻筋斗、连珠滚、地趟滚、元宝大顶、口衔箱杆、跳铁门坎等。武技表演之后为杠箱表演，"杠箱"是一个重达六七十斤的木柜，上陈列各种牛角灯笼、会名、旗帜等装饰物品。无论所表演的难度有多大，绑在箱子上的竹竿前端必须始终不离身体，立起身时，竹竿也只能落在肩上而不能落于地面。此会表演人数多达二三十人，除了"五虎"外，其他人均身着蓝粗布衣，勾丑角脸，表现人物有阮小二、阮小七、时迁等，在出会时他们同群众尽情戏谑逗乐。

《天后宫行会图》中的南门外永乐杠箱老会

显而易见，在一道杠箱会中所表现出的两种文化的碰撞，是有多重意义的。一方面是象征规范性、符合传统道德的群体，第一、二种故事的演绎都说明了正义始终战胜了邪恶，五虎纵然再威猛，也最终被除掉。第三

---

① 来新夏．天津皇会考·天津皇会考纪·津门纪略 ［M］．天津：天津古籍出版社，1988．

种故事直接将五虎演绎成为护杠者,也刻画了保卫国家、忠信道义的主流思想。但在另一方面,会中却引入了另外一个处于社会地位较低下的角色进行表演。扮演小丑的人物虽然具有忠义的性格,但是总是同"皇权"有着冲突的人物。这些"叛逆"人物的出现,无论是有意还是无意,都是对既定秩序一种"温和"的挑衅。抬箱人在行会时的庄严肃穆,规格、仪程同一切的真官出巡十分相像,而在后场中丑角却不时同观众戏谑与嘲弄。

此外,还有一类以诙谐、幽默风格独树一帜的文杠箱会,因贴近百姓生活,博得了民众的喜爱,最为著名的为"庆乐杠箱官圣会"。此会出彩的角色当属手执羽扇、骑骆驼的杠箱官,他以审问过堂的形式一边行会一边做着自嘲式的自我介绍,若遇见有人"拦路告状",他便以过堂审问的形式,将事先准备好的"包袱"抖给众人。虽然观众知道是假审,但是由于笑料百出、合情合理,还是会获得观众的喝彩。杠箱官的自主性较大,对于任何事物可能都会拿来"逗哏",这种轻松的表演形式在暂时中使民众忘记了和官员之间的身份与隔阂。正如巴赫金所说的那样:"它以万事万物取笑(包括以参加狂欢节的人们自己取笑),整个世界都以可笑的姿态出现,都被从它的诙谐方面,从它可笑的相对性方面来看待和接受。"①另外,在道具的选用上,也十分幽默,虽然也有真正官员出巡时所用之物,如:三班衙役手执的回避牌、响锣、刑具等物。但是细节之处却要人忍俊不禁,如官衔牌上的文字多借用谐音,全以食物命名,如:"署任梅桂县(同'玫瑰馅')正堂""接印邓沙县(同'橙沙馅')正堂""全印田江州(同'甜酱粥')正堂"等。当时,这道会深受富贾商家的喜爱,常常有买卖家儿截会,并被亲切地誉为"玩笑会"。

随着皇会行会的结束,杠箱官的权利便会被收回,他在众人的嘲弄中自我解嘲地"免去官职",失去了本身的"权利和特权"。直到下一次演出,表演者才又被重新定义"官职"。这种形式正是同中世纪狂欢节中

---

① (俄)M·巴赫金著,佟景韩译.巴赫金文论选[M].北京:中国社会科学出版社,1996:108.

"国王"被"脱冕"又"加冕"形成互文,虽然在细节上略有不同,但是两者同样满含着对旧时代的戏谑与新时代的赞美,对旧秩序的否定与新秩序的憧憬。巴赫金对此的感受是:

> "在狂欢中,人与人之间形成了一种新型的相互关系,通过具体感性的形式、半现实半游戏的形式表现了出来。这种关系同非狂欢式生活中强大的社会等级关系,恰恰相反。人的行为、姿态、语言,在从非狂欢式生活里完全左右着人们一切的种种等级地位(阶层、官衔、年龄、财产状况)中解放出来……"①

皇会中的人们,一方面尽情地发泄着对现实社会的不满,冲击着传统的社会规范,体验着平日渴望却又不可及的事物,同代表着权利的官直接对话,甚至可以讽刺嘲笑,看着同处一个阶级的人能"成为"官员,这无疑是存在者一种报复式的快感;另一方面,虽然他们想挣脱传统社会的束缚,但是却因受到根深蒂固的"规范性"传统制约,导致他们内心深处对这种制度其实是向往与认同的。因此,中国的民众表现出来的并不是毁灭与破坏,而是以一种假面的姿态去模仿他,在体验的过程中获得尊严。虽然在皇会结束时,这种泡影破灭,一切将回归常态与规范,但是这种戏仿无疑是一种反规范性的亲身感受。

第三节 会规及其俗信力

一、会规的存在及影响——以西码头百忍京秧歌老会为例

中国封建社会的历史时期较长,在社会意识形态的发展中最为显著的特点就是一直被君主专制统治及严格的等级制度所束缚,两者社会化表现形式所体现的关键点就在于——"序"。在中国传统的伦理观念中最核心的

---

① (俄)M·巴赫金著,白春仁、顾亚玲译.陀思妥耶夫斯基诗学问题 [M].北京:三联书店,1988:183.

内容之一就是对序的维护，正所谓：君臣有序、尊卑有序、长幼有序。德国社会学家滕尼斯在其《社区与社会》一书中，曾经从社会学角度将村庄所存在的传统的、古风的、真实的样态，与晚近才出现的生存样态，概括为两种礼俗社会（Gemeinschaft）即"社区"和法理社会（Gesellschaft）即"社会"。在第一种社会中，人与人的关系是建立在感情、观念以及内心倾向的关系之上，因而较富有人情味、有相似的价值观念，并由此形成了关系亲密的社会生活共同体。这种社会的社会构成特点是，人口的价值观与人生观具有同质性。在第二种社会中，人与人之间的关系是建立在为了达到某种目的、在占有物的合理交易和交换观念之上，因而表现出人口的异质性、多元化的价值观念、重理智轻人情等特征，由此形成了人们根据自身的选择性加入这个社会。天津的会文化是礼俗社会的产物，会中人们交往的行为是建立在对会的认可、情感以及强大的地缘与血缘等因素。会员参与会并不能直接从会中获得经济利益，因而在是否参与会上有极大的能动性，甚至可以根据自己的喜好决定参与到这道会中或者那道会中。对于参会的时间、频率、方式也没有明确规定，完全根据自身的状况安排来决定。也就是说，对于玩会这样的民间组织，会员的参与有极大的随意性与自主性，并不存在强制的约束力。但是也应该认识到，天津的会组织与一般性的民间庙会组织还略有不同，它虽然生发于民间，但是作为皇会"正祀"体制的一分子，因而也具有较明显的官方性质。会组织的会员们意识到只有形成强有力的集体力量，统治阶级和地方政府才能更加重视，地方绅士才会投入更多的资金，会的上升的空间才会更大。因此，较之一般的民间组织虽然不存在明确的宗法约束，会员却根据自身会的性质自定出了同样具有民间法效应的规范，来不断完善会组织的建设。法国哲学家博登海默曾提出："遵循规则化的行为方式，为社会生活提供了很高程度的有序性和稳定性。"[①] 会规的出现，恰为会员的行动与思想提供有利的依据与指导。

---

① （美）E·博登海默，邓正来译.法理学、法哲学与法律方法［M］.北京：中国政法大学出版社，1999：38.

据调研，天津会组织普遍都存在会规。但是大多数会规都是以口头传承的方式存在，有文字传承的较少。若问询会中是否有会规，基本都回答"规矩大着呢!"问具体的会规内容是什么，普遍都不能马上答出来。但细细交谈后不难发现，会规的确存在，而且是以一种隐而不彰的状态存在，内容涉及范围之广、分类程度之细致都令人惊叹。主要存在于对内的制约、对外的交流两个方面，具体包括：传授技艺时的会规、出会时的会规、会所内的会规、会与会交往的会规。以目前会规的文字记录较为翔实的西码头百忍京秧歌老会为例，会规具体内容如下：

西码头百忍京秧歌老会会规

《前言》：我会自道光元年由蔡八爷传授至今，历经一百八十余年。蔡八爷为会取名"百忍"并立下许多规矩训诫，虽未成文，而被先辈世代恪守传承。为使我会更加适应时代要求，得以继承发展，弘扬光大。兹订立会规并予明文公示。遵照我会传统的"大家公议"原则，现经全会一致通过。望会员遵守为要。

一、会员要爱会，有义务缴纳会费，出资、出力、完善购置会内用品、用具及参与社会活动。

二、参练人员要服从教练指导，演练时不准打逗，在外不准参加其他花会。

三、教练只指导场面，在外不准传授技艺。

四、关于黄报。设摆或出会不待客不贴黄报、不下帖，下帖必待客。

五、关于号佛。出会必须上香号佛，对寺庙、商贾、寺宅必要时要选段号佛。

六、关于出会踩街。两会相遇，要提前换帖，望见会，就住锣鼓点。会面时手彩举过头顶，会头、手旗要道辛苦，起点由二锣指使。

七、关于拜会和别会。要提前下帖，由二锣选场、部署演出程序，要练要尽量卖力，别会要道谢。

八、关于接会和送会。打手旗走出多远，是否抢棒槌？要听从会头指使。接棒槌后要双手高举进入下处，要练时双手送上棒槌。分别时要道辛苦。

九、演员室外要语言文明，举止端庄，不准吸烟，会员在外不准谈论友会短长，不准带袖标购物，不准私自以百忍名义联系事宜，领取财物，不准在会所存放个人物品。

十、出会遇到不愉快之事，要牢记会名"百忍"，克制礼让。本会对外财物、茶点一概不领。

西码头百忍京秧歌老会启

2007 年 4 月

西码头百忍京秧歌老会于道光元年（1821 年）2 月 15 日，由来自北京的蔡少文与岳长发在南运河沿岸西码头蒲包店（今南运河北路一带）正式立会。蔡少文负责传授表演技艺，岳长发负责出钱出力，并将会命名为"百忍"，取"百事和忍"之意。从立会伊始传承至今已有近 200 年历史，老会一直严格秉承会规接人待物。上文中的会规为民国时期会员根据老辈口口传承的会规整理而得，后来经过各代会员不断完善，但大意基本没有变化。目前已被会员们打印装裱，悬挂于会所之中。对于会规的重要性及威信力，会员们一直十分认同。老会时任副会头卢洪义说：

今日，百忍老会的会员们依然严格遵守祖辈传下来的会规，在会所内严肃有序，正襟危坐。

"有的会，缺少会规，缺少约束力，就容易发生摩擦。按我们看，应该互相礼让的事儿，到他们那行不通。我们会规里都写着呢，嘛嘛事儿能干，嘛嘛事儿不能干，一清二楚的。我觉得会里就不能缺这个（指会规）。"①

---

① 据西码头百忍京秧歌老会时任副会头卢洪义口述资料整理，2011 年 11 月 20 日采集。

另有会员这样说：

"我们老会最讲究会与会之间的礼节，最注重互相谦虚、礼让。所以我们会一出去，别的会都称我们'老高跷'来了，天津城那么多拨儿高跷会了，为嘛只有我们能称得起一个'老'字？就是因为我们会讲理儿，对谁都讲理儿。还有一个，为嘛一到过年过节的，人家都愿意请我们去表演，我们会规矩，不闹事儿。"①

"还有很多规矩虽然没写在会规上，但我们会里的每个人也都遵守着。比如说，我们出会时十分注意自己的言行，会员想买东西的时候都得摘了袖章才去，怕人家卖东西的一看，'老高跷'的人来了不要钱，会规里说了'对外财物一概不领'。上了角的会员更注意自己言行了，再大的烟瘾也得忍着不抽烟。你比如说我上（扮演）的是樵夫，也就是菜园子张青，那是水浒里的大英雄。我有时候觉得只要上了角我就不是我自己了，变成了那个角色。"②

杨柳青年画《高跷会》（清代）

从上述口述材料中分析，传统会规在现代社会中，对会员的行为依然具有十分强大的约束力。他们认同"百事忍为先"的会名，认同会规对会的制约所起到的作用，使老会以一种好的态势发展传承至今，并赢得了良好的口碑，良好的口碑又使其获得了出会的机会，出会机会增多，会员们的积极性更被调动起来，更愿意主动接受会规的制约。目前，百忍老会上

---

① 据西码头百忍京秧歌老会会员韩全利口述资料整理，2011 年 11 月 26 日采集。
② 据西码头百忍京秧歌老会会员朱金利口述资料整理，2011 年 11 月 25 日采集。

角的会员有近三十人，普通会员较活跃的有四十人至五十人，在调研中发现，几乎全部的会员对会规的主要内容熟悉，表示愿意遵守会规，并认为会规是使"老会比其他高跷会要强"的根本原因。纵观天津会组织的存在现状，百忍老会的传承状况确实属于较为乐观之列，可算目前天津市内高跷会种中传承状况较为良好、出会频率较高的会组织之一。老会现存的仪仗执事类器具保存的都较为完整，虽然有部分损毁于"文革"之中，但在20世纪80年代天津民间花会复会大潮中，老会根据过去的图样复制了一部分，并经会中老会员鉴定，同原物基本保持"原汁原味"。在技艺方面的传承，他们认为保持老模样儿才是会"精彩""有看头"的关键所在。另外，在服装、化妆、仪式方面他们也尽量做到完整保持原样。

"我们会可以说是原生态的高跷。你看别的会，很多都乱改的，从服装、道具到队形、动作都改了。这在我们会里没门儿。这叫嘛创新？这是糟践会！过去那是更不敢说改，一说改会里老人们都会拿唾沫唾你。到现在顶一样东西改了，就是腿子下面那爪子。以前都是土路，拿铁爪子一抓，走起来倍儿有力气。现在是柏油路了，太滑，我们改胶皮爪子了。"[①]

在对其他会种与观会民众的调研中，当涉及有关百忍老会的话题时，大部分会对百忍在技艺及人际交往方面比较认可，承认他们"老高跷"的地位，并认为他们比其他的高跷会要"更规矩"。

为何要用"更规矩"来形容高跷会，这与历史上曾有对高跷会禁止参与皇会的制裁有关。皇会后期，部分游手好闲之人混入各道会中，以为会募得资金之由假公济私，强摊硬派四处敛钱，后受到扫殿会的打击。

今日，已经无从考究是否也有假公济私之人打着百忍老会之名谋得钱款，但从会规中"本会对外财物、茶点一概不领"的规定也可以看出对此种行为的格外杜绝。另外，在本会的会帖上也专门印有"本会茶水点心、钱币蜡烛一概不领"的字样，由此可见，百忍老会早已认知到"公共意见"对老会发展和口碑的影响，而因此得到良好口碑"公共意见"回馈的

---

① 据西码头百忍京秧歌老会时任副会头安维鸣口述资料整理，2011年11月25日采集。

载体——会规，便自然而然地被认为是极为重要的。

二、会规制定的原则与运行的语境

中国乡土社会有过政治、经济和民间信仰等类型的"会"。[①] 作为皇会中的子系统会组织即是这种建立于传统社会中的组织，它由地缘的认同产生了团结，因而组织中的会员可以相应地获取更多的保护。会组织虽然并不受血缘的宗法束缚，也不规定明确的等级制度，但依然受传统"子孙会"的传承模式，因而其运转体制模式仍会受到以家族为本位主体的"差序格局"的影响。另外，会组织多是在地缘或业缘（参与会组织的多是脚行工人）纽带的联系下建立的，具有一定的狭隘性与流动性。因此，会组织只能算是一个由诸多亚文化所形成的多元化公众集体。虽然具有开放性、包容性的特点，但仍然难以在中国的乡土社会中有更为完善的发展与组织扩张。通过对天津民间会组织内的口头传承与文字传承会规进行梳理，可以将会规初设时的出发点归纳为以下几方面：

（一）要符合传统的复合核心价值观标准

在社会权力形成交叠的社会互动网络中，组织、制度的建立，是人们实现核心价值观的重要手段。迈克尔·曼曾经将权力划分为两种类型，一种是权威性（authoritative）权力，一种是弥散性（diffused）权利。前者是由集团或制度以意志力造成的，有明确的命令和有意识的服从组成。而后者是一种本能的、无意识的、分散的方式分布于整个人口之中，有体现权力的关系，但却没有得到明确控制的相似的社会实践。[②] 会组织中会规的建立，恰恰体现出此种弥散性权力的特征。会规的制定并不是由某一个人完成的，而是大家群策群力，共同完成，这就排除了会规中的不平等性与针对性，是并不存在阶级的特权。而且会规中并不存在命令和服从，遵

---

① 陶庆.现代"商人部落"的兴起与社会和谐治理——以福街草根民间商会与地方政府互动为例 [J].上海行政学院学报，2007（2）：84—93.

② （美）迈克尔·曼，刘北成译.社会权力的来源 [M].上海：上海人民出版社，2007：10.

守与惩罚（虽然，会种也会偶尔出现老会员惩罚新入会的小会员的情况，但更多的是一种代替家长实施的日常教育），而是通过一种共同的认知与理解来维持。这些实践是自然而然的，或者被看作是人之常情的，是在一种共同利益中产生，但是同时这种权力也是最广泛的。会规可被认为是这种弥散性权力的具象载体，是"有组织的权力本源"，也是组织权力中集体性（collective）的体现。集体权力同个体性（distributive）权力不同，并不将权力限定在它的个体性方面，权力总额在参与者中得到分配，有人获取就有人失去。而是人们通过合作能增进自身对第三方或自然界的权力。因此，共同的复合核心价值观——情、理、法，最容易被映射入会规之中，具体如：官方的君臣之道、儒家尊祖忠孝教义、人伦礼教道德等。这些无论是在会内还是会外，会期还是日常都有所体现，只是作为会规的出现，更加突出会的道德审美标准与层次。事实上，这类会规的制定，的确在一定程度上促进了民间社会的内聚力和稳定性。

会会相遇，要将"手彩儿"高高举起，以示尊重。

（二）结合本会主旨与会种性质，追求行业内的行动统一，避免不良竞争

任何一种秩序的建立，都必须得到特定群体思想上的认同与行为上的遵守。会规的建立，不但对本会会员有所约束，同样也会对其他会产生一定威慑与影响。民间社会秩序的构建不单依赖于封建统治者的朝纲法律，也依靠皇会内部所共同遵守的会规，如民间的各种类型的会种中，基本都有"两会相遇，都要住锣鼓点，将'手彩儿'高举过头顶""两会见面，要互换会帖，拱手互道：'辛苦，辛苦'。"此外还有一些规定更为严格，如：若某会被邀请参加庙会或表演，所经过的路段恰好也有相同会种时，就要提前下帖，向当地法鼓会"借道"。当地法鼓会会头要亲自拿本会手旗前去迎接，并互换会帖。也就是说，若所制定的会规只能在一道会或部分会种中流传一定是行不通的，过去会会之间的交流十分频繁，会规的制定必然是沟通与互动后产生的结果。会规中所建立的合理原则与道德规范，还承担了行业内的价值范导功能和教化使命，避免了会会之间的冲突与械斗，让民间的会组织有规可依、有章可循。

（三）不要与本地域民众精神与物质的利益需求相违背

要理解天津的会文化，就必须要对会组织的实践者、会规的创立者——"村民"的心理与身份有更为深刻的认知。天津会组织的会规制度建立在本地域民众所认同与遵守的伦理道德与制度规范之上，是传统天津村民价值追求、生活方式和精神境界的真实写照。会组织中，会员的行为与会整合的方式是以价值的认同、利益的获取、共同的伦理来完成的。旧时，会对会员的身份有较多约束，体现在会规中为"法不外传""最好是已入会会员的亲戚""最好是'老门口'上的"等，怕的是"外地人底细不清楚""若是亲戚，一打听就知道孩子的品行嘛样""不知道是不是来'捋叶子'的"。这深刻的体现出，天津会组织在发展过程中，首先是以本聚落的共同利益为首要因素的，并以地缘、血缘关系为纽带进行人员的选拔。"主观上感觉彼此乃是血缘相亲的'部族伙伴'或'族人'，本容易因此而采取政治共同体行动"。① 这决定了，在会规的制定上必须不能同本聚落的利益相冲突。想成为会员，必须首先成为村民，而村民却不一定要

---

① （德）马克斯·韦伯，康乐等译. 韦伯作品集（Ⅳ）经济行动与社会团体［M］. 桂林：广西师范大学出版社，2004：307.

必须是会员的身份。这就决定了，建立在地缘中的会组织，会员身份不能同村民的身份相悖。在会组织较为繁荣的时期，并不是一个村庄只有一道会，但是只要是能为村落带来荣誉的会，村民都会支持。同时，在调研中也发现，这种资源性的会组织同时也兼具着村落中其他的非宗教性活动的责任，如，大部分会的成员还都是本村水会、公所等的慈善类组织的成员。此时，联结各种类型会与村落的"血缘共同体"观念，因为共同的语言、共同的社交、共同的文化等，最终产生了行动的共同体。这些会组织，"虽由纯粹'种族'之外的条件所促成，但本身倒也能塑造出血缘共同体的信仰。人类历史在显示，政治共同体行动是多么容易产生出'血缘共同体'观念"。① 所以，此时的会不仅代表的是会员的共同认同感与自豪感，更是整个村落的利益共享、风险共担。

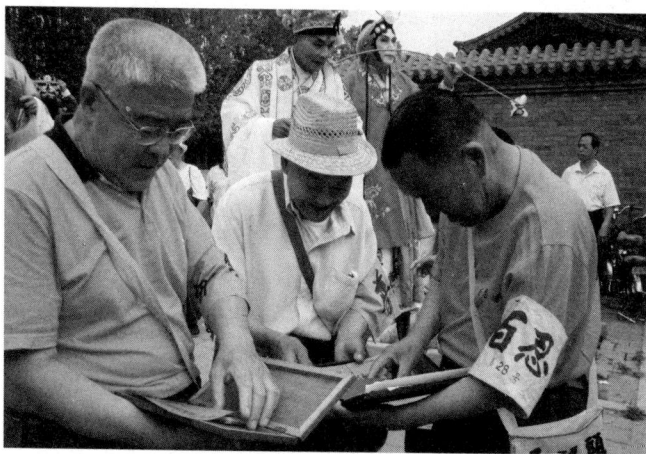

两会换帖示好

（四）有利于本会口碑的建立

天津是码头文化城市，丰富多彩的会文化，种类多，竞争激烈。要想在此地有良好口碑，在诸多会种中脱颖而出，赢得扫殿会的青睐，必须要使自身会实力过硬并广结善缘。一荣俱荣，一损俱损，良好口碑的建立需

---

① （德）马克斯·韦伯，康乐等译. 韦伯作品集（ⅳ）经济行动与社会团体［M］.桂林：广西师范大学出版社，2004：306.

要成员的共同维护。若一名会员不遵守或不尊重，会被同行耻笑整道会"没规矩"，被认为是"栽面儿"。根据法鼓老会会员的口述：

"在出会的时候，老人们会说，出去以后别嘴贱，找事儿打架，这一点是每次出会时老人们都会反复叮嘱的。有截会的，商家摆在门口的点心茶水，会员们都不能动，不能让人家看你没出息，你可以要一套，但是不能吃，那是表示欢迎你。往往很多不懂规矩的会，还真就给人家吃了。那年头高跷会的名声不好，会道都不愿意要高跷的会。还流传着这样一句话'仄仄仄，恰恰恰，仄丁仄，吃四扒（四扒：过去天津坐席的菜肴，分别是：扒鸡、扒鸭、扒鱼、扒肉）'，这是说法鼓的，形容法鼓的规矩很严格，出会的时候受到的待遇很高，可以吃席。仄和恰是法鼓的调。而高跷的鼓点是'噔咯里咯噔咯噔，噔咯里咯噔咯噔'，正好是'没羞没臊吃点心，没羞没臊吃点心'。其实，出会我们哪有席吃，就是说这么个事儿。"①

因此，各会为了遵循皇会内共同的量化规则，定然会在本身已经十分严格的会规上更加一等，以约束本会会员的行为，保证出会时万无一失，得到行内人士的认可与业外人士的好评。说此时的会规，已经不是对会员个人的约束，更是一种对会集体利益的维护。对于给会造成不良荣誉的会员，会组织会采取"劝退"的方式来解决，当然有了"前科"的会员去别的会玩会也不受其他会的尊敬和重视。因而，每个人都对自己的行为十分慎重，保证自己在会中能获得一席之地。

三、会规为会提供适应社会的"自洽性"

天津的会组织中，会规大多数没有按照条例明确规定出来，纸质会规的存在形式更是极为罕见，但是在大多数会员心中却以一种约定俗成的精神约束存在。形成这种状况的原因有多方面的，特别是在中国传统社会这样一个较为特殊的环境中。在中国传统社会中，会规是在一定地域内，由

---

① 据锦衣卫桥和音法鼓老会时任会头张恩惠口述，采访时间2011年5月26日。

一定共同体人群，自发形成的具有乡土性、地域性、自发性和内控性的规范性行为。会规有无纸质版本、涉及层面的全面与否、会规的执行力度，都不能将这些因素归结为会中"长老文化"的影响力上，也不能将重视会规的会同会的发展成熟度挂钩。但不可否认的是，会规的约束确实可以对会员的制度结构和行为规范起到一定的建构作用，这也从另外一个方面为会组织提供"自治性"的可能，对会文化的发展起到延续性作用。

"自治性"借用于逻辑学中的逻辑自洽概念，具体是指：系统结构本身的自足状态和自我调适功能。[①] 照此理论，在皇会这个相对独立的文化系统中，总是要有几道会存在于所有会组织的核心位置，形成较为有规矩性的典范作用，供其他的会比对与学习。而什么样的会能担此重担，在经历同样的历史洗涤依然在今日焕发光彩，这就需要此会从核心原则到意识形态再到基本结构，必须要有着强大的历史遗传性及文化稳定性。只有从内至外的高度刚性，才能使这道会的文化体系在历史的发展中不被其他会同化或者异化，只是按照自身演变机制进行发展传承。此时，会规对会进行调适并不断完善制度结构，并影响着会员的行为规范，会员又是会规的制定者，不断推进、完善、执行这一规范。因此，可以说两者都是围绕着自治的核心原则在发展。长此以往，当会本身的结构足够强大完善时，就具有较强的历史适应性以及灵活的处事方式。纵然，会在面对转型期文化所引致的巨大冲击或是会组织内部人员冲突结构出现松动的时候，也难以撼动自身机构的记忆性、主体性、平衡性，更不会挣脱机构的机制约束。从而，所表现出来的就是会的核心原则并不会受到本质的影响。可以说，若会具备了自治性，那就具备了较强的自我调适功能，并能表现出适应社会与文化变迁的稳定性与灵活性。因此，传统文化和现代社会并没有因为时代的转型而完全断裂，会组织通过自治性依然在顽强地生存，并焕发出强烈的脉动与生命气息。

---

① 吴欣. 宗族与乡村社会"自治性"研究——以明清时期苦山村落为中心［J］. 民俗研究 . 2010（1）：147－159.

第四节 会组织与其他庙会的互动

一、与北京妙峰山庙会的互动

妈祖信仰深入天津的过程可谓落地生根，在建城设卫的六百余年中，其地位一直未被撼动。这有赖于本地民众对妈祖信仰体系的改造，不仅扩大了妈祖的神能范围，并且提高了她的神位。纵然是在北方有广泛信众基础的碧霞元君信仰的冲击下，依旧能保持独立神格。甚至，在本地社会民众的思想中，妈祖与碧霞元君两种神祇在神能方面已无所区别。《天后宫行会图》中有对此种状况的反映：

"每逢娘娘庙，都是有求必应。此下、上天津卫天后宫老娘娘真正灵应，天后二字别处没有，都写天仙圣母、有天妃圣母。别处不能写出天后圣母。别处娘娘庙神位没有赶上敕封，比方山东泰安山娘娘庙香火大，神位无赶上敕封，称为天妃圣母。到东顶娘娘庙神位，称为天仙圣母，无赶上敕封。西顶娘娘庙神位，称为天仙圣母，无赶上敕封。到金顶太行山娘娘庙神位，称为天仙圣母，无赶上敕封。到京西北妙峰山娘娘庙神位，称为天仙圣母，无赶上敕封。到海内娘娘山，有使船人称为奶奶庙神位，无赶上敕封其实说起'天仙圣母娘娘'、'天妃圣母娘娘'、'天后圣母娘娘'神位，通常都是这一位娘娘。"①

妈祖信仰之所以从单一航海神到万能城市神，原因是多方面的，但我们不能否认天津民众通过各种渠道、各种机会对其神能的宣传、鼓吹作用。不但在地域内通过仪式的复制与对比，加深皇会祭典中文化的象征意义，还注重通过与地域外及其他庙会的交融互动，来扩大妈祖信仰的信仰圈范围。可以说，明末清初，天津人对于妈祖娘娘的崇拜已到了巅峰

---

① 许青松、郭秀兰合编. 天津天后宫行会图 [M]. 香港：香港和平图书公司，1992：172.

时期。

历史上，天津的政治地位一直是从属于北京而存在，但是两个城市的关系却不不仅仅是上下级城市那么简单。作为"天子之渡口"，作为畿辅之门户，作为处于运河之咽喉，作为海河之要冲，天津对于北京确实有齿寒唇亡之意义。"天津的地理位置对于北京来说，确实是生存攸关的一把钥匙"。[①]

自 19 世纪 80 年代起，天津香客在北京妙峰山上的走向活动变得活跃起来。据清光绪十年（1884 年）刊印的《津门杂记》中有载：

"（妙峰山）香火极盛，每年于四月开庙，朔起望止。此半月中，道中行人如蚁，车如流水马如龙……天津人士信之者笃，赴之者众。"[②]

这是有关于天津信众前往北京妙峰山进香最早的文字记录，但真正的走香活动定是远早于此。本节旨在考察天津香客对北京妙峰山进行走香的缘由，及通过何种方法正大光明地走入五顶之上的。

自古以来，民间就有谚语"妙峰山的娘娘照（顾）远不照（顾）近"。此话对天津人来说的意义非凡，他们认为所谓的"照远"所指的对象就是天津。因此，纵然在那个交通并不便捷的时代，从津至京的路程崎岖难行，特别是在铁路尚未贯通之前，需要自天津过河北达通州，辗转几地，方可到

"摸摸王三奶奶的手，
百病全没有"

达。铁路贯通后，赴京时间虽大为缩短，却依然需要舟车劳顿。纵然如此，依然浇灭不了他们进香参拜的虔诚之心。

外地人至妙峰山赶会的时间为每年的四月初一至十八，天津民众早已提前几天沿中北道和老北道两条山路上山。为了方便住行，天津信众还在这两条路上搭建起各种茶棚会、粥棚会、汽灯会、水会等慈善类会组织。

---

① 王玲 . 北京与周边城市关系史 [M].北京：燕山出版社，1988：191.

② 张焘 . 津门杂记 [M].天津：游艺山庄，光绪十年（1884 年）.

据李家瑞所编著《北平风俗类征》一书中曾介绍过老北道上茶棚会的情况：

"距离五六里即有茶棚小憩，所由上下……棚内供庄严宝相，磬声清越，凡想顿消。……檀香缭绕，楮帛满积庭除，香客皆屏足息气，无感少哗云。"[1]

天津的会在妙峰山最多的是茶棚会，同时也是山上规模最大、设备最全、舍物最阔绰的茶棚，完全盖过了北京本地的茶棚组织。如："大风口茶棚会"为香客的准备的房间有三十多间，可以同时供百余人食宿。另外还有"磨镰石河茶棚会""双龙岭茶棚会""磕头岭茶棚会"等会组织，这些会也都颇具规模，成为妙峰山上的一景。天后宫调研时偶遇的香客回忆起父辈人参加妙峰山庙会时的景象，如此描述：

"听我父亲说，过去他们还去北京赶香会，有时晚上赶路爬山也不怕黑，他们走的那条道（老北道）全是汽灯，别的道都是煤（油）灯，这煤灯可不比汽灯亮。听说都是咱天津的汽灯会搞的，显得咱天津人有志气，出门在外，不能让人笑话。不能说和白天一个样，但那也算很亮了，路边上还有地方吃住，这些都不收香客的钱。"[2]

被访者张丰平反映的场景，并不是空穴来风，据早些年对妙峰山研究造诣颇深的顾颉刚也对此景进行过细致描述：

"此会为天津公善汽灯会……他们张贴的会示为：'老北道历年沿路所点汽灯，所有一切资费，皆有本会自行筹备'……'不敛不化，并不知单'。"[3]

另外，山顶之上还有四支负责灭火的水会驻扎，负责监管因使用明火产生的安全隐患，保障香客安全，据说此会由天津的大盐商李莅臣捐资雇人筹办。在顶上的大殿中，除了供奉神灵外，还留有几处天津各道老会的

① 李家瑞. 北平风俗类征 [M].北京：商务印书馆，1937：165.
② 张丰平，天津咸水沽人，家族过去以跑船为生，家族信奉妈祖。此录音据 2012 年 4 月 23 日采访整理。
③ 顾颉刚. 妙峰山 [M].上海：上海文艺出版社，1988：54.

栖身之地，如：

> "当年主殿灵感宫除山门外……并非每殿都供神像，其中 4 处分别为'天津众善灯棚施粥茶会'（两处）、'天津众议汽灯粥茶老会'及'天津大乐会'占用。……大乐是天津特有的一种以唢呐为主要乐器的民间音乐，庙会期间天津各大乐会轮流到山上昼夜连续吹奏。"①

除此之外，天津人还将在天津本地广布信众的王三奶奶想方设法地"请"上了妙峰山，并将其塑造成为碧霞元君真身，让信众更加真实地感受到同神灵的靠近与互动。对于此现象，吴效群的观点是："天津人不仅在实际上，而且在名分上都成为妙峰山的一个新主人，掌握着妙峰山相当的控制权。这足以看得出天津人强大的经济实力、他们不加掩饰的炫耀意识和权力欲望。"②

无论是作为地域文化象征的各种会的参与，还是祭祀体系权利的扩展，都是在帝国行政体系之外，另建权威的普遍方式。在本书看来，无论是文化还是宗教，都有一种兼并、侵略、同化的意图。在这种由文化所构建的权利网络中，具有象征性意义的信仰，是一种受人尊敬的权威，人们自愿遵循其中的约束力与是非标准，并享受它所带来荣誉感与自豪感，但是这同时也激发了人们的竞争感与控制感，因为想获得更多的荣誉（其中既包括心理的也包括经济的）而促使天津民众渴望寻求更为广阔的文化网络，并在其中寻求到领导地位。相应的，处在另外一个文化网络中的北京民众，因为多方面实力的悬殊与经济关系上的依附，不得不进行适当的妥协与示弱，并按照损失最少的方式进行自我调节。天津民众以王三奶奶为碧霞元君真身的身份进行定位，并广为传播天下，而王三奶奶在天津却一直是作为妈祖配殿之神而存在，若北京香客接受了这一点，碧霞元君就要被妈祖收之麾下，作为妈祖的下属而存在。神灵位置的高低导致了妙峰山庙会无论如何热闹、影响力如何大，最终也要屈居于天津皇会之下了。智

① 参见李世瑜.妙峰山与天津 [J].天津文史，1995（1）.
② 吴效群.妙峰山：北京民间社会的历史变迁 [M].北京：人民出版社，2006：27.

慧的天津人民不但为妈祖在天津筹划了风光的仪式，且在天子脚下的京都更是不放弃对妈祖的崇敬与虔诚。

二、与天津城隍庙会的互动

天津的会除了部分"在会道"的会，能参与农历三月为妈祖娘娘的皇会外，大部分会还在天津本地频频走香，积极参与小范围内的庙会，如城隍庙会、火神庙会等。其中，以为庆祝城隍爷诞辰，所举行的城隍庙会和鬼会最为著名。

城隍庙位于天津老城西北角的府署街，原称城隍庙街。老城隍庙建于明永乐四年（1406 年），规模较大，庙里两大殿分别供有府城隍、县城隍塑像。后寝殿内，塑有府城隍卧像。庙门两侧为"十殿阎君"殿，根据不同情景的殿堂和刑场进行塑造，寒气逼人，十分阴森可怕。

古时城隍庙会规模较大，是天后宫庙会之外的最大规模庙会。会期为每年农历四月初一至初八晚，历时 8 天。其中，初六鬼会、初八城隍生日为出巡日，其余几天需在庙前张灯结彩，设棚表演。

每每行会日，来自各出的自愿及许愿人装扮作各式各样的"鬼"，如无常、同顺、意善、五福、五伦、十司、拾魁、五魁等。来到城隍庙朝拜，集合完毕后夜间开始行会，路线为：城隍庙—大胡同—西门里大街—鼓楼—东门—南马路—西马路—西北角—城隍庙。

城隍庙会的组织管理机构同皇会相似。既有民间称为"接驾会"的管理机构，此机构多由在民间具备一定威望的乡绅组成。其职责包括商定城隍出巡、鬼会的一切事务，如经费筹措问题，制定出巡路线、甄选表演会种、协调次序等会务工作；也有公益服务性会种，如茶棚会、水合、护棚会和设拜会等组成。如同善茶棚会的主要工作是负责准备茶点招待行会人群。设摆会是民众较为喜爱的会种，他们筹备好不少古董、字画等百姓日常生活中难得一见的珍品，陈列于搭好的大棚内，供游人参观；寺庙周围摆满火会和水局的消防设备，另外还有由衙署捕快组成的皂班灯棚，同护棚会一起负责保安工作；另外，在戏台旁边还有许多古玩玉器摊，不少古董商人趁此机会销售古董。

娱神会的表演在午后举行，由经过筛选过的几十道表演类会种按顺序行会巡演，涉及：门幡、中幡、抬阁、秧歌、重阁、挎鼓、高跷、十不闲、杠箱、猴爬杆等。这些会种基本都是参与过皇会，口碑较好的会种，且出会的仪仗与规格也与皇会相同。由此可见，城隍庙会的水准之高。其中由以远音挎鼓会最为引人注目，十六位鼓手均身着清一色黄马褂，并将挎鼓挂在脖子上进行表演。相传，所着的黄马褂为当年清乾隆皇帝在观皇会时所赐。另外，从城隍出巡队伍的执事方面来看，规模也不逊皇会，队伍浩浩荡荡，颇为壮观。先头有十余人执小旗引路，后跟四面响锣，十六面飞虎旗、回避牌、肃静牌、官衔牌等执事负责清道，后跟簿、尖马、马弁、宝座、摆马、对子马、拜香者、香锅、罗伞等，与旧时官员出巡仪仗类似。再后就是城隍神所乘的金顶红穗"永寿官轿"了，除了城隍神像端坐其中外，还有瓶、盂、拂、鼎等法器。

人们对城隍神的崇拜源于混沌的对超自然物的信仰观，虽然民间的祭祀大都是以家庭的神坛及社区的庙场为中心，但纵然是在同一祭拜空间之内，对神、祖先及鬼之间的仪式与心理却存在着显著的不同。当然，这种差异不在于他们各自代表何种阶级，也不是在祭祀人群上划分，而是在于他们之间所形成的一种"象征上的结构关系"。王斯福认为，神和祖先的崇拜象征的是社会其的成员的内在"包括力（inclusion）和内化力（interiorizing）"；而鬼崇拜象征着社会对其的"排斥力（exclusion）和外化力（externalization）"。比如，在家庭或者社区中对于祖先与神的祭拜，是将这两种超自然力量，拉拢、收买其与家内人的关系；而酬鬼的仪式则是从家外的角度来界定什么是家庭。若以更为广泛的角度着眼，神、祖先和鬼的作用其实是类似的，只是用在利用象征与隐喻来划分出家庭（社区）内外的区别。

但是从帝国的角度出发，一方面排斥代表外力力量的鬼，另一方面也在利用这种力量达到对自身秩序的重构。城隍庙会从仪式内容到祭祀体系都同皇会有着较为相似的规格，这说明帝国秩序的重构不但可深入人活着的世界，更深入至人死后的世界。格尔兹在对巴厘社会传统政治模式进行阐述时，使用过"剧场国家"（Theatre State）的理论。他认为"通过国家庆典将国王或者君主转化为偶像，通过强有力的国家庆典象征物将其转变为权力的图像，他的宫殿、他的 dalem 或 puri 或 jero 也都被转化为庙宇、偶像的布景。数以百计甚或数以千计的人民聚集在一起共同参与，他们来到此，因为 puri 是神圣化空间的延伸，是遭遇等级之奥秘的最佳场所"①。城隍庙作为"社会场合"，其中包含了"众多个体的聚集，一般具有相当明确的时空界限，采用特定形式固定设施"②。如使用只有统治阶级官员才有资格使用的仪仗、轿辇，进而提供了"结构形成中的社会情境（structuring social con-text）"……这些情景形成、消散、又再次形成，而个中的行为模式又往往被视为合乎礼节的，（经常还是）正式或刻意而为的③。因为在中国人朴素的世界观中，上有神界，下有冥界，活着的人存在的只是其中的一个世界。而无论在哪个世界中，都有皇权、阶级、等级高低的存在。城隍庙会这种仪式与祭祀体系，是中国人在封建社会行政体系之外的一种权威隐喻的形式，使民众在潜移默化中认同了这种所谓"合乎天意的等级制度"。而与人间等级制度构架相同的冥界官僚机构，其实只是一种现世的缩影。不得不说，是封建国家通过仪式、典籍、象征、隐喻等外界载体，将自身的权威灌输至乡村社会中民众世界观和人生观每一个角落中的最佳方式。

三、朝圣中的礼物流动

"礼物"（gift）一词由两个字组成，第一个字"礼"的意思是仪式、礼节以及注入忠孝的道德理念的仪礼性表达。第二个字"物"的意思是物

---

① （美）克利福德·格尔兹，赵丙祥译.尼加拉：十九世纪巴厘剧场国家［M］.上海：上海人民出版社，1999：216.

② （英）安东尼·吉登斯，李康、李猛译.社会的构成：结构化理论大纲［M］.北京：生活·读书·新知三联书店，1998：78－79.

③ 同上。

质的东西。从词源上讲，礼物并不只是物质的礼品（present），其中还承载着文化的规则（礼节），并涉及仪式。因此，可以这样认为，无"礼"之物只能算作物品而并不能算作是真正意义上的礼物。而在皇会的朝圣过程中所发生的物品流通行为，无论是发生在人与神之间，还是人与人之间，信众或是观会者之间，所运用的都是这个词语中"礼"的部分。也就是说，流通中所突出的是礼物的文化符号功能，而并非其物质方面的属性。那些未能在"预计的仪式情境"中赠送礼物的人，会被人们认为是"坏了规矩""不懂礼貌""没礼数"。也就是说，礼物中的物质内容和文化意义及仪式情境三者之间是密不可分的。因此，礼物的分类不能只从所赠送礼物的物质属性来分别，或者是基于礼物交换所产生的经济原则来划分，更应该从礼物交换所具有的表达性及工具性功能来考察礼物交换的情境、人与人之间的社会关系。

妈祖祭典仪式上，人向神灵的献礼。

（2008 年 天津大毕庄福建莆田会馆 王晓岩摄）

　　天津作为中国近现代重要商埠城市之一，商品经济发达。特别是在皇会中流通的礼物更是种类繁多，精致讲究。本书中的礼物流动主要是基于皇会朝圣中几方面的社会关系来考察：人向神的献礼；代表着统治阶级的当权者馈赠给平民的礼物；会与会之间的礼物馈赠。

(一) 人向神的献礼

民众来天后宫朝圣，参加妈祖祭典仪式，在朝圣的一刻进入了一种交融的状态，完成了从"社会结构中的模式"到"交融的反结构模式"的转变。在这个"充满了各种文字的或实物的象征符号，它们指示着神性的永恒和无穷，万能和无所不在，告诉人们这里是一个充满吉祥和赐福、圣洁和善行以及神的法力的王国"。[①] 人类向充满着法力的神的献礼，既表现在具有物质性载体的"三献"贡品——猪、牛、羊三牲，也有香茶、五谷、红米团、时蔬、鲜果、江山（生姜）、鲜花等其他物品。但本书认为，为妈祖进行的大规模酬神、谢神仪式本身，如行迎神之礼、行问询之礼、行读祝之礼、行饮酒受祚之礼、行敬献之礼、行送神之礼等程序才是最大、最虔诚、最全面的一种对神灵赠予礼物的行为。只不过这是一种无形的表现形式，或者说是一种不能用市场价值体系来衡量的礼物，因此极容易被人们所忽略。妈祖最初作为行业保护之神，人们对她的崇拜、贿赂，甚至利用，所要达成的只是一种契约的形式。人们相信她掌管着一切有关于水运的安全，故而在请求她保护的同时，这中契约就已经生效了。相应地，人们就必须履行自身回报的义务。因此在皇会之初的娘娘会阶段，首先是来自行业内部人所进行的一种总体呈献体系[②]（systeme des prestations totales）。共同的诉求与心理基础，达成了这个行业内部人员的一致行为方式，这具体就表现在了信仰的仪式方面。德国哲学家费尔巴哈对宗教献祭行为有过这样的论述："宗教的整个本质表现并集中在献祭之中。献祭的根源便是依赖感——恐惧、怀疑、对后果的无把握、未来的不可知、对于所犯罪行的良心上的咎责，而献祭的结果、目的则是自我感——自信、满意、对后果的有把握、自由和幸福。去献祭时，是自然的奴仆，

[①] （韩）韩书瑞. 北京妙峰山的进香之旅：宗教组织与圣地 [J]. 民俗研究，2003 (1)：100.

[②] 当然这不是说人们对神灵赠送的礼物只存在总体性的形式，此外还有个体契约的方式，但是在——中探讨的皇会及民间会组织祭拜范围内，以总体性呈现体系为主。

但是献祭归来时，是自然的主人。"[①] 也就是说，人们认为，在为神灵馈赠礼物的那一刻起，人和神之间的契约关系就会生效，而且这种主动权掌握在人的一方，人可以根据自身的需要来选择神灵，可以选择赠送给神灵礼物，也可以选择在何时赠送。总之，只要神灵"默许"，这份契约就达成了。随着人与神之间的契约与交换关系的不断升级，这种最初的利益共同体逐渐产生分裂。葛希芝（Hill Gates）指出民间的"保佑"观念，与信仰者的实际生活的保障有关，即当地人理解的神灵对他们的祭拜的反馈。显然，皇会也是神与人之间的互惠行为发展至较高阶段的表现形式，并且是以一种集体性的形式进行参与与传承。在这个巨大的仪式场中，人们相信，回报给神更多就会获得的庇护更多，获得庇护更多相应的回报也会更多，这是一种责任与义务不断升级的过程。天津皇会中的顶马会、巡风会以及灵童会，就是在向天后娘娘许愿达成后，为了还愿而由个人出资所举办的会组织。许愿—还愿（谢礼）—再许愿—再还愿（再谢礼）成为祈求神灵保佑的一种循环。对于绝大多数中国人的信仰心理来说，人需要知天命，若单方面的毁约，不但是不合乎"礼"的，甚至还会遭受到报应。换而言之，只有娘娘灵验，拜的人才多，香火才旺盛，旺盛的结果映射回人们的内心，加深人们对神灵的笃信。当获得庇佑的时候，人们将其归结为神灵的灵验，当不能获得神灵的庇佑时，人们归结为自己的心不够虔诚以及礼物的不够丰厚，因此，才不能达到"收买""神心"的目的。此时，竞技式的总体呈现（prestation totale de type agonistique）出现了。"有尊严地回报是一种强制性地义务。如果不做出回报，或者没有毁坏相等价值的东西，那将会丢一辈子的'脸'"。[②] 这一点在以会组织为单位或者说团体，参与皇会时所体现出来的不遗余力的表演、置办仪仗执事儿时的"耗财买脸"中表现得淋漓尽致。会与会之间在技艺上所追逐的精益求精，除了天津人血液里所凝聚着的争强好胜、不甘人后的性格外，同人们

---

① （德）费尔巴哈，王太庆译．宗教的本质［M］.北京：人民出版社，1999：39.

② （法）马塞尔·莫斯，汲喆译．礼物——古式社会中交换的形式与理由［M］.上海：上海人民出版社，2002：74.

对妈祖的虔诚信仰也有很大关系。神虽然高高在上，但她（他）保佑了百姓，百姓为了遵循契约，为神灵上贡。这种贡品可以是无形的也可以是有形的：无形方面表现为在技艺方面的提升与施展；倾尽所有置办执事来讨得神灵的欢心。有形方面表现为，追求仪式的繁复冗杂；贡品的精致华美。因此，对神灵的呈现与回献（contre-prestation）并不能用同一个标准来进行。也就是说，无形的礼物可以通过自身不懈的努力，付出更多的心血获得。一道会独具匠心地创造出了绝活儿，另外的会也会通过自身的锤炼来发明绝活儿，若不进行争取，在神灵之处所显示出的是一种"不公平的回报"，不但会遭到同行耻笑，对于自身而言也是不能接受的。这样的心理也可以从另外一个方面加强会组织对技艺提高的主动要求，为今日得见技艺高超的绝技表演打下了良好基础。而有形的礼物是通过现实的价值观、人生观标准来衡量。除了每道神灵都拥有的物品，如香、食物外，以越难以获得的越为珍贵，越能表达自身团体的忠诚度。可以说，人对神灵礼物的馈赠，最初源于对神灵的收买与贿赂，然而一旦达成了契约之后，人就必须执行。纵然是进行了诸如"供海船"之类的较为狡黠的偷换承诺，实际上也是不敢单方面毁坏契约的一种表现。从馈赠的形式与内容来看，也可以说是一种对现实社会秩序的加深与重塑。可以说是现实社会的统治秩序在某种程度上影响到了人们对神灵体系的祭拜方式，也可以说对神灵祭拜方式给社会秩序提供了一个模仿的范本，使得统治阶级更加乐意接受，并不断加深其象征宇宙政纲"天人合一"秩序主宰者的形象。

（二）代表着统治阶级的当权者馈赠给平民的礼物

关于皇会的起源，前文已经探讨过。民间对鹤龄老会、乡祠挎鼓和扫殿会分别受到乾隆皇帝御赐的"项圈""黄马褂"和"龙旗"而名声大震，渐渐从娘娘会升级为皇会的说法津津乐道。在访谈之中，除了这两道会能明确说出来象征着封建统治秩序最顶端的阶层"赠予"了什么具体物品外，其他的会组织也在潜移默化中传递着某种信息——"我们也曾经得到过××（官员的名字、有社会地位的权威组织名称）的夸奖和认可"。当然，这种夸奖可能是真实存在的，也可能是在个人记忆中经过加工了的，甚至可能是完全杜撰出来的。但在今天之所以无从考究，其原因就在于人们利用了礼物的非物质性因素。这种因素即是礼物所表达出来的"认可"，不一定是以物化的形式出现，很多时候可能是一种精神上、口头上的无形奖励。而随着社会集体记忆的断裂及重塑，在今日才非常难以掌握具体的可信性有几分。据锦衣卫桥和音法鼓老会会员纪川回忆：

"当时我们会里有个挑茶炊子的人叫张庆德，可以算是锦衣卫桥法鼓历代挑茶炊子的人里面，技艺最高超的那个。1936年皇会的时候，肖振瀛的母亲坐在东北角的正兴德茶庄二楼上看行会，正好我们法鼓走到那有一场表演，到那刚一住脚大伙就喝水。水还没喝完，头里一叫锣，这人随手就把茶杯搁在茶炊子上，挑起来这就开始（表演）。具体怎么个表演的我说不太好，反正他又回来把茶炊子摆那，这碗茶水是既没洒也没灭，挑的是相当漂亮。肖振瀛他妈妈是看了个满眼，就是把全过程都看了。高兴！好！赏，大洋四十。这是我父亲给我讲的，这个事一直是咱们会里的一个荣耀。我们会里就用这四十块现大洋做了八面灯牌，添置了一些新行头。现在别说我们会里，就是整个天津的会也没有挑得这么好的了。"①

为何会组织会对象征着当时权威的市长母亲的赏赐之物如此记忆犹新？这可以从另外的侧面反映出人们对于权威馈赠礼物的一种理解。如何使得个人所归属的会在诸多会组织之中脱颖而出，表明自身会的势力强于其他会组织？能否获得上级的礼物就是一种最直接的认可方式，使自己的会获得领域内的名声，扩展自身会的势力范围，也就是在某个区域内获得一致的认可。如天津的民间流传着"西码头的棒槌，窑洼的伞，（虫＋八）蜡（sà）庙的高跷不用演"的俗语。追溯历史，西码头百忍老会有一段陀

---

① 据锦衣卫桥和音法鼓老会纪川口述，采访时间2011年10月11日。

头霍兆远（又名霍金豆）耍"十八路棍法"大破狮子阵①的美谈，窑洼秧歌中有"金字红报"②，而普乐（虫＋八）蜡庙高跷老会③，因为服装、道具的精美程度在天津历史上也十分有名。这些都成为各道老会身份的象征，或者是位列于其他会组织等级之上。皇会是封建时代的产物，中国的"差序格局"思想在其中体现得尤为明显。个人或者组织想打破这一传统的束缚基本是不可能的，因此只有顺从这一等级的划分。人们通过一切的方式来获得来自掌握权威的人或者团体的认可，就可以获得了更多的财富；获得了财富，不但可以支持会的建设，还可以更好地为神灵服务；为神灵服务可以获得神灵的护佑，从而得到更为广泛的认可，进而获得更多的财富。相反，这个公式反过来也成立，人们通过一切获得等级，因为获得等级源自于财富的拥有；之所以获得财富是由于拥有着神灵的庇护；而神灵因为受到了"礼物"的奉献，而回报给了会组织以神力来获得等级……总之，这一切都是环环相扣的，无论是抽象的技艺（棒槌的耍法）还是具象的载体（服装、道具）只要能让会组织拥有更多来自于权威部门的认可，这些事物便具有了人格意义。相应地，这些人格又变成了个人、会组

---

① 根据老会会员安维鸣介绍：清朝同治年间，百忍老会接到出皇会的黄帖。当时在皇会的队伍当中，还有一道高跷会，是南郊区傅家村的渔樵耕读老会，他们认为皇会中不能有两道高跷同时参加。此时，在皇会中非常有威望的姜家井捷兽会提出解决的办法。由姜家井的狮子在娘娘宫山门外摆九狮阵，五个大狮子、四个小狮子来了个狮子卧道。庙里的老道长发下话来，谁能叫狮子躲开这个道，会进去了，谁就参加皇会。傅家村的高跷第一个打擂，使出浑身解数也没有成功。百忍高跷中会员的霍兆远便主动请缨，带领众人进行攻擂，他先来了一番醉棒，进入阵内改为"十八路棍法"。耍到酣时，急中生智，突然以一个"太子踢球"将狮子卧着的绣球踢飞，狮子看着球飞了，也开始活动了，会里有个婴哥的角，左手腕上拎着一个面斗，实际里面没有东西，假装抓一把豆儿似的东西撒在地上，这狮子就起来了。霍兆远一路带着老会进了山门，自此，百忍老会一下子露脸了，霍兆远更是露脸了，在天津卫是无人不知、无人不晓了。

② 窑洼秧歌立会已有 500 多年历史，流传于北辰区宜兴埠及河北区窑洼一带。由于其表演中只有一个"伞头"，为了与双伞阵图秧歌相区别，又名"单伞秧歌"。据《天津天后宫皇会行会图》中记载，就有窑洼秧歌老会出会时的全貌，并有"窑洼村中善秧歌老会弟子进香"的字样。相传窑洼秧歌多次参加皇会，并曾给娘娘穿过黄袍，为娘娘"出巡"而"陪驾"，是皇会中"叫得响"的一道会。每逢会期，天后宫扫殿会的会员会亲自到会头家中要"金字红报"，作为此道会已经答应出会随驾的凭证。

③ 普乐（虫＋八）蜡庙高跷老会历史悠久，约成立于清乾隆年间的天津牌楼口徐家冰窖前（今天津红桥区）一带。出会时，老会通常排列在高跷会种中的最后，临近傍晚时才出会，为的是炫耀其华丽的灯彩以及灯光照映下的精美服装和扮相。

织甚至整个民间社会某种永久性的事物。这种对"礼物"的渴望与索求，在会与会的相互效仿之中不断延续着，甚至成为某些历史时刻中，办会、玩会的最大动力。

（三）会与会之间的礼物馈赠

在皇会大的背景下，会与会之间的拜会习俗是十分普遍的，这其中也包含着礼物的流动。礼物交换不同于易货贸易或者商品交换，不可让渡性使得物品具有了主观建构的绝对价值。因此，礼物的价值是定性的，并有别于像商品及货币所具有的交换价值和抽象价值那样定量地来判定。而对于绝大多数老会来说，会与会之间的礼物馈赠都是值得记录的。虽然他们明白，"礼物（不可让渡的"inalienable"物品）所创造的联结，就是人们之间的相互依赖关系"。[①] 但是，他们也意识到这种关系的稳固程度也并不是绝对的，会与会之间的平等地位，不像人与神、下级与上级之间的关系那般宽松与容忍，礼物的馈赠可以巩固以前建立的社会关系、人际关系的功能，但若违背了"平等"的原则，这种"相互依赖"的关系就会破裂终结。毕竟，"交换（echange）与契约（contrat）总是以礼物的形式达成，表面上这是自愿的，但实质上，送礼和回礼都是义务性的（obligatoire）"[②]。

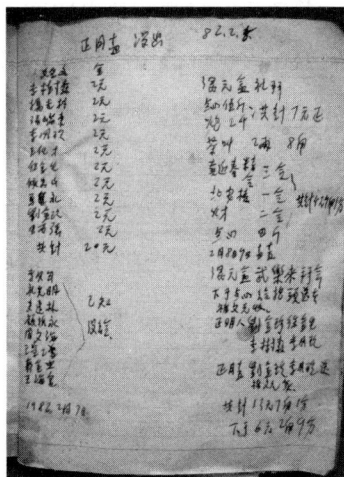

同乐高跷的记账单

（1982 年混元盒高跷拜会时的记录）

20 世纪 80 年代初，是天津的会组织复会的大潮。以此时期为例，各道新立的会组织与复会的会组织之间都有较为活跃的礼物流通，主要的礼物有茶

---

① 阎云翔，李放春、刘瑜译．礼物的流动：一个中国村庄中的互惠原则与社会网络［M］．上海：上海人民出版社，2000：5.

② （法）马塞尔·莫斯，汲喆译．礼物——古式社会中交换的形式与理由［M］．上海：上海人民出版社，2002：3.

叶、点心、鲜果、火柴、镜子等。其中，食品在皇会仪式的交换中扮演着重要的角色。作为礼物的食品主要选自在本地有较大影响力的"老字号"，如桂顺斋的点心及正兴德的茶叶。由于这类礼物多是用现金购买获得，或者说其价值很容易由市场的价格来判定。因此，这对于回礼的会组织来说，其中的尺度必须要掌握好。天津人强亮的码头性格使得他们不能"栽面儿"，这就必须要保证别的会赠送礼物的价值要同自身会组织答谢的礼物大致相同。不然就会被行业内耻笑为"不懂规矩"，甚至是"穷到玩不了会"。由于会规的限制和每道会拜会频率的不同，基本送礼与还礼之间有一定的时间间隔。为了能有一个较为明确的记忆，账单及礼单等礼物的物化载体形式——账本就出现了。

在天津的各个会组织中，基本都有记账的习俗。账单和礼单虽然不是等同的东西，账单来自支出礼物的那一方，礼单来自于收入礼物的那一方，但是两者却都是从不同的主客体层面上记录了礼物的来源、去向与礼物所包含的"价值"。以账单为例，一般记录分两部分内容，一部分为自己会支出的状况，在什么时候支出了多少钱，买了什么东西，用途是什么；另一部分为在什么时间，收到了什么东西，是谁馈赠的。账本的意义十分巨大，基本上任何会的人际关系变化都会在账本中得到最好的反映。首先，在翻阅账本时，可以帮助人们回忆起在仪式当中所发生的各种故事，这一记忆功能有助于说明账本记录的仪式特征。其次，账本记录的不只是数字，也是在固定时间内，真实性地描述了作为地方史中的日常生活史中的交换活动。如，拜会时馈赠布票、鲜果票的现象就发生在 20 世纪50 年代初期。所反映的正是我国在物资比较匮乏的时期，国家为保证人人可以获得基本的生活用品，对紧俏物资所实行的一种发票证的办法。第三，账本可以说是记录人际关系变化的资料库，是展现会组织乃至会中人员私人社交能力，以及感情、影响力的物质交换的监视器。不但与会组织交好的名单会在账本中有所体现，而且也反映出交往的亲密程度。本会感到对自身发展非常重要的会组织，通常反映为交换礼物的频率较为频繁，赠送礼物的价值较高等。相对地，若在账本内出现有来无往的礼物流通，或者赠送给对方较为敷衍的礼物。

在朝圣中所出现的三种礼物流通方式，最直接的表现为礼物与礼物之间的交换，有的表现为以礼物为载体所进行的答谢与收买，有的表现为，为了获得更高的社会声望所进行的利用。但是无论回报以有形或者无形的形式，礼物的流通都不是单方面的，只是与物相对的那一面有时候是以同一种形式出现，有时候是彰而不显的。我们不能因为这方面的弱化或者反馈的间隔较长，就认为其中的契约不存在。此外，礼物的馈赠和其他互惠形式的交换，在皇会及社会生活中也都扮演着重要的角色。由于中国的社会关系结构并不是凝固的，具有很大程度的流动性，并且是以个人为中心的社会关系网络为支撑。因此，礼物在皇会的流通中所扮演的并不仅仅是维持人际关系的角色，也可以作为一种运用个人的网络、个人的情感、个人的"面子"来进行互换的形式。同时，礼物交换也是经济、政治、文化生活的一种重要交换方式，既是国家再分配体系的一部分，也为构建市场商品体系有重要作用。更重要的是，皇会涉及的礼物交换，是属于当地社交（会与会交往、人神交往）的一种礼仪行为，它直接渗透到人们的思想与行为当中。在交往习俗中若没有约定俗成的礼物交换行为，也就缺失了社交仪式。朝圣中礼物流通行为的发生，重大的意义在于强化了民众对社交仪式的共识与认可。人们将礼物经过特殊的文化转换过程后，被赋予了新的内涵与价值，重塑了会组织乃至整个民间社会中群体的共同经验和记忆，并唤起群体共同的情感和意识，这对建立一种"共同体"式的稳态民间社会有这重要意义。

第五章 皇会生态及稳态中的变异

第一节 皇会在近现代的存在与传承

一、皇会近现代传承的"稳"与"变"

民国二十五年（1936 年）是天津封建社会历史上最后一次举办皇会的时间。随后，受西方列强国家侵略、自身国力式微等诸多因素影响，百姓民不聊生，中华民族处在内忧外患、水深火热的生活之中。一方面，时局动荡，民众要四处躲避战火的侵袭；另一方面，由于生活条件极差，百姓经常食不果腹，根本无心娱乐。因此，1936 年至新中国成立前的这段时间，没有再举办皇会。但纵然是在战火纷飞的年代，诸多爱会人依然将会的利益放到首位，甚至形成了"舍命不舍会，护会不要财"的习俗。会员们将自己会中的老物件、老执事儿藏在地窖、枯井中，以此躲避炮火的侵袭。

新中国成立后，国内文化、科技、经济百废待兴。20 世纪 50 年代初至"四清"运动前夕，诸多民间会组织同心协力，期望重振皇会辉煌。但由于受当时生产力因素制约，虽然会员的人数猛增，人民可支配收入依然有限，此时皇会并没有真正复兴起来。天津民间只有极少数的会组织有过玩会、出会、为会中置办器物的经历，绝大多数会组织只在社区内进行小范围自娱自乐的玩会，并没有参与到大规模的庙会仪式中去。

1966 年，"文革"大潮席卷中国。在此期间，全国组织大规模的破"四旧"活动。皇会的表演器具被定义为封建迷信品，是被破除的对象。各道老会、圣会想尽一切办法保护会中的器物。以西码头百忍老会为例，当时会中有一名叫刘文贵的会员，其母是"文革"街道委员会主任。在"文革"过程中，她不但没有砸烂会中的器物，还想方设法为会员们出谋划策以此保全会中物品。据会员朱金利口述：

"其实当时都知道会所里面藏着老物件儿，派出所的人也知道，但是都没管。因为大家知道我们会是为老百姓服务的，会中的物件全是老百姓凑钱买的，这都是他们最喜欢的东西。传说我们会里有两个鼓很珍贵，是用整块古铜树干做的，会里的人以此为骄傲。有一次，上面派来的红卫兵来搜查，看见东西就砸，眼看就砸到会里了。我们会上（演）公子的赵玉林，怕鼓毁了，背起鼓来就跑，自己家里的东西却一点都没拿。"①

冒着生命危险护会的现象在"文革"当中并不罕见，正是因为会中人对各自会的热情与珍视，才使纵然是历经风雨，这些造型精美、历史年代久远的老物件儿依然在今日可以得见。在"文革"中，天津的民间会组织基本处在一种沉默的状态，皇会及各种民间庙会仪式也都悄无声息。

随着改革开放春风的到来，20 世纪 80 年代初天津民间的会组织全面进入复兴阶段。各道老会、圣会纷纷联络会员、整理会所、传艺新人、修葺复制在"文革"当中被破坏的表演器具。此时，各级政府给予了民间的会组织以强大的支持，组织大型集会、行会、庙会活动，并在节日、假日期间邀请会组织出会，为其全面复兴提供了强劲的动力。社会各界也对复会提供良好的发展空间，如：在遇到出会演出与工作时间冲突的情况时，只要到当地派出所或者街道委员会开取证明，盖上公章，就能算作出勤，工资奖金照常发放。这不但给会员复会提供了一定物质保障，而且是对他们心理的莫大安慰。在这种融洽的社会氛围中，有着悠久历史的老会、圣

---

① 据西码头百忍老会会员朱金利口述资料整理，2010 年 12 月 1 日采集。

会纷纷复会，诸多新立的花会也犹如雨后春笋一般破土而出，天津民间的花会呈现出一片百废俱兴、生机勃勃的景象。但令人遗憾的是，此时并未完全复兴皇会仪式。

天后宝辇出巡（2011 年）（张礼敏摄）

1988 年，天津皇会在沉寂了大半个世纪之久后，终于登上了"天津民俗文化博览周"的舞台，久违的皇会重新进入人们的视野。随后，皇会又搭上了中国全面进入"非遗时代"的东风，并以其独特的魅力在新时代焕发出强劲生命力。天津妈祖祭典（皇会）于 2008 年被列入国家第二批非物质文化遗产国家名录，津门法鼓（河西区挂甲寺庆音法鼓、杨家庄永音法鼓、北辰区刘园祥音法鼓）和汉沽飞镲也因其厚重的文化底蕴、独特的地域气质于同年被列入传统音乐（民间音乐）类文化遗产名录。在政府的鼓励与帮助下，不但天津皇会重现了昔日"招致红颜白发，弥漫于途"的胜景，民间花会组织也迎来了自 20 世纪 80 年代初之后又一次更大规模的"复会"，在"非遗"的沃土中扎根、抽芽，焕发新的活力。自 2001 年至 2012 年，天津市政府、南开文化局已成功举办了六届"天津妈祖文化旅游节"，不仅恢复了"皇会"的美誉，并赋予了"民间花会"诸多鲜明的时代特点。时至今日，传统庙会的文化功能有所演变，妈祖神灵的威慑力和号召力已大不如前。但是作为一种地方性的文化象征符号，妈祖信仰仍然在天津民众中占据特殊地位，天后宫作为城市坐标原点有着强大的吸引力，天后宫庙会依然是百姓逢年过节的必到之处，皇会在百姓心中也依然是维系着过去、现代、未来的文化根脉。

皇会仪式传承至今，作为人类思维和行为方式的本质体现，一直处于文化人类学关注的中心地位，其中最重要的一个原因是：事实证明，纵然是在今天，皇会这种仪式依然是受到社会广泛推崇的，这种存在的合理性也是不证自明的。但是我们也不能否认，历史巨变对文化体系所带来的冲击。若抛开作为自发性而导致的皇会复兴，单从外部制约因素来分析，政府和市场是皇会及民间花会组织的命运操控者，是决定皇会沉沦复兴、没落辉煌的决定性因素。

从皇会近代几经颠沛的命运中，可以看出民间仪式中国家的在场与调控作用。可以说，政府在很大程度上担负着恢复皇会与花会复兴合理性、正当性与合法性的责任。中国近现代国家和社会关系之间经历了翻天覆地的变化，其中国家已经认识到仪式及其象征符号对自身的影响与反作用力。因为"个人成其为个人，社会成其为社会，国家成其为国家并不是自然天成的，而是通过文化、心理的认同而构成的，而这种认同又是通过符号和仪式的运作所造就的。"① 也就是说，个人、社会和国家是处在一种共生的状态存在，你中有我，我中有你。

直至 20 世纪 80 年代初，中国政府发挥着无产阶级专政的威力，以一种弱化家族、社区、村落、民族的界限存在着，民众牢固地归于不同的行政与阶级的组织中。"传统的有限帝国变成了现代单一意识形态的全能国家或总体性国家"。② 在心理认同方面，基本是国家动员，民众响应的模式。因此，皇会在这段时间的发展，可以说是严格按照国家意识形态的指令进行发展。国家允许出会，花会组织便进行小范围内的活动，国家不允

---

① 高丙中. 民间文化与公民社会 [M]. 北京：北京大学出版社，2008：11.

② Taylor, Jay, The Rise and Fall of Totalitarianism in the Twentieth Century [M]. New York：Paragon House Publishers, 1993：73—74.

许出会，会组织就自行解散。毕竟参与会组织的民众除了是会中的人还是社会中的人，必须受到社会的管辖。集体的利益高于一切，民众通过归属社、队来分配及占有资源。从会中部分仪仗执事儿上所刻的文字就可以看出其中变化，据锦衣卫桥和音法鼓老会会员口述：

"我们会里老的软对有两对四副，上面写着字，但字不是固定的，一般是往上编吉祥话儿，我们会软对上写的是藏头诗：'和以永驻无疆寿，音移能招盛世逢。法旨祥云紫光冒，鼓盈朝日现彩霞。'出会的时候软对要分别放，'和'、'法'字两对放在一边，'音'、'鼓'两对放在另一边。新的是'大跃进'时期买的，上面的字记不太清楚了，有两句写的是'人民公社大跃进万岁，高举总路线红旗前进'。"[①]

另据会中老人反映，20世纪80年代复会以后，软对上的字又改回了"文革"前的字样，还是以吉祥语为主。另据在采访时获悉：

"别说皇会、庙会，连老百姓自己花钱置办的会也不敢摸。老娘娘也不能拜，据说，娘娘宫里的一些带花纹的桌子还被刨平了。不过，听说有的会还出会，演的都是革命题材的戏，就是踩着高跷表演。咱这套不能演，咱这套在今天说来好像有点老封建的意思。"[②]

通过资料汇总可以得出：部分高跷老会在"文革"期间，依然进行高跷表演，但是从着装、化妆到唱词、表演内容均有所变化。以扮作红卫兵、解放军者最多，所表演的剧目以革命、解放题材为主。由此可以看出，政府的意识形态对民间文化所造成的影响，已经深入至花会表演的具体内容中。

然而，80年代以后，这种组织方式发生了翻天覆地的变化。国家给予了人民更多的独立性与自主性，社会资源打破了过去的集体享有的模式，而承认了社会私有财产享有的合法性。在这种变动剧烈的格局中，民间花会的发展也在不断发生变化。参与这道会或者参与那道会，参与政府

---

① 据锦衣卫桥和音法鼓老会时任会头张恩惠口述，采访时间2011年5月26日。

② 据西码头百忍老会时任会头殷洪祥口述，采访时间2010年11月21日。

举办的活动或参与村里举办的活动相对自由了起来。

20 世纪 80 年代复会后新增加的表演形式（女子秧歌）

皇会与参与花会的人此时有更大的能动性，打破了过去"一体化"的国家符号与模式，有了新的文化表现形式。除了参加国家意识形态中的仪式外，花会也有表达着自身价值观、内容的仪式形式，对于传统的文化，他们不必再隐藏掩盖，而是将内心的世界表达出来。但这样导致的后果是，部分花会的发展受到了市场导向的影响。

传统的花会在 20 世纪 80 年代大规模的复会之时，是按照自身的心理逻辑进行复会。因为花会组织具有较强的民间性质，并不受社会组织的统一管辖，许多花会的兴与衰都是在自发的状态下进行的。因此，当时具体的复会数目不能做到精确记载。但是据在对天津各道花会的调研中了解到，基本复会的都是一些玩意儿类的会组织，如法鼓、高跷、捷兽（狮子）、秧歌等会种。也有一些新的表演内容或并不在过去皇会表演中出现的新会种成立起来，如手绢舞、扇子舞等。而部分公益类型的粥会、茶棚会、水会等会种却难寻踪影。这种现象表明，这其实是在市场作用调解下，会组织所进行的自身调控的现象。在前文中，已经对 1936 年与 2007 年间参与皇会表演的会组织种类进行过分析，各种花会因市场需求的不同，所获得的社会资源与经济回报也不同。传统的商贾巨富赞助皇会的方式已经少见，多数情况下，会组织必须自力更生，赢得市场青睐以此获取利益，维持老会运转。而部分没有人"请"的会组织必然艰难度日，无法维持老会运转，导致逐渐淡出人们视野。目前天津民间所存在的会种大多数以玩会儿为主的现象，也是市场作为导向作用的有力例证。另外，会头或会员们的个人素质及心态问题也成为制约会组织发展方向的因素。热情参会的背后，不乏部分会员是出自对会组织真诚的喜爱，但是也不能排除另外一些人是处于经济利益的考虑，希望依靠花会为自己谋取一定的金钱。

国家对民间文化的重视，皇会与会组织的复兴是十分复杂的社会事实。皇会重新被定义、被发现的过程，意味着它的价值和意义在新的社会语境下被重视、被认可。毋庸置疑，入选"非遗"对皇会的发展会起到一定的保护作用，然而列入"非遗"名录后的皇会与民间会组织就可自此高枕无忧，并以一种真空状态存在，不再受到外界消极因素的"感染"吗？事实状况并不容乐观，在全球化及区域一体化的时代背景下，城市化进程的历史大浪扑面袭来，对这些生发于农耕时期的民间文化遗产进行着一轮又一轮强而有力的冲击。在"后非遗"的时间与空间坐标上，变抑或不变？创新抑或保守？发展传承抑或故步自封？文化遗产所面临的已经不是表层的问题，诸多深层价值观问题正在一一浮现，涉及民间文化复兴的多个方面，尤其是在传统资源的作用与方式、民间文化的合法性以及会组织传承与变通的辩证法方法论等问题上。

二、当下皇会社会文化功能的"稳"与"变"

据不完全统计，目前全世界有六千余座妈祖庙，遍布中国两岸三地及马来西亚、新加坡、印尼、日本、泰国等世界二十多个国家和地区，法国巴黎的"真一堂"① 更是将妈祖称为国际和平女海神。目前，世界范围内的妈祖信众约有 2 亿人。天津地区为妈祖举办的祭祀活动主要集中在农历

---

① 法国民族学院谢鲍尔博士曾在巴黎创建"真一堂"供奉妈祖，并设立妈祖史料文物研究中心，称妈祖为"世界和平女神"。

三月份，即"皇会"中。皇会仪式虽然最初源自于民间的娘娘会，且与妈祖祖庙的祭典仪式的"标准化"程序有诸多相似之处，但是随着时间的推移以及民众将妈祖神能内涵与外延的不断扩大，皇会祭典仪式从流程、内容和形式已经具有了显著的天津本地民俗特色。而随着朝代更迭，社会仪式形态的变化，几经繁荣与没落，今日的皇会较之过去的皇会，更加焕发出新的时代精神与文化内涵。

2012 年"第六届中国·天津妈祖文化旅游节"现场

　　天津皇会祭典仪式自 1936 年至 20 世纪 80 年代一直处于一种沉寂的状态。造就昔日"神话盛事"的全民性参与、互动的仪式，瞬间消失在民众的公共生活中，无疑是一种"文化的断裂"。而作为一种在本地民众脑海中根深蒂固，甚至已经内化为城市集体文化性格与价值评判标准的一种记忆，皇会必然会随着非物质文化遗产保护大潮的兴起，焕发出时代的光芒。高丙中认为"在相当大的程度上，人们主要是把传统文化作为素材，在国家容忍的框架里重新塑造出来，进行自己的文化生产"。[①] 脱去了象征"皇权"外衣的世纪盛会，为了能跟上时代脉搏的跳动，必然要在民俗复兴及"非遗"保护视域内重建自身的文化生产模式，派生出新的社会功能。天津妈祖诞辰祭典仪式在恢复、重构的过程中，的确借用了妈祖信仰

---

　　① 高丙中. 民间的仪式与国家的在场 [C]. 仪式与社会变迁. 北京：社会科学文献出版社，2000：314.

信众的庞大及传统皇会这一文化符号的影响力，使自身更合理化及合法化，并更具有吸引力。目前，与传统皇会相比，现在皇会在办会主旨、内容、形式、流程、筹备者、赞助者、协调者等各个方面都已经有所改变。从传统的办会模式中的某些情况、民为讨好统治阶级办会转变为民为自身娱乐办会、从统治阶级为达成某种目的（如：缓解阶级矛盾、利用信仰稳定统治、获得经济目的）办会转变为官民协作办会。也就是说，封建社会制度下，皇会所蕴含的狭隘的、糟粕的、象征阶级分化的负面意义已经逐渐被抽离，取而代之的新时代下人民的主导地位，代表着积极的、博大的、万民同乐的积极因素正在逐渐展现。新时代下，民众是皇会真正的主人，他们绝对的自主权来决定是否要参与到皇会中去、参与到什么样的皇会中去，要以何种方式更为随心所欲，更为直接、彻底地融入其中。

天津天后宫妈祖诞辰 1052 周年祭祀大典仪式现场

目前，天后宫所组织的妈祖庆典及皇会，主要为公众祭祀而设置，一般不对外公开。同过去的繁文缛节不同，目前的天后宫祭典仪式已经根据时代发展需求进行了相关的归纳及浓缩，如将原祭祀组织与管理组织合为一体。现在祭典仪式的管理组织者主要由天后宫工作人员、天后宫理事以及古文化街上的商人组成。负责主祭的一般由天后宫管理委员会的人员负责，陪祭一般为各级官员和资助此次妈祖祭典的商家代表。除此之外，部分象征社会封建等级秩序的仪礼也进行了相应的变化，而妈祖信仰衍生出来的新的社会功能与文化价值也在仪式中有所体现与彰显。以 2012 年妈祖诞辰 1052 周年祭典仪式为例，具体步骤如下：

（一）主祭、陪祭、司祭佩绶带就位，启动天津天后宫官方网站。

（二）由司祭宣布天津天后宫纪念天后诞辰 1052 周年祭祀大典开始。

（三）司祭宣布：公元 2012 年 4 月 13 日（农历三月二十三），值此天后诞辰 1052 周年之际，社会各界贤达聚集于此，虔诚之致，拜谒天上圣母。妈祖博人、慈爱的襟怀、救苦救难的高尚品格，为世人景仰；妈祖见义勇为、无私奉献的精神被千古传颂；妈祖作为和平女神，又是维护祖国统一和领土完整的丰碑。凡有海潮涨落的地方，凡有海船进出的港口，凡有炎黄子孙的血脉，都有妈祖的存在。妈祖精神属于全世界。

（四）放飞和平鸽。五位少女手捧和平鸽，成菱字形至月台前，将七只白色的使者放飞天空，诠释着"幸福、和谐、平安、吉祥"。

（五）鼓号齐鸣、燃放鞭炮礼花。

（六）主祭人和陪祭人就位（主祭人是天后宫管理委员会主任尚洁、蔡长奎；陪祭人为古文化街商家代表，参加大典的嘉宾还有社会各界贤达、天津天后宫管理委员会理事、古文化街全体商家）。

（七）行迎神礼，主祭陪祭跪，全体肃立合掌，童女自神龛处提宫灯出来。司祭说："神之临兮、紫霞涣兮、众信虔兮、奉盥裕兮、陈情祭兮。"司祭指挥：一叩首、再叩首、三叩首、兴（复位）。

（八）行盥洗礼，主祭跪（童女端金盆，主祭盥洗）兴。

（九）行上香礼、全体肃立。一上香、再上香、三上香、集香。（工作人员收香后、集中上香）。一叩首、再叩首、三叩首、兴（复位）。

（十）行问讯礼，全体肃立合掌，司祭说："唯天无极，唯海不测，虔祈女神，赐我百祥"。司祭说："一问讯、再问讯、三问讯，礼毕（复位）"。

（十一）行读祝礼，主祭、陪祭跪，由天津天后宫管理委员会主任尚洁女士恭读祭文。

（十二）恭燃祭表（主祭将祝文焚掉）司祭指挥：一叩首、再叩首、三叩首、兴（复位）。

（十三）行进献礼，供品由礼仪人员依次恭传给主祭，主祭行高礼后将供品恭传给陪祭放置供案，主祭陪祭跪，全体肃立合掌。

1. 献红米团——红米团红红火火团团圆圆，天上圣母祥光普照四海安澜；

2. 献枣糕——层层叠叠似宝塔，栋拂云霞绕紫气，登高远眺气象新；

3. 献五谷——风调雨顺五谷丰登，民心所向齐奔小康；

4. 献时蔬——云霞成蔬彩，玉宇澄清好雨知时萌万物；

5. 献山珍——山色秀丽映雕栏，珍满条案看今朝；

6. 献面点——巧夺天工三春锦添，神州大地春光无限；

7. 献三牲——三牲兴旺春常在，家家幸福；

8. 献津门八大碗——津门八大碗历史悠久，绵延流长，福绕长临集万家；

9. 献鲜果——大地迎春绿，东风送暖桃李风光美；

10. 献寿桃——古文化街商家承蒙天后娘娘保佑，财源广进，家庭和睦，特此在祭祀大典献寿桃略表敬意；

11. 献香茶——杯杯香茶暖人心，民心暖融乐百年；

12. 献鲜花——鲜花似锦万卉争艳，一代新风映神州气象万千。

（十四）行饮福酒受胙礼，主祭陪祭跪，主祭将一杯红酒祭天地，后一饮而尽。司祭指挥：一叩首、再叩首、三叩首、兴（复位）。

（十五）行问讯礼，全体肃立合掌，司祭说："皇哉女神，泽施四海，德福九州，虔肃弥呈，心齐三津，群情克表，神赐以宁。"司祭又说："一问讯、再问讯、三问讯，礼毕（复位）。"

（十六）行送神礼，主祭陪祭跪，全体肃立合掌，（童男童女提宫灯回神龛处）。

（十七）司祭说："天后圣母神威浩荡，甘露沐春晖，一元复始气象新；宏图伟业神州添锦，艳阳照三津，福满人间春满园。"

（十八）天上圣母出巡散福，护佑万方，备驾（五架宝辇从大殿内请

出）

（十九）司祭请护驾人就位，并宣布出巡散福路线。

（二十）司祭说："良辰吉日已到，天上圣母起驾。"同时，放飞和平鸽，燃放鞭炮礼花。①

妈祖信仰自宋代传承至今，已过了悠悠千年的历史，其影响力十分深远，辐射范围已涉及全世界，如今的妈祖信仰已成为中华民族又一具有代表性的精神象征。在当代社会中，妈祖信仰的社会文化功能早已从过去仅限于"海神"的护航功能及"城市神"的求子、去疾功能，转变为在亲缘、地缘、业缘、物缘因素的整合下，所形成的具有时代特征的文化认同、民族认同、地域认同、增加民族凝聚力、加强两岸三地沟通等新型社会功能。妈祖祭典及皇会作为妈祖信仰传承中的重要物质载体，纵然在社会转型期大浪的冲击下，也依然能保持其独特的"原生态性"和"活态性"特征，稳态地扎根于百姓生活当中。除了具有记录天津城市政治、经济、文化发展的历史功能外，为妈祖举办的祭拜仪式在当今的社会环境中，还被赋予了新的时代特征与社会文化功能，具体如下：

（一）皇会在当代社会中的文化整合功能

今日，随着城市现代化发展步伐不断加快，人们对皇会所带来的经济、文娱活动需求已经明显降低。受 20 世纪诸多历史原因的影响，皇会仪式经历了近半个世纪的停摆，人们对妈祖祭祀仪式的热情也有所降温。然而，我们需要认识到：如果说海神信仰是妈祖信仰的最初形态，万能神的信仰就是对妈祖神性的进一步扩展，那么当妈祖作为一种民族象征和文化认同符号时，其神性就会退居次位，被更为强烈的世俗性、认同性和符号性文化特征所替代。——认为，皇会随着妈祖信仰功能的逐渐转变，其文化认同符号也在新的时代背景下被赋予了新的意义：

---

① 史静．天津妈祖信俗标准化与在地化的博弈嬗变［J］.齐鲁艺苑．2013（3）：9—14.

妈祖诞辰之际，各地天后宫纷纷送来条幡庆贺。

一方面，"妈祖信俗"在 2009 年成功入选世界人类非物质文化遗产名录，在这个层面上说，妈祖信仰不但是中华民族的优秀文化遗产，也是在世界范围内影响着全人类的优秀文化遗产之一。在此基础上所形成的文化认同符号，今日已走出了国门，进入了世界。因此必须以一种更加科学、公正的态度来看待妈祖信仰的当代功能，抛弃历代封建政府对其频频加封的"封建"之嫌，摈弃能护航医病的维新思想"封建"之说，若单从人文层面角度分析，妈祖信仰对社会的影响的确是利大于弊的。其见义勇为、扶危济困、无私奉献的高尚人格魅力所表达的是一种"正面""积极""向上"的人生观，在社会中不但起到了传播博爱精神的作用，还发挥出了教化众生向善的功能。

另一方面，如今的皇会已经不单单是一场酬神、谢神、敬神的民间信仰活动，更是作为一种地域性格的体现、民族文化象征和文化认同符号被世俗所接受。皇会作为天津独有的一场万民狂欢的节日，已经成为象征天津民间文化的一张王牌。其中包含着人们复杂的宗教感情、信仰模式、宗教意识、礼仪规范等多方面的审美，也是地域性格、心理的集中体现。皇会中不但蕴含着对内部民众的凝聚力、整合力，也表现出了外在的感染力、辐射力，曾与这座城市同沉浮、共命运，荣辱共存了悠悠几百年。皇会是天津人民的骄傲，在新的时代背景下，正吸引着来自世界范围内妈祖信众最为虔诚的朝拜；皇会也是世界人民的骄傲，为年龄各异、职业各异、阶层各异、政治理念各异、文化水平各异的人们提供文化认同的交互平台与历史根基，为繁荣人类的文化多样性发出熠熠光芒。

（二）皇会作为两岸三地之间的和平纽带功能

皇会作为一种复杂的社会历史文化现象，是本地民众对妈祖娘娘崇拜最为自然、真挚表现形式。今日，随着皇会作为纽带功能的增强，其辐射范围已经不仅限于天津城市之内，更是吸引着来自其他地域内，特别是香港、澳门、台湾民众的热情参与。在现代仪式中新增加的放飞和平鸽的程序，就已发挥出妈祖作为和平使者作为沟通两岸三地之间的桥梁作用。季羡林曾说过："中国现在广义的文化已有很深的宗教成分，而宗教手段已经成为安定团结的手段之一。"① 这种以宗教信仰手段维持安定团结的方式，可以有效促进中国境内的和平、稳定，建立起在两岸三地之间都有广泛信仰基础的民族认同的符号。

台湾大甲镇澜宫出席"第六届天津妈祖文化旅游节"巡街仪式。（张礼敏摄）

每逢妈祖诞辰及九月初九升天之际，全世界妈祖信仰兴盛的城市都会举行大规模的妈祖祭典活动，而且城市与城市之间还会开展友好的交流活

---

① 谢重光．试论妈祖信仰的社会功能［J］.中共福建省委党校学报，2002（1）：67—71.

动，如以 2012 年 9 月 27 日举办的"第六届中国·天津妈祖文化旅游节"为例，在皇会踩街表演活动中，来自天津、台湾皇会的 15 道会 600 余人的表演队伍进行全长 1600 米的踩街表演。其中，台湾表演队伍是由来自台湾大甲镇澜宫的"哨角队""绣旗队""土地公""弥勒团""太子团""神童团"等全套执事仪仗会种组成。来自马来西亚、菲律宾、新加坡、韩国、日本等国家的妈祖信仰组织也纷纷发来贺电与祝词，表达着妈祖子民的殷切之情。2005 年，连战为湄洲妈祖祖庙题词"神昭海表"，宋楚瑜也题词"圣德配天"，从此举可看出，海峡两岸之间，社会各界对妈祖精神的共同认同。从更深层次的文化意蕴上来讲，皇会作为民族共通的符号，为构建两岸三地共同的思想感情基础、增进文化之间的交流、促进祖国统一、世界和平有着重要基础作用。

（三）皇会在经济背景下的旅游功能

若将皇会的"皇"字外衣脱去，它归根到底依然是一种以满足百姓的精神和物质需求为目的，是与普通的民间庙会本质并无二致的民间活动。"民间艺人不是为艺术而艺术，而是有着鲜明的功利性追求，这种功利性不仅指向当地生活生产之需，也指向包括信仰心理在内的民众精神需求"。[①] 参会的人们一方面满足了精神的需求和心灵的愉悦，另一方面也要满足自身的生存，满足实用性功能。花会的传承人同"非遗"中民间手工类的生产类文化传承人不同，并不能依靠玩会来解决自身的生计问题，因此，在保护过程中，我们就应当格外关切传承人内心的需求，从实用立场满足他们的生存功用。只依靠政府一味地"输血"维持皇会存活并不科学，皇会纵然服用了"造血"处方后，以一种良性循环的方式进行发展，可依然不能换回传承人们经济上的收益，依然不能调动起来他们的积极性。因此，我们需要认识到，经济的发展促进了文化的繁荣，反之，高品位的文化形态也会带动经济的发展。在市场经济日益发展的今天，将皇会

---

① 张士闪：当代民间工艺的语境认知与生态保护——以山东惠民河南张泥玩具为个案[J].山东社会科学，2010（1）：36－39.

变为地域旅游的"代表作",可以算是一种既不违背皇会自身传承发展,也为传承人谋得一定资金收益的良方。

皇会旅游并不是要将皇会产业化,恰恰相反,这或许可以认为是"造血"功能的另外一剂良药。为此,可以采取动静结合的方式进行旅游保护。"动态保护"就是政府可以提供一处有文化底蕴的固定场地发展为"天津皇会基地",这个场地可以在娘娘宫附近,也可以是别处具有文物价值的建筑文化遗产。随后,招募民间有特色、有绝技的各类民间会种进行比赛,根据各方面综合素质的考评进行分类与排序。对于入选了的会组织,提供一定时间内的表演机会,并给予相应的酬劳。对于入选不了的会组织,也可以定期前来"攻擂",随着技艺的提升来取代"守擂"的会种。每一批入选的会组织,可以参与到传统皇会的复会仪式中去。但是在这里需要注意的是,皇会的复会仪式绝对不是按照现代的方式将会生硬地组合在一起出会,而是必须要在专家学者的指导下,按照传统的方式进行复会。皇会复会要在地方政府及相关部门的协调帮助下进行,如政府为皇会表演招商引资,增加表演者的经济收益,旅游局进行旅游方面的宣传,公安局为行会路线扫清障碍、维持秩序。总之,只有充分发挥政府职能,各方面共同合力,才能保障皇会的顺利进行。随着作为文化旅游品牌的不断深入人心,皇会定会引起全国乃至世界的广泛关注,并以一种更加富有活力、生命力的方式传承下去。"静态保护"需要政府要为没有会所的老会提供会所。出会时,老会可将器具取出进行表演。不出会时,可将器具放入展柜内,供游人展览;为已经饱受岁月侵蚀而逐渐老化的器具进行维护。首先要将已经不适合出会的器具进行完整的复制,将修葺完整的老器具放入展柜内,进行妥善保存,会组织出会时执新的器具出会。但在复制时,且不可粗制滥造,以"李鬼"取代"李逵",伤害器物中的精神内涵;对于已经消亡花会中的物质文化遗产,应该从散落的民间中重新找回,也进行维护与修葺。表演器具展示作为一种历史的佐证,也为人们更加了解皇会文化产生一定的积极作用。

皇会在旅游业的背景下发展,所代表的不仅是一种宗教行为,也是一种经济行为。旅游业作为当今社会经济发展中最为环保的产业之一，同具有深厚文化内涵的皇会发展相结合，两者定可以衍生出新的生命力。在"动静结合"的保护方式下：一方面恢复了天津皇会仪式的昔日辉煌，使更多的人了解皇会的价值和文化内涵。另外，这种根据能力进行选拔表演的模式是过去传统皇会选拔"在会道"的一种今日演绎。这无疑为各道会组织的发展注入了一针"强心剂"，在公平公正公开的环境中进行技艺比武，不但可以有助于本地花会之间的互相切磋，还可以引来更多外地的会种的参与。当会与会之间形成良性竞争时，在技艺和记忆的层面，都可以有所提升，甚至还可以促使部分已经没落的会种重回人们视野；另一方面，将物质文化遗产与非物质文化遗产共同展示，有助于唤起人们脑海中深层的文化记忆，也对皇会有更加深刻的认知与了解。

第二节　会期内外民俗与民众生活

　　民俗，即民间风俗，指一个国家或民族中广大民众所创造、享用和传承的生活文化。它起源于人类社会群体的生活需要，在特定的民族、时代和地域中不断形成、扩大和演变，为民众的日常生活服务。[①] 民俗文化具有稳态性特征，人们的生产、生活方式一旦相对固定下来，就会成为人们日常生活中不可或缺的一部分。妈祖信仰深入天津民众信众，早已内化成为天津历史、文化的重要组成部分。它从多层次、多角度、多方面影响着天津的发展和城市文化性格特征。这种经过历史的沉淀形成了独特的地域文化基因，成为来自于民间、传承于民间、规范着民间，时至今日依然深藏在民众行为、语言和心理中的基本力量。

---

　　① 钟敬文．民俗学概论［M］．上海：上海文艺出版社，2002：1.

杨柳青年画《大姐拴娃娃》（清光绪）

　　天津民众为何同妈祖信仰有如此深的渊源，主要有几方面原因：首先，天津人的性格与妈祖的美德有着巨大的关联。在天津这座码头文化特征较为明显之地，往来的商贾、渔户、搬运工人的性命无不与惊涛恶水息息相关，人们凭借一己之力难以生存，这就必须要达成一种人与人之间互助帮衬的关系，而这与妈祖生前乐于助人、救人于危难的生平事迹极为相近。海神妈祖的美德在天津人的先祖中扎了根，又在一代又一代的天津民众之间广为传承，并为之效仿；其次，妈祖作为外来之神扎根天津，在天津这座城市中五方杂处的移民内心深处，带来巨大的归属感和凝聚力。无论自何处来到天津，妈祖都会用一种众生平等、不分贵贱、不分门第的态度对待他们。可以说，在天津六百余年的城市历史中，百姓对天后娘娘的笃信并没有随着时间推移逐渐褪色反而愈发加深。天津人不断地扩展着妈祖的神能与司职，赋予了她更多的人情味，并渗透至生活中的各个方面，和百姓的人生可谓息息相关、密不可分。"一种特定的创新或传播来的文化因素是否被采借，采借的速度如何，取决于它将要替代的因素的优越程度，与现存文化模式的适应程度，以及是否被人们理解、应用的程度等有关"。① 妈祖信仰正是在单一的护航功能的基础上，增加了求子、祛疾、增福、增财、护宅等功能，完成了彻底的城市保护神的转变。从女神到老

---

　　① 石奕龙 . 应用人类学 ［M］. 厦门：厦门大学出版社，1996：142.

娘娘的过程是妈祖走下神坛，深入民间的过程，这使得妈祖信仰更加贴近于民众的实际生活与内心诉求。天津民间和妈祖信仰及天津皇会相关的民俗种类繁多，本书将着重从以下几种常见民俗与民间社会的互动及所蕴含的文化内涵进行分析：

（一）拴娃娃

"拴娃娃"是旧时天津民间较为常见的一种民间风俗，兴盛于清中叶。民间相传，婚后无子的妇女[①]可以来到天后宫大殿妈祖娘娘右侧所供奉的"子孙娘娘"处，用红绒绳系在自己看中娃娃的脖颈上，口中默念着为孩子起好的名字"偷"回家中，并将泥娃娃小心地藏在床上的角落里，据说半夜便可投胎，十分灵验。待到家中女子怀孕后，需将小娃娃送至"洗娃娃铺"，加入新泥塑大，并供养在家中，称其"娃娃大哥"，自己的孩子则排在老二。吃饭时要为其准备碗筷，逢年过节还要为其换上"百家衣"，

奉若亲子。娃娃大哥还要一年一"洗"[②]，根据人类生理阶段的不同，工匠会对其进行衣着与容颜上的改变。这种习俗在医学水平较为低下的时代中曾经广为流传，时至今日，随着医术发达，拴娃娃求子的习俗已不似过去那般常见，但是人们仍然相信妈祖娘娘可以保佑生育，所以仍不乏信者去往天后宫叩拜神灵许下求子愿望。

天津地域内虽然受多元文化的影响，曾供奉过观音菩萨、碧霞元君、王母娘娘等在

天后宫内的娃娃哥哥

---

① 至于何人可以代表家人来进行拴娃娃的习俗并没有严格规定，但一般由女性实施。可以是盼望生育的妇女自己来求，也可以母亲为女儿求，婆婆为儿媳妇求。民众认为，只要心诚就可以得到回报。

② 所谓"洗"，就是由专门的手艺人为"娃娃"上泥，按照人的年龄变化与生理特征，为其制作符合年龄的胡须、皱纹、服饰，增添符合时代潮流的眼镜、毡帽，甚至西装、怀表等物品，改塑为"娃娃大哥""娃娃大爷"甚至"娃娃爷爷"。娃娃哥哥每年一洗，每洗一次长大一岁，年复一年。

中国民间主管生育的神灵。在天津民间，妇女更愿意到天后宫内祈求妈祖娘娘的护佑。清代诗人周楚良在他的《津门竹枝词》中："儿女欢欣晒岁除，娘娘宫里众纷如……十方弟子为祈儿……娘娘次号送生神，哄得孩儿降尘世，转面狰狞相恐吓，防他依恋不离身。"① 从以上描述中可以看出：清代之时，子孙娘娘、送生娘娘作为妈祖娘娘的分身而出现，有着协助她管理生育的职责。在天后宫里所设的各种主司孕育的神灵，也作为一种陪祀地位存在于其中。在天津妇女们心中，妈祖娘娘已经代替了在别处直接管理生育的诸神，担负起了主司孕育的职责。

在中国广袤的大地上，基本各个地域内都有与生育相关的民俗，这也是全人类一个永恒的话题。生育是人类繁衍和种族延续所必需的，是家庭的重要职能之一，也是每个人的必须承担的责任和义务。马林诺夫斯基在《文化论》中说："生殖作用在人类社会中已成为一种文化体系。种族的需要绵延并不是靠单纯的生理行为及生理作用而满足的，而是一套传统的规则和一套相关的物质文化的设备活动的结果。这种生殖活动的文化体系是由各种制度组成的，如标准化的求偶活动、婚姻、亲子关系和民族组织。"② 在中国的农耕时代中，"乡土社会在地方性的限制下成了生于斯、死于斯的社会"。③ 原始人类享受着自然的性爱，但当意识到了人口的增多可以扩大种族的范围与势力，意味着人口的增加并可以创造更多的生产力时，中国传统的人口观念产生了。这体现在：重视人的数量，不重视人的体质；重视人的体力，不重视人的智力；重视男子，不重视女子。造成这种现象的原因有以下两方面：

首先，受生产力因素及经济因素制约。在中国传统社会中，人们对生殖崇拜虽然源自对繁衍与生育的渴望，但却并不单纯的是一种生理现象的映射，也不仅限于个人行为方式。婚姻仪礼、生育观念、生育规范和生育

---

① 引自《天津记忆》，2008（冬季号）：6.

② （英）马林诺夫斯基著，费孝通译. 文化论 [M]. 北京：中国民间文艺出版社，1987.27.

③ 费孝通. 东方赤子大家丛书——费孝通卷 [M]. 北京：华文出版社，1999.118.

习俗，同时还被附着上了家族的、宗教的色彩，并产生了与之勾连的一系列文化制度。在旧社会，社会生产活动基本是以体力劳动为主的粗放型经济，多人丁就意味着多生产力、多劳动力。因此，"种族需要绵延"[①] 的思想成为发生生育制度的基础。它要求家族成员的行为举止、活动规范都必须从整个家族的利益出发。在以家族为生产协作的单位中，个人行为除了要满足自身的需求外，还要协调好与家族的利益。也就是说，除了人类在满足本身的性欲外，还要肩负起社会给予的责任。对于不能顺利完成"生育职责"的家庭来说，这不单是自己个人的事情，还会影响到整个家族的利益。家族人丁不旺，意味着本宗族在村落中可能会被冷落及边缘化，占有较少的土地和生产资料，意味着极为缺乏安全感。相反，人多族众意味人们可以有一个更为广大的，并可以相互依赖的人际关系网络，处于其中的个人相应地能够获得较大的安全感，还可以提高在村落社区中占有一定的地位，不被外宗族人欺负。因此，普遍存在于民间百姓脑海中就有一种通过多人丁、多子嗣而占有更多生产资料、繁衍种族的思想。

其次，受儒家思想及宗教思想影响。这种"多子多福"的人口观念又因为儒家思想的加入而深化加强。根据儒家的生殖崇拜哲学所提倡的"男根崇拜"观点，"不孝有三，无后为大"的思想在相当长一段时期内占据着生育观的主流位置，生育意味着个体生命得以延续，血缘、亲情得以连接，基因得以保存、种族得以繁衍。同时，"多子"带来的不仅是经济收益上的提高，也是一种精神上的"福气""造化"。这不但意味着整个家族可以得到香火的繁衍，而且也满足宗教意义上的需求。旧时，天津民间对于没有生育子女的家庭称之为"绝户"，在传统的村落社区里的社会地位也不会特别高。绝户"绝"的不是单个的人，而是一个家庭乃至一个家族都没有后代的延续。有孩子的家庭（当然是男孩最好，因为女孩会嫁作他人妇），就不用担心无人养老了。这意味着在社保不健全的农耕社会中，在丧失了劳动力之后，可以老有所依，老有所养。同时，受传统宗教思想

---

① 费孝通. 乡土中国生育制度 [M]. 北京：北京大学出版社，1998. 101.

制约，大多数中国人都有"现世报""来世报"的观念，他们怕自己死后在另外一个世界中，没有人上香、烧纸、上供，掌管他在冥界的生活。换而言之，若没有子嗣，就意味着从子孙对祖先的崇拜中所获得的类似于宗教上的"超越"意义就不存在了。

著名人类学家弗雷泽在巫术思想的两个原则——"接触律""相似律"之上将巫术分为"接触巫术"和"顺势巫术（模拟巫术）"，并将"顺势"和"接触"巫术统称为交感巫术，更加易于人们理解。民众利用拴娃娃求子，正是建立在一种交感象征心理基础的巫术行为。在拴娃娃之前要先观察并留意一个内心中意模样的小泥人①，并由神灵见证，期望自己将来孕生的真娃娃和这尊泥娃娃一样健康聪明。虽然供奉到家里的只是一尊泥塑，但是他们相信两者之间可以通过一种不为人知的交感而相互联系着，妈祖依然会发挥神能，以一种肉眼看不到的形式传递给有生育需求的人。使用红线"拴"娃娃的过程，在某种意义上就等于自己已经掌握了孕生孩子的大权。巫术正是人们试图通过控制超自然力量来达到超出自身能力掌控范围内无法达成的愿望。天津人正是通过这种具有"交感巫术"性质的手法来体现生育愿望的。

生育主题一直作为人类永恒的民俗出现，这在很大程度上体现了我们所处的这个文化大背景的基本生理与心理取向，这些习俗发挥着重要的文化传承功能。伴随着天津城市的演进、人们认知社会的加深、科技医学的进步，今日拴娃娃的习俗已经不如往昔规模庞大。但这并不代表人类对于生命力的渴望与崇拜不在了，只是换作了其他的方式进行表达。如在天津其他民俗中，杨柳青年画与泥人张泥塑中也有很多与娃娃相关的作品形象，备受民间百姓的喜爱。"拴娃娃"习俗经过历史的沉淀，已经深深地根植于民众的脑海之中，并在生活中以其他形式进行着表达与传递。

---

① 每当拴娃娃的人家愿望成功，获得子嗣后，要请专门的师傅据小娃娃的样子重塑三个以上的娃娃送回到天后宫内，有些富足大户甚至还重塑几百尊泥娃娃以示答谢。由于工匠的手艺不同，所塑的娃娃难免存在样貌、气质上的不同。

（二）灿茶叶

天津茶市的形成与茶文化的发展，得益于天津早期漕运历史与商业的发达，在清中期时，天津同烟台、广州相继发展为中国三大茶叶集散中心。在天津传统的民间俗信中，茶叶的意义非凡，承载着天津人丰富的情感与寄托。在民众心中，既是敬神、通神的贡品，也是神力传达至人的一种载体。其中，去往天后宫"灿茶叶"民俗就是较为典型的一种，具体方式的方式有两种：一种是将买来的茶叶放置妈祖娘娘、王三奶奶等神灵的塑像前供一些时间。民间传说，在神像前供过的茶叶就沾有了灵气，若饮用了可以驱邪纳福，给家人带来好运；另一种是把茶叶包打开放置于神像前，在妈祖神像前上香、叩拜，然后把点燃的香倾斜于茶叶上方，使香灰落到茶叶中去。人们笃信混入香灰的茶叶便具备了某种神力，可以医治百病。灿茶叶的习俗不但为天后宫附近茶庄带来了良好的商机，甚至使得整个天津城形成了全民喜茶的习俗。每年的皇会期间，都是天津茶庄商人发财的大好机会。皇会中，来自各地的信众都利用这个机会灿好茶叶带回家中；仪式中还有多道会组织也是用茶的大户，如茶棚会和公议献茶老会等；大多数玩意儿会种中普遍设有被称为茶炊子的表演器具，最早的功用也与茶叶有关，主要是在行会时为会员们提供饮茶方便的器具。据有关资料记载，举办一次皇会茶商的收入可抵得上其余时间一整年的收益。

"乡民艺术与民间日常生活紧密相连，其生活表现以及内里寓寄的集体无意识，都表现出鲜明的'镜像'特点"①。"灿茶叶"习俗所体现出的民众心理，正是内心深处一种最真实的"镜像"反映。在传统的农耕社会中，由于人们对自然与社会的认知有限，生产力及医疗水平较低，面对疾病、灾难常常处于不能掌控的恐慌之中。人们便利用宗教信仰来解决种种精神"焦虑"，对抗这些不可抗拒因素。但中国人心中的实用性功利思想无处不在，纵然是乞求神灵，他们也会有"拿人钱财替人消灾"的思想。人们乞求神灵时，贡献了有形了"礼物"，作为应该获得的"回报"，人们

---

① 马知遥．中国乡民艺术的精神镜像与吉祥表达［J］．民俗研究，2009（1）：159—165.

希望能从神灵之处获得相应的恩赐。或者说，当人和神灵一旦达成了某种"契约"，除了被动地接收到某种无形的、抽象的赐予（如保佑家庭和谐、身体健康）及有形的、物化的赐予（如向龙王献祭可以获得雨水）外，也会主动地靠近神灵来"攫取"某种"额外"的神力。但因为是"额外"的获得，在他们看来，只有通过物化的形式、载体，才能显示是否是真正的获得了。这种现象也可以说是一种变相贿赂神灵的表现，民众认为自己买茶叶首先想到的是献祭于神灵，随后才是自己使用。按照民间普遍的信仰逻辑，心诚则灵，享用了茶叶的神灵，为了答谢供茶叶人的虔诚，必然会把神力渗透于茶叶之中，保护供茶者的健康与顺利。这同巫术世界中神力可转化为人力（神附人身，神附物身，人使用了物或食用了物便拥有了神力）的原理相同，都是建立在一种"人神想通"的朴素原理之上的。可以说，民众智慧地通过茶叶的情感寄托，巧妙地化解了内心的恐慌和对未来生活的向往。更进一步而言，这与民间仪式中的"禳解"有异曲同工之妙。

天津本地有妇女着红衣为妈祖包饺子"催生"的习俗

巴赫金说过："人的思想从来都不只是反映，他力图了解客体的存在，而且同时反映认识主体的存在，反映主体的具体的社会存在。"[1] 具体到

---

[1]　钱中文主编．巴赫金全集［M］．石家庄：河北教育出版社，1998：396.

民俗事项而言，这种通过物质载体获得神力的行为，正好印证了柯林·伍德的"精神镜像"理论。他认为："认识到自身正是自我认知心灵的时刻，发现并不存在形成镜像的基础，即所谓主客体的区分，因为这一区分正是来自心灵本身的认识能力"①。这种现象只是心灵为自己制造的一种幻象，而包含着区域划分的知识地图也是一种虚构，因为从根本而言，各种知识形式都是同一的，都是精神对自我的认识，或者说是不同程度的哲学。②灿茶叶的习俗正是在远古先民对自己健康及命运的无从把握下而主动寻求到的，依托于物质载体形式使内心深处可以得到依靠和保护的神灵所赐予的"吉祥物"，从而作为同神灵达成"盟约"的一种见证。其中"既具有一定的现实功用，又具有超越现实的艺术审美的意义，而这种超越却始终未曾脱离生活的日常性。"③ 从某种意义上说，吉祥意识和趋吉避祸意识的产生其实一种在生活与命运面前无奈的表现，民众只能通过精神上单方面的祈祷来换得聊以自慰的心理暗示。从更深层次来看，"吉祥物"形式的出现，从来都是力图通过客体表现出主体情思的现象。其中，这种镜像的反射并不是简单的现象呈现，而是力图展示主体的存在。甚至这种趋吉纳福的心理还反映出了更为广阔的集体潜意识——即中华民族的集体精神镜像，并以一种民族的传统在进行着集体传承，内化成为民族性格的一部分。

民俗文化当中所深藏的象征民族特征的"根"，先于具体的个体存在，以"集体无意识"形式传递给了个体的精神结构，并组构了某种"原型"。当个体经过社会化后，并生存与和原型对应的文化情境中，便自然按而然地表现出了一种关于"根性"文化的连续性。时至今日，虽然社会发展、生产力提高，人们掌握了更多的生存技能与科学知识来改变生活与命运。即使这种连续性出现断裂，但由于整体趋吉求福的心理没有改变，民众依

---

① 柯林·伍德. 精神镜像 [M].桂林：广西师范大学出版社，2006：40.

② 马知遥. 中国乡民艺术的精神镜像与吉祥表达 [J].民俗研究，2009（1）：159—165.

③ 张士闪. 从参与民族国家建构到返归乡土语境——评 20 世纪的中国乡民艺术研究 [J].文史哲，2007（3）：3—5.

然可以通过"集体无意识"的支配以及内化为行为举止一部分或者文化符号而继续认同。这也可以解释灿茶叶这项民俗活动依然得以形象而生动的延伸，并拥有强大生命力的原因所在。

（三）穿红衣

纵观人类的文明史，服饰文化的发展与演进，始终与社会文化的变迁紧密相连。虽然服饰的初始功效在于满足人类御寒保暖，但随着服饰文化的发展，继而产生了一套与之相匹配的精神文化。已不仅仅作为生活需要的器物而存在，相反，蕴含着经济、政治、宗教、伦理、审美、风俗、社会思潮等诸多制度、观念和价值体系等多方面意义。"单单物质设备，没有我们可称作精神的相配部分，是死的，是没有用的……器物和习惯形成了文化的两大方面——物质的和精神的。器物和习惯是不能缺一的，它们是互相形成及相互决定的"。①

天津城市历史较短，但是它在封建帝制下的地位、独特的地理位置与五方杂处的特殊人口构成，使得本地的民间服饰习俗具有鲜明的地域性特征。婚嫁时女性的衣着，新生儿和孩童的服装、"本命年"时穿着红腰带与红内衣习俗，都表现出天津人的服饰观念中喜红的情结。可以说，无论在节日之时还是日常生活之中，天津人对红色服饰都表达出了强烈的热情。并且这种习俗传承至今仍在民间得以广泛传播。天津人爱穿红衣的习俗，所表达出来的是一种心理和信念上的共同期盼：

首先，民间认为红色具有辟邪、纳吉的功能。格罗塞在《艺术的起源》一书中曾说："红色——尤其是橙红色——是一切民族都喜欢的，原始民族也同样喜欢它。在许多国家和一些民族中，红色有驱逐邪恶的功能。"②驱邪和纳吉本来是互为因果的，随着时间的推移，红色在民俗中的各个层面的体现，喜庆用红与辟邪用红已难以分清，但是给人们所带来的安全感却日渐加强。从人类发展史的角度来看，红色是人类从童年时代

---

① （英）马林诺夫斯基，费孝通译．文化论［M］．北京：中国民间文艺出版社，1987：5—6．

② （德）格罗塞．艺术的起源［M］．北京：商务印书馆，1987：47．

就一直喜欢的颜色，最初的崇拜源于血液对于生命的意义。而对于集体热爱红色、使用红色的现象，可运用荣格"集体无意识"理论进行相关阐释，这是通过"人类自原始社会以来所存在的普遍性心理经验下的长期积累"获得的。所谓"集体无意识"就是"或多或少属于表层的无意识无疑含有个人特性，我把它称之为'个体无意识'，但这种个人无意识有赖于更深一层，它并非来源于个人经验，并非从后天中获得，而是先天地存在的。我把这更深一层定名为'集体无意识'"。① 也就是说，人们喜爱红色的心理既不由个人的经验产生，也不是个人通过后天学习获得，而是与生俱来的本性。虽然红色本身只是客观存在的一种物理现象，但是它却象征着生命、太阳、血液、光明、热情、省力和吉祥等意义。人类在反复的经验中逐渐形成了一种本能形式的反应，如人类祖先本能地用火来驱赶野兽，随着时间的推移，这变成了人类赖以生存的本能，继而产生对火的崇拜。而对红色的"原始意象"也是如此，人类的祖先（包括他的人类祖先，也包括他的前人类祖先和动物祖先）刚开始是因为对生命的崇拜，而在认知世界的过程中，人类具有了对红的原始意象。这些原始意象经过无数次的重复，在人类的大脑中形成了难以改变的原型。换而言之，集体无意识"仅仅是一种潜能，这种潜能—特殊形式的记忆表象，从原始时代一直传递给我们，或者以大脑的解剖学上的结构遗传给我们"。② 人们对红色的渴望与认可本身就存在着一种原初模式，并依托于"种族记忆"形成"种族心理沉淀"，在人类的心理结构中，以一种初始的原型模式遗传下来。人们追逐着红色带来的对生命的美好愿望与祝福，并将这种心理模式和日常民俗相联系，逐渐沉淀于传统的民族审美意识中。

其次，天津民间喜红衣的习俗与妈祖崇拜密不可分。红色代表着热情，这与天津人性格中热情与豪爽的特质不谋而合，体现出了浓厚的地域审美需求。天后宫码头及三岔河口一带是往来于天津最早的南北商民落脚

---

① （瑞）荣格，冯川、苏克译. 心理学与文学 [M].北京：三联书店，1987：4.
② 韩莹. 红色遐想——荣格集体无意识 [J].青年文学家，2012（21）：252−254.

点之一。移民至此，五方杂处，妈祖的美德在潜移默化地影响着、改变着天津人的性格与风俗。当人们遭遇险恶风涛时，"纤云召阴，劲风起恶，洪涛腾沓，快帆摧撞，束手罔措，命在顷刻"。此时，却现"驾风樯浪舶，翻筋斗千秋……封爵遂綦贵，青圭蔽朱旒"[①] 的红衣神女，让人们看到了生的希望，重新鼓起与风浪作战的勇气。让他们形成了对外乐于助人、愿意施以援手，对内行侠仗义、注重团结凝聚的性格特征。而这种性格恰好可以与象征着热烈、热情、凤凰涅槃的红色最为匹配。尽管社会环境发生了巨大的变化，这种红火热辣的性格，已转化为一种性格符号和标志渗透至人们的血脉当中。红色作为地方文化性格的一种象征，还继续为人们所追捧。

再者，天津民间喜穿红衣的习俗是对妈祖着衣习俗的一种效仿。追溯历史，自明代设津为卫城后，着红衣习俗就一直流传至今。传说，妈祖对海难施展营救之时，最常穿的就是一袭朱衣，并在海上以红灯引导渔民安全上岸，因此民间有着"海上翻飞着朱衣"的记载。妈祖作为城市的万能保护神，其人格（或者是神性）已经同这座城市的命运紧紧相连，被民众视为仿效的偶像。最初，受"交感巫术"心理的影响，人们一方面用红衣习俗表达着对妈祖的思念与崇敬，另一方面，她们也相信若穿着同妈祖一样的服装定可以获得更大的庇佑。这种行为上的模仿至今犹在，在天后祖籍福建莆田一带，仍然有妇女着红衣、红裤"妈祖服"的习俗。天津人民在接纳了这种观念之后，将其与生活中的方方面面紧密结合，无论在娶妻、生子、过寿等喜事当中，还是在本命年需要避煞的特殊时期内，只要是对生活有美好的愿望与诉求，就离不开人们穿红的习俗。在妈祖诞辰前一天即农历三月二十二有向众人舍饺子，在妈祖诞辰当天即农历三月二十三向众人舍面的习俗。从事这项活动的群体以女性为主，由天后宫工作人员、天后宫的理事和古文化街商户共同组成，包饺子做面的时候要身着红衣，头戴喜字花，十分喜庆。本来这种习俗源自于古时人们对妈祖的祝福

---

① 刘克庄. 白湖庙，妈祖文献资料 [C].福州：福建人民出版社，1990：16.

与纪念，后来逐渐内化为天津本地民间的诞生礼习俗，"催生的饺子落生的面"，生日前一天吃饺子好落生，生日当天吃面有着长寿之意。而在民间，无论是家中喜得贵子还是老人做寿，无论年龄大小，但凡女性都要穿红衣，别红色饰物在发间。红色此时已经只是一种具象的载体，背后所隐藏的依然是与妈祖不能割舍的情感。天津民众正是通过"红灯照，穿得俏，红裤子红鞋大红袄"的穿衣习俗，来求的一种心理和信念上的与妈祖娘娘的感应与共鸣。随着时间推移，这种情感逐渐沉淀下来，并在民众之间广泛传承至今。

人类的社会生活是一个整体，为民众服务的民俗文化具有整体性与系统性特征，是一个民族在长期的生产、生活实践中逐渐约定俗成的习惯，沉淀着人们千百年来的经验总结、价值取向、道德规则。"风俗习惯对人的经验和信仰起决定性的作用，而它的形成又是如此的千差万别……每一个人，从他诞生的那一刻起，他所面临的风俗便塑造了他的经验和行为"。① 民俗本身具有较强的稳态性，使其即便是经历了社会层面上的巨大变革，只要观念上未曾发生改变，那民俗文化也不会失去传承的思想基础。天津，一座与水有着莫大渊源的城市，妈祖娘娘所散发出来的影响力在城市发展的脉络中起到了重要作用。天津的妈祖与传入之初的"海神"妈祖是同一位妈祖，却又在身份和认同上已经产生了本质的区别。天津的妈祖其"政治身份"已经逐渐在淡化，却兼具了求子、祛疾等"民间情感"。妈祖信仰已经作为一种彰而不显的文化符号渗透到了本地民众生活中的方方面面，构成本地民俗文化的重要特质之一。正是因为和民间生活的接近与融合，才使得以妈祖信仰为基础的皇会及其他民间俗信在不断的补充和完善当中传承至今，依然发挥着巨大的向心力与生命力。透过这些民间习俗我们可以看出，民众所追求的并不仅仅只是宗教信仰所带来的心理满足，也是一种对世俗生活的理想寄托。也正因同生活相结合，才使得

---

① （美）露丝·本尼迪克特著，何锡章、黄欢译．文化模式［M］.北京：华夏出版社，1987.2.

各种生发于农耕社会的信仰民俗在今日经济、文化都相对发达，并长期受到外来文化影响的大都市中有着较为稳定的保留与发展，并被民众广为传承。天津皇会作为社会意识形态的表现载体，它的传承基因具有鲜明的时代性、地域性特征，与之相关的民俗、城市文化性格、心理审美、是非观念、道德标准也随之体现得淋漓尽致。可以说，因为妈祖信仰及皇会文化中内涵和价值的精神沉淀，才形成了同民间百姓生活紧密结合的多彩民俗事象。同时，正因为民间力量对这类民俗事象的使用，才使得妈祖信仰和皇会文化得以有更多的机会在一代又一代人之间被传播和扩布。

第三节　皇会的当下生态

一、社会转型期内的天津皇会

皇会入选"非遗"名录的过程，体现着国家、政府对民间文化重视程度的提高。然而，我们也应该注意到，非物质文化遗产入选名录的产生程序与机制也是"一种公共文化的产生机制"，"（地方上的）个人活动就完成了向（国家）公共文化的转变，其中卷入了多种身份的当事人或利益相关者，表现为申报者、传承者、评判者（学术和政治的权威）和被代表者（中国、中国人）的复杂关系"①。也就是说，民间文化名录化的过程不但是一个被经典化、精英化、公共化、遗产化的过程，同时也是一个被项目化、政府化、官方化、建构化的过程。若使包括皇会在内的民间文化在被重新认定价值的同时，依然能遵循固有的发展规律而存活，不因"被发现""被入选"，而加快其"产业化""粗鄙化"，甚至完全被"肢解化"，杜绝因失去文化内核而丧失发展活力，最终淡出人们视野的境况，是当前"非遗"保护中亟须应对的问题。就天津皇会存在现状分析，以下问题尤

---

① 高丙中. 作为公共文化的非物质文化遗产 [J]. 文艺研究，2008（2）：78—79.

须重视：

（一）传统的皇会仪式与象征向商品化为主导的转化，导致同质化问题突显

尽管天津皇会已经被列入国家"非遗"名录，但是由于时空设置的转型，致使目前社会从皇会中渴望得到的利益产生极大变化。时空设置的转型是指时空设置从一种形态转变为另一种形态，也就是从传统形态转变为现代形态。[①] 传统的时空观是由农业生产方式决定的，因此也决定了民众具有保守的时间观念。对应在仪式中所表现出来的宗教观都经过整合的，并受道德约束，相对来说较为密封、固定。古列维奇也曾认为，"世俗的时间被剥夺了本身的价值和自主权……这一点在节日和仪式中表现得尤为明显"。[②] 而与此大相径庭的是现代形态的时空设置，这是以工业、商业为主导的，并不受小社区范围的约束，以一种世俗、开放的形态存在。然而，皇会属于两者中的何种时空设置，实在难做非此即彼的定位。或者说，它目前正是处在两者交换的关节点上，既受现代时空设置的影响，也具备着传统时空设置的形态与特征。换而言之，此时若不严格对皇会的发展方向进行合理的引导，很有可能会因受到现代时空设置因素的影响转向过分的商业化与经济化，而丧失固有的传统因素。目前皇会的时空设置中，参与者并不是以农民身份而存在的。随着社会生产力的发展和科技的进步，人们不再单纯依靠妈祖神灵来完成护海、求子、去疾等心愿，但人们对神灵的崇拜仍然是存在的，而这种崇拜恰是将其纳入自身的符号体系中的表现。可以说，在皇会的时空观格局中，传统因素与现代因素共同存在，但在目前的时间节点上，是以传统因素为主导，这也是为何皇会依然还具有原生态性的关键点。而如何能使得两种时空设置不产生矛盾，长期并存，传统中有现代性因素，现代中有传统因素呢？首先，应该认识到在时空设置转型内，并不能用一种因素全面、彻底地取代另外一种因素的存

① 高丙中．民间文化与公民社会［M］．北京：北京大学出版社，2008：191.
② 古列维奇．中世纪文化范畴［M］．杭州：浙江人民出版社，1992：167.

在；其次，传统向现代的转型也并不能做简单化的处理，要尊重其中转化过程的存在。

在认清楚皇会的时空设置后，就明白了目前皇会所处的时空设置下的转型问题与经济因素的影响与导向。现代形态的空间中，工商业的发展成了社会的核心，传统的日出而作、日落而息、四季流转的时空观不再对人们的生活有决定性意义。特定的时刻、节令失去了普遍意义上的重要性，生活被更多的其他的社会需求、娱乐、消费因素所占据。如：当商场、便利店林立时，人们不用必须来到天后宫庙会上选购所需商品；当交通运输日渐便利时，航运功能的相对减退使得人们向妈祖寻得庇护的机会减少；当医学技术发达以后，人们不再将祭拜神灵当作去疾求子的唯一方式；当全民共享网络资源的迅捷方便时，人们不再将皇会当做与社会接触、获取进步资讯、掌握更多社会资源的唯一途径；当传统社区解体后，花会作为保持社区凝聚力、增加村民守望相助情感的纽带功能被大大减弱。

这些现代时空设置上的转变直接导致了庙会、皇会、花会在社会功能上的转变。皇会本身所引导的经济商业功能不容小觑，但这一切是在精神性功能的基础上形成的。当皇会与之相关的信仰功能有所弱化时，在自洽性的作用下，皇会为了生存，内部必然会做一种自我调适，以另外一种方式存活发展下去。在此消彼长的自发状态下，功利性心态凸显，皇会必然会转到一种经济利益支撑、发展的模式下。

（二）参与皇会会种的组合扁平化，技艺水准亟待提高

在目前皇会所包括的会种中，基本以玩意儿花会为主，部分具有仪仗功能、公益服务性质的会种自 20 世纪 80 年代复会后便难寻踪影。目前，恢复的会种中以高跷会、法鼓会、秧歌会居多；其次为小车会、旱船会、中幡会、狮子会、少林会、竹马会、舞龙会、飞镲会、花鼓会、宝辇会、杠箱会等；较少的会种为门幡会、重阁会、篓子灯会、杠子会、落子会等；过去曾名震一时的茶棚会、水会却难现昔日光彩。产生这种“有选择性复会”现象的因素十分复杂，除了受经济原因影响，参会者受经济利益驱使，而更多选择光复有可能会获得资金回报的会种。若从深层分析，皇

民间稳态性研究——以天津皇会为例

会会种目前所出现的"单一化"还与皇会性质的转变和会种职能转变有很大关系。

封建帝制之下,皇会的举办更多的是统治者将君臣之纲、伦理道德等阶级意识在民间的一种"无形"渗透方式。民间力量在与国家权力的博弈之中,往往是相对弱势的一方,但这并不意味着这种力量微不足道。相反,这种作为各种关系与组织中象征与规范的文化,"正掩盖了在乡村社会中它的产生与运作过程。这一细微而复杂的进程充满着包括国家政权在内的各个不相同的社会集团间的相互竞争、妥协及自我调节"。[①] 杜赞奇也在对"权力的文化网络"的概念的阐释中说道:文化"包含着宗教信仰、相互感情、亲戚纽带以及参加组织的众人所承认并受其约束的是非标准。这种象征性价值赋予文化网络一种受人尊敬的权威,它反过来又激发人们的社会责任感、荣誉感……促使人们在文化网络中追求领导地位……"[②] 在此作用力下,信仰与仪式在文化网络中,不仅成为沟通村民与外界联系的媒介,也为国家话语权潜入乡村人民生活提供了渠道。然而,在人民当家做主的新社会中,国家与人民的关系不再是奴役与被奴役、剥削与被剥削、统治与被统治的关系,而是以一种公平、尊重、共享的模式和平存在。玩会儿的民众可以根据自身喜好进行选择,因此抛弃那些象征着身份悬殊,阶级对立的会种就不足为奇了,这主要表现在部分象征封建等级制度的繁杂冗复仪仗銮驾类会种中。特别是随着改革开放以来,经济活动的频繁对传统社会中文化资源配置产生了巨大的影响,民间传统中的仪式与象征普遍转为了具有经济意义的崇拜。民众不再受任何具有阶级性的意识形态的制约,按照自身的需求进行复会。

从"昨日"到"今天"的推移,并不是简单地从"历史"到"现代"的进化,也不是从"落后"到"发展"的提高,而是一种具体的社会发展的历史过程。皇会之所以能成为皇会,一定是通过其特定的社会交往规

---

① 郭于华. 仪式与社会变迁 [M]. 社会科学文献出版社,2000:73.

② (美) 杜赞奇. 文化、权利与国家:1900—1942 年的华北农村 [M]. 南京:江苏人民出版社,2010:21—22.

则、时间空间合理分布、经济和政治等多种模式的融合、人对文化与社会生活的理解等方面共同实现的。牵一发而动全身，社会环境的变化，必然会导致皇会中不同因素的力量与互动模式的变化。这种变化会影响传统文化，所导致的结果也不同，生命力不旺盛的文化，或许会淡出人们视野。但也有很多种生命力旺盛的民间文化，面对某些强制性的改造与历史剧变，只是导致其暂时消失在人们的视野中，并不会完全逝去。待到时机成熟之时，文化又会以其强大的生命力借春风之势，破土重生。玩意儿花会源于民众自娱自乐的精神需求，和现实生活息息相关，作为一种较为成熟的文化模式，深深地扎根于社会记忆中，纵然是面对战火、"文革"等历史事件的冲击也未曾消失，反而在"非遗"的大潮下，获得焕发新生命的机会。但是对于部分善会、仪仗类、组织协调类会种，往往是时代造就的产物，其社会功能已经被替代或不符合现代审美。如皇会中的茶棚会、粥会等民间组织，随着人民生活水平的提高，已经逐渐淡出人们视野，而被更加具有执行能力的国家慈善机构替代；出皇会时，黄绳会会员在路边拉起黄色的大绳，主要功能是保障行会秩序，阻止观会者因过分拥挤而阻碍道路。今日出会，秩序维持由当地警察和天后宫的工作人员来负责，较之过去更有秩序，更为观会百姓信服；水会、火会等在皇会出会中负责安保工作的会种，今日已被公安、武警及其他协管等政府工作人员所替代，并在皇会中为人民的生命财产安全发挥着巨大的作用；扫殿会过去由天后宫的道士及捐助皇会的商家富户组成，在皇会中的主要负责组织、协调、上通下达、请会提会、张贴黄报等事务，今日扫殿会组织已由组委会所取代，其功能与外延均有所扩展，在原有基础上还派生出其他社会功能，如对外的媒体宣传、招商引资、邀请两岸三地的其他妈祖庙会的参与、举办妈祖论坛、组织培养天津市内花会的出行、聚会、排练等工作，此组织目前由南开区政府、文化旅游局及天后宫工作人员共同组成。

但在对天津皇会的整体调研中也发现，目前复会会种仍是昔日胜景皇会中的冰山一角，部分具有鲜明地域性风采、技艺特征鲜明表演类型的会种，依然没有复会。在整体规模上，处于萎缩状态。20世纪80年代复会后，天津民间花会的数量曾经一度达到四百道，但今日数量已不足百道。造成这种状况的原因有多方面，简而言之，一方面是因为这类老会在几次复会大潮中，恰逢会中人员青黄不接，没有赶上复会时机。然而随着时间推移，会中老会员的不断故去，技艺一旦逝去，传承一旦断档，便会导致后继无人的现象；另一方面，部分曾经因难度较高绝技闻名于天津民间的会种，在经历过抗日战争、"文革"等历史事件长时间的中断后，元气大伤，部分"绝活儿"遗失，再难拾起，导致今日"泯然众会矣"的境况。另外，部分花会在这些事件中，经历了表演器具被破坏、会所被收回等情况，纵然是再想出会，因为没有执事儿与"下处"无法练习，也是举步维艰。

（三）皇会举办模式转变所带来的政府中心化

首先，造成民众在参与时热情不高。虽然也有过去出巡散福的仪式，但却因交通、治安、环保等因素的制约，由以往行会、赶会、跟会的模式演变为主席台模式为主。目前，皇会表演的主席台设在娘娘宫东门戏楼外张自忠路对面与海河之间的空地上。每逢皇会会期，张自忠路、十二米路至水阁大街之间路段会戒严，出巡时，各道会要出娘娘宫宫门，在主席台表演之后才开始正式行会。会场布局模式与现行政治性会议所惯用的模式基本相同，一般正中央是节目表演场地，表演者对着主席台表演，主席台是最佳观点。绝大多数民众不能进入小会场，并因设有隔离栏杆，只能站在较远处观望，只有极少数的民众能有入场的机会。如此的会场安排使得皇会万民同乐的意味极大减弱，在政府官员与民众之间无形中建立了一条身份和地位差异的鸿沟。皇会是天津人民生活文化精粹的集中体现，也反映着国家的价值取向与民族精神状态，是国家与民间社会、政府与民间百姓、传统文化与现代文化之间关系的风向标。国家参与民间庆典活动的初衷，实际上是希望通过其代理人参与到同乐的环境当中，以传达国家对民众的关怀，从而获得广大人民群众对国家及其政策的信赖，并达到共建和谐社会的终极目的。然而，主席台模式的出现，成为政府官员与民众之间的一道不能逾越的鸿沟，从空间上造成了身份、行为方式之间的巨大差异，反而导致了民间与官方难以实现真正的平等交流。这定会打击那些远道而来、想在仪式中看到本村会"露脸"的民众的热情。而官员们因为认知水平、审美情趣和文化态度的不同，对皇会的定位难免过于"官气"，使皇会处在一种被定义的状态，而不是以民众自发举办、自行选择的模式发展。如，在 20 世纪 80 年代，锦衣卫桥和音法鼓在表演时就做了如下改革：

"我们会曾经做过几个改革，第一个改革，在复会后的各种庆典中，像五一、十一、阳历年等，我们会行会到主席台时，由过去的坐着敲、站着敲改为在行进中敲，还蹦着表演飞钹、飞铙和最精彩的上擂。像原来一样敲不行啊，主席台不动，我们表演的就得活动起来；第二个改革，在天津市第一文化宫有一次表演时，把法鼓搬上了舞台，改名为《战鼓》。这由天津文化馆里一个叫王跃文的馆员给我们'导演'的，据说还是当时上级亲自审批同意的。"①

当问询对这种表演方式是否认可时，他们纷纷表示"也没有什么不好"，但问询在自娱自乐的表演中，是否也是以此方式表演时，他们却一致摇头，并坚持以传统"坐敲"的表演方式进行演奏。

另一方面，表演时间的缩短、表演空间的限制，致使很多花会的传承技艺产生流变。以杨家庄永音法鼓为例，这是一道有着二百多年历史的老会，曾经历次被邀入皇会会道中。他们演奏技巧高超且独具特色，最早为"文敲"，后改为"武敲"。所谓文敲，主要是以音乐的动听和较快的节奏韵律为特点，以坐敲为主，表演动作较少。武敲是指在演奏音乐的同时，增添了大量表演动作，尤其是在上擂②段中增加了飞钹飞铙的动作。永音法鼓共有六套曲牌③，过去演奏时多为坐敲，只有上擂时才站起来表演。

---

① 据锦衣卫桥和音法鼓老会会员恽恩甲口述，采访时间 2012 年 5 月 4 日。

② 上擂是整个表演中速度最快最激烈也是最精彩的音乐段落，最早人们称上擂为"上力"，取用力演奏之意。有时也称为"上累"，有卖力演奏，劳累身体的意思。上擂是法鼓中演奏的最高潮，动作伸展，鼓点绵密，情绪激烈。过去出会时遇见截会者，为了节省时间，就只表演最精彩激烈的上擂。

③ 曲牌也称套子，杨家庄永音法鼓有六套：《富贵图》《阴阳鱼》《对联》《四时如意》《八卦图》《绣球》。

曲目也因搭配不同而演奏时间长短不一①，敲一品、二品需要近一个小时，敲最短的单套也要十分钟左右。但是，随着出会时间的大幅度缩短（一般只有6—8分钟），只够敲一个单套加一个上擂。而大多数较长的曲牌因平日疏于练习就会导致生疏，甚至在年轻的会员中出现只会演奏单套的情况，过去那种法鼓"慢慢敲，细细品"的演奏方式已经被今日只表演精彩的方式所替代。或许这对进行舞台表演不会产生影响，但是从花会艺术的长远发展来看十分不利。任何一种民间音乐和民间舞蹈表演技艺，都是以人的身体为载体，只有演奏者将身体上的技艺勤加练习，脑海中的记忆才不至于被遗忘，民间文化才能够传承下去。一旦技艺在一代中产生断档，那过后此技艺就再无人识。会员们急切盼望出会时能够给予更多表演时间，这样才能督促在平日练习时将部分较长较难的曲牌进行练习传承。

表演场地的限制也会导致了民间文化发展中的窘境。首先会导致会员技艺不精，甚至表演中"滥竽充数"情况的发生。据观会的群众反映：

"我是老'会虫子'，但是我不会演。我爷爷那辈儿是玩会的，小时候我整天往'会窝子'（会所）里钻，那阵记得他敲铙。我也会点，玩得不好，因为我们村的会没了。但我平时爱看表演，基本哪里有演出，我都跟着去看。不过我觉得现在这种方式和原来不一样了。有时候上面（主席台）一喊开幕，下面的会都玩命儿地敲，根本听不见是哪道会发出来的声儿，更别提是锣声儿、是铙声儿还是嘛声儿了。热闹倒是挺热闹，可是听

---

① 杨家庄永音法鼓有以下几种敲法：

一、首品，指上擂。上擂，节奏最快、动作最多的表演，可称为演奏最高潮。

二、一品，指六套曲牌全部演奏，且在每套曲牌中的过渡要用咬五套连贯，咬五套之前需要敲常行点、转套子点这些连接段。

三、二品，和一品大体相同，只是将中间过渡段的常行点和转套子点省去不敲。

四、满堂，按照顺序打六套曲牌，最后上擂。

五、单套，敲《绣球》和上擂。

六、双套，敲《对联》《绣球》和《上擂》。

七、前三套，敲《富贵图》《阴阳鱼》《对联》和《上擂》。

八、后三套，敲《四时如意》《八卦图》《绣球》和《上擂》。

不出敲的是嘛谱、嘛段。关上门说，现在就算敲错了也没人能听明白。"①

不但花会的表演者期望能多有时间进行排练，改变现在会内传承中的"速食化"危机，作为观会的群众，也期望能看到不是只有热闹，而是考验真本事的技艺再现。除此之外，由于场地限制，出会时仪仗的规模、人数、设摆（文场）和武场的规模也被大大地简化。

"过去能出 20 人的，现在只能出 10 人。我是尽量让大家换着上场，争取让每个人都有表演的机会，有时候场地太小，我们设摆的仪仗，只能对半儿减。有一些常年不动的，再一动都碎了。"②

皇会仪式的变迁、花会表演过程的简化，是当今各道会中普遍存在的情况。从小处着眼这不利于会中技艺传承的广度与深度，阻碍了人们对带有历史性的物质文化遗产的欣赏与共享，从大处着眼，这不但是非物质文化遗产传承中的一个巨大隐患，更加不利于玩会者、观会者这些民间团体与政府之间关系的处理。

另外，天津皇会历经几百年发展至今，无论从会的内容、组织形式、性质、内涵到参会人的组成结构、参会心理都发生了巨大的变化。同皇会本质的转变不同，民间花会依然是在民众自发参与、自主传承下完成的，依然体现了浓厚的自发性、自由性、自主性、自娱性、自助性，表现出了较为稳态的特征。但是，无可置否的是：转型期内皇会文化的变迁不但体现在皇会仪式本身上，诸多民间花会作为天津皇会的重要组成部分，也在经受着巨大冲击，其存在现状不容乐观。

二、社会转型期内天津民间会组织的存在现状

在全球经济一体化的形势下，生发于农耕文明的民间文化，正面临着大面积被遗忘、被破坏，甚至是消亡的严重威胁。这种情况的发生，已经深刻地影响到国家民族的未来发展。长期以来，民间文化遗产赖以生长及

---

① 据皇会知情群众张某（不愿透露姓名）口述，采访时间 2010 年 9 月 26 日。
② 据西码头百忍老会时任会头殷洪祥口述，采访时间 2010 年 11 月 21 日。

存活的农耕文化及其相关的自然环境和社会环境发生巨大变迁，主要体现在城镇化进程大面积推移、大规模人口流动、多媒体的普及及全民信息化水平提高等方面。同时，掌握着民间文化记忆和技艺的艺人正在日益老去乃至死亡，新的传承人还没有做到技艺精通、有所传承，这些因素都使得民族的"文化记忆"出现青黄不接，乃至断层的局面。下面将以点及面，就目前天津花会的存在现状进行分析：

在保存状况良好的传统社区，"老门口"的民众还会常来"捧场"。

（一）传统社区解体，导致部分花会解散

随着科技的发展、社会的变迁，传统形式的社区已逐渐解体，居民的居住环境、生活习惯、职业、个人需求等都随着时代的发展而发生了翻天覆地的变化。按照现代民俗学理论分析，人类文化有最基本的两个层面：一个是表层文化，一个是基层文化。表层文化是上层文化，有的还冠之为精英文化；基层文化被称为地质文化，是指与民众生活息息相关的民俗或泛称为民俗文化。不同文化层面所持有的文化立场观念是有区别的，这也造成了对同一事物不同的价值评估尺度。

"过去啊，老门口上的人，无论大人小孩，只要这老三点儿一响，手上干着的活不干了，吃着饭的扔下饭碗就去看。门口还有几个老太太，一听见我们动静响了，她们就带着凳子沏上茶叶坐边上看。专门给我们会挑毛病，看谁错了一个步伐、看谁少了一个动作，眼可精着呢。现在和过去可是完全

不一样咯，我们不敢在小区里练，怕扰民，跑到河边的小公园里去练。过去人是一天不听着锣鼓声儿就好像少了点嘛，现在大多数人都觉得太吵了。"①

入会会员大都由村落中的村民构成，这种建立在共同地域基础上群体之间的文化认同感，和会员身份归属感和自豪感，是立会之本，发展之源。居住环境的置换、迁徙，居住形式私密性、独立性等格局的变化，人们情感的淡漠化，一改往日情同手足、守望相助的传统居住民俗模式，老乡土观念形成的老乡亲关系被新地缘观念所生成的新邻里关系取代，新形成的社区并没有留下关于皇会和花会的美好记忆，他们对会这样一种"陌生的事物"是站在另外一个文化立场来看待，表现出的态度基本是不认同，甚至存在一定的排斥心理。还有一部分花会，因为传统社区的解体，会员们搬离到较远的地域居住，导致会员之间联系较少，最终致使花会会员不齐，出会困难。作为在一定地域中的民俗形式，会从本质上来讲是一种民族精神构建的内在凝聚力的体现，一旦孕育会文化的土壤消失，输送养分的"根"就会枯竭。

（二）生活模式的转变，导致出会机会变少，失去文化土壤

调研中，据会中老人普遍反映，现在出会的机会较之过去减少。过去村村有庙，对于部分参加不上规格较高皇会的会种，也有机会参加本村和邻村的庙会。每逢丰年，村中的各道会还会组织到一起，自娱自乐，敲敲打打一番。春节、元宵节、中元节等节日中，也会组织村落范围内的行会、游神活动。另外，天津民间的大部分花会还有在冬季自娱的习俗。

"我们这一带基本都是种菜园子的，过去到了冬天，地里没嘛农活了，我们就组织组织人，在会所里关上门坐在一起敲敲打打，有时候是拍手呱，有时候是用家伙，这叫'坐敲'，有时候一敲就是一上午。"②

然而，随着人们娱乐方式发生改变，由以往单一的娱乐方式变为今日的科技化、多元化、现代化，人们的注意力更易被声光电科技、互联网络

---

① 据西码头百忍老会时任会头殷洪祥口述，采访时间 2010 年 11 月 21 日。
② 据锦衣卫桥和音法鼓老会时任会头张恩惠口述，采访时间 2011 年 10 月 9 日。

等新型娱乐方式所吸引，而不再钟情于传统艺术。生活模式的改变，也使得很多年轻会员没有更多的时间，全身心地投入其中。然而，任何一项非物质文化遗产都是凝结了千百年以来民众集体智慧的结晶，都不是一朝一夕练就而成，这需要练习者有强烈的兴趣，通过大量的时间来耐心研究和实践。随着出会次数的减少，一道道会被社会、民众认知的机会就会减少，会与会之间技艺的切磋与竞争的机会也会减少，若任其发展，最终定会逐渐淡出人们视野的结局。

（三）传承机制产生流变，导致传承后继乏人窘境

天津民间花会作为一种生发于农耕时代的民间文化，传承机制也具有鲜明时代特征，基本以师徒传承、家族传承为主，并具有鲜明的地域性、

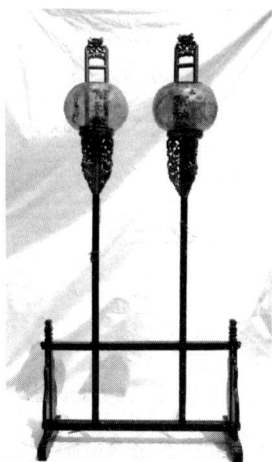

西码头百忍京秧歌老会中现存
的清代角脂灯（王晓岩摄）

集体性特征。经过历史的变迁，在城市化进程中，传承方式在承袭传统的基础上，发生了前所未有的变化。受"文革"和自然灾害的影响，在 1959 年至 1982 年之间，整个天津的皇会和其他的花会组织，一直处在一种休眠的状态，既没有训练和演出，也没有招收新会员。20 世纪 80 年代后，天津花会重新恢复。但在花会停止活动的这些年间，会中的部分老人相继离世，而凝聚在他们身上的技艺和脑海中的记忆也在来不及传承散布的情况下消逝。传承机制的流变具体表现在以下方面：

由过去师徒传承、家族传承的机制转变为全民共享的传承机制。过去花会密集，会与会之间竞争激烈，因此，大多数会种对自身技艺保守，在技艺传承时，按照师传、家传或两者相结合方式进行。然而，随着社会发展和人们生活方式的转变，大部分年轻人不愿意学习没有任何经济收益的花会技艺，或者热情持久度不高。目前寻找下一代对花会有兴趣的传习人已经成为当务之急，"传承后继乏人，大师无良徒可教"是目前天津花会传承所面临的困难之中最为迫切的一个方面。

冯骥才曾经说过"现在真的非常需要年轻人能够站出来捍卫本土文化。当然，我们也为很多国内民间文化守望者颁发过纪念牌，但这样的人还是太少了，而且他们已经太老了，我们需要更多的年轻人来接班"①。老会会员已经改变过去传内不传外的思维模式，纷纷表示只要有人学便会倾其所有进行传授，毕竟在他们看来"不能让会毁在自己手里"。

但在传授技艺中，也不能忽略花会独特的"群体性传承"方式，其传承方式同部分"非遗"文化还有差异。如年画制作工艺中，需要纸张、颜料、刷子等部分辅料，这些物品一方面可以通过购买获得，也可以传承人自己制作一部分。但是技艺方面，如勾、刻、印、绘、裱等各方面却可以独自完成。但是花会必须是几人甚至几十人共同表演才能完整，要注重互相配合，并在平日练习中不断磨合。以法鼓会表演为例：武场表演器具为鼓、钹、铙、镲铬、铛铛五种乐器，表演时需要打鼓手1人，打铙者、打钹者、打铛子者、打镲铬者至少各2人，群体合奏才能演奏完整曲目。若让各乐器演奏者在无配合的状态下分别表演，根本不能顺利进行。就目前的传承状况而言，各道老会已经认识到群体性传承的重要意义，因此在传承中，除了教授每个人的技艺外，还需要将会员分批、分组传授，以便同组内人员磨合，形成良性竞争。

（四）表演器具制作工艺的失传，迫使部分花会前场消失

过去会中的表演器具都是按照传统复杂工艺有专门的作坊制作而成。过去行会表演时间较长，很多时候会行会至深夜，但由于照明设施不完善，每道会的前场中都有具有照明功能的角脂灯，如在灯图、茶炊子、鼓箱子四角上就会使用。角脂灯内部可放置蜡烛，晚上行进时宛如一条火龙，十分壮观。茶炊子表演非常考验会员的基本功，在表演者上下起伏的叠步中，烛光随着人的起伏摇曳生姿、忽明忽暗且保持不灭，若繁星点点。角脂灯重量极轻且外形美观，方便因长时间行会而不会增加额外重

---

① 冯骥才.要有民族文化情怀，抢救民族文化到了关键时候 [N].北京日报，2011－5－26.

量，制作工艺①十分复杂，民间有专门的能工巧匠按照独特工艺制作，过去在一般的戏剧用品商店中较为容易买到。但是随着夜间出会机会的减少、照明设施的提高，角脂灯的需求日渐减少，其制作工艺也逐渐遗失。目前，角脂灯罩已换为玻璃灯罩，中间的蜡烛也换为灯泡照明。这些传统工艺的失传，使得部分挑茶炊子的基本功展示大打折扣，不再注重细节上的技艺，再难看到细腻、独特的表演。如：以何种步伐能保持蜡烛不灭又忽明忽暗、以何种方法能保持蜡烛烛光往一个方向摆动，或多个方向摆动。另外，部分有着繁复传统工艺的器具难以找到维护的途径，随着自然的风化和人为的破坏，已经面目全非。特别是前场中的部分道具，因得不到及时的修葺与维护，在出会次数的减少之中，逐渐束之高阁，为人们所遗忘。

花会作为一种生发于民间、发展于民间、繁荣于民间的宝贵文化遗产，几经繁荣、几度没落、几经浩劫、几度复兴，至今仍以活态状态传承，且没有被商业化和产业化，没有迎合屈就于市场，没有跟风媚俗转变体制，实属罕见。一路走来风尘仆仆，步履艰难，存在现状不容乐观，不但花会行会方式、表演方式、民俗含义、文化空间、文化认同发生着历史性的变异，会中的物质性文化遗产处境也十分危急。具有浓厚地域文化特色的老会，是地域认同的一种表征，是维系"乡音""乡情"的绵绵纽带。如何在转型危机中传承有望，涅槃中重生？如何在日益现代化的社会中，发挥更加迷人的魅力？并保持固有的原生和本真气质，不因经济的引诱而迷失，甚至消失于无形，这些都是在全球化时代下必须考虑的问题。

三、皇会中的文化变迁

文化变迁是人类文化的本质属性之一，是一个极为复杂而具体的有机

---

① 首先要用牛角削成片状，随后借助特殊的模子粘起来，外部用高温烫。经过此道程序后，衔接的缝隙可以闭合，并可按照要求随意制作形状。

过程。人类学家克莱德·M.伍兹对文化变迁这一现象的阐述是："文化内容和形式、功能与结构乃至于任何文化事象或文化特质，因内部发展或外部刺激所发生的一切改变"①，并认为"变迁为一切文化的永恒现象，文化的均衡稳定是相对的"②。而为妈祖祭典举办的皇会仪式所呈现出的是较为稳定性的一面，虽经历过悠悠百年但民众对它的热度不降反升。这种现象是由多方面原因共同促成，与国家与民间的持续互动有关，与不同阶级人群、不同目的初衷的合力促成方式有关。因此，皇会可被认为是一种较为复杂的文化现象，在具体的人群中的表现形式也不尽相同，它既是在特殊场合情境下所进行的一场庄严神圣典礼，也是具有世俗功利性质的仪礼，还可以被认为是一套由国家意识形态利用的权利技术手段。针对皇会所存在的文化变迁，今日应该以一种公平、客观的态度来看待，并认识到：变迁的速度和表现形式在不同的情境下的表现方式虽然不尽相同，但在所有社会文化系统中却一直是一个永恒不灭的现象。这也可以解释，为何皇会在具体表现形式上有所改变，但是本书仍然认为它所表现出来的，还是其发展整体走向中较为稳态性的一面，或者是说文化保持少变的发展趋势。但无可置否的是，其中所表现出来的文化变迁特性是存在的。导致皇会中文化变迁的主要因素有以下几方面：

（一）任何文化变迁都是人类文化的本质属性之一，皇会中的文化变迁是事物发展的必然结果

变迁作为一切文化和社会制度中永恒存在的现象，是保持事物发展生生不息的重要动力与源泉，而创新被认为是所有文化变迁的基础所在。任何细微环境的改变都有利于新的思想模式和行为模式的改变。人最大的能力就是会创造思维与改变思维。而人类发展至今，其存在的环境不可能是一成不变的，相应地，既定的社会中的个体成员以新的方式对环境变化做

---

① （美）克莱德·M·伍兹著，何瑞福译．文化变迁 [M].石家庄：河北人民出版社，1989：4.

② （美）克莱德·M·伍兹著，何瑞福译．文化变迁 [M].石家庄：河北人民出版社，1989：6.

出相应的反应时，创新就开始了。创新的过程也极为复杂，包括采取长期变异、发现、发明和传播等形式。当然这种反应并不是出现一次就会产生文化的变迁，而是被足够数量的人接受，并内化为民族的共有习惯行为模式特征之一时，实际的文化变迁才会发生。如天津民间高跷会过去出会时，所用"腿子"底部的皮是铁的，为的是在土地上表演不打滑。但是现在随着市政基础设施建设的不断完善，马路基本已经改成了柏油路，过去的"铁爪子"在表演时，不但起不到稳定作用反而极易打滑。现在所有的高跷会基本已经达成共识，将腿子上的铁皮已经换为了胶皮，单从这一点来说，实际的变迁已经完成。无论"铁爪子"改为"胶皮爪子"的行为是来源于选择性借用还是创新，总之只要是接受一方认可文化中的相对优越性、适应性及可行性就可以了。这也可以证明，并不是所有的文化变迁都是倒退的、质变的或者是具有消极意义的，相反，这种现象在文化的发展中极具积极的意义，是一种更加适应环境改变的表现。

（二）由外部因素影响所导致的文化变迁

"变迁一般是由社会文化环境或自然环境的改变引起的。这两方面的变迁经常是同时或先后发生的"[①]。当社会文化环境或自然环境发生了改变，个人若要适应变化中的环境，就必须进行与之协调，从而进行相应地"创新"[②]。皇会作为一种文化文本，促使发生变迁的社会环境因素并具有实质性的意义主要涉及几个层次：首先，导致皇会发生文化变迁的因素也是最为重要的因素就是新政治制度的出现。继 1936 年皇会之后的下一次大型妈祖祭典仪式的时间为 20 世纪的 80 年代，两次祭典仪式在时间上相差了近半个世纪之久。新的祭典仪式与传统之间相差的并不是形式上的改变，更重要的是社会意识形态及政治制度的改变对人们的生计方式、思维模式及行为模式上所带来了巨大的影响。相应地，人们对皇会的价值评判

---

① （美）克莱德·M·伍兹著，何瑞福译. 文化变迁 [M]. 石家庄：河北人民出版社，1989：22.

② 伍兹认为，创新是个人适应过程的源泉，它采取长期变异、发现、发明和传播等形式完成。

标准有了新的改变和诉求。统治了中国几千年的皇权倒台，人民在新社会中翻身做主人。因此，新的社会意识形态下，皇会中象征着阶级秩序的"皇"字因素必然会被剔除。取而代之的是，皇会作为一种民俗意义的提升及文化符号的表达。这也是在新时代中，妈祖信仰的外延与内涵得到深化，皇会仪式的吐故纳新、增添适应时代发展的文化因素；其次，在由农村至都市地区的大规模演进过程中，村落的社会结构被改变，民间会组织作为在村落中具有稳定传承性民俗活动的地位被撼动了。曾经象征每个村落社区中家族传统延续、村落形象认定、理想人格模式的"神圣秩序"被打破。作为传统村落中的民众能否被选入至皇会仪式及相关的会组织中去，也是评论其是否存在于"神圣秩序"内的标准。延伸至皇会中，这种现象的具体表现形式之一——参与皇会的民间会组织多以"乡亲会"的形式进行传承与发展。在有民间会组织存在的大部分传统社区中，基本都有"年轻人就应该参加玩会""要玩会就应该守规矩""品行不好的人不让玩"等规矩。这种"神圣秩序"被安排在一种常识性的框架之中，并受到村落舆论的广泛赞誉与承认。相应地，能否获得村落中人们的普遍尊重，就在于能否尊重具有普遍认同感的"秩序标准"。而随着传统社区的解体、社会生产方式的改变，人们一改往昔守望相助、互帮互助的生活格局，人与人之间的依附关系变得不再那么紧密。深藏着村落集体记忆的"神圣标准"被打乱、被重构甚至被遗弃，昔日作为民间叙事文本的民间会组织也变得不那么重要；再者，外力因素中还包含着诸多偶然性或者阶段性因素，如政治上的冲击、经济上的冲击、战争方面的冲击、法律上的冲击、自然灾害的冲击及某一时间段的特定制度等。如农耕时期，人们普遍在时间支配上有较大的自由性；在20世纪80年代初期的中国，受计划经济体制的影响，只要街道开取玩会的证明，单位就会批准会员可以带薪请假，所以当时有大批的年轻会员参加皇会；随着社会化大生产的不断发展，人们的生存压力、竞争压力逐渐变大，更多的年轻人没有时间和精力参加皇会。"我们会里有几个年轻人喜欢玩会，但是没时间玩，你得按点上班按点下班。玩会是大家伙儿一起的事情，得常在一起训练，谁能为了玩会丢了工作。现在工作多难找。有几个年轻人稍微清闲点，干快递，送完了货赶紧来。现在会里时间能保证住的就是我们这些退了休的老头们"。① 生存的巨大压力，使得当代皇会在传承中面临着危机重重，更多的年轻人为了生计不得不做时间支配方面的调整。以导致参与皇会人群中年龄阶层的断裂。

（三）由内部因素影响所导致的文化变迁

当然，导致文化变迁的外部刺激外，其内部的发展也是导致变迁的原因。在通常状况下，外因的变化会引起内因的变化，内因在某种情况下会以外因的形式表现出来。如外部社会意识形态的变化必然会导致人们审美需求与心理价值的变化，特别是在大规模城镇化、现代化不断加速的过程中，必然会导致"个人从传统的生活方式进入更复杂，技术上更加先进，变化更加急速的生活方式"②。如以家族形式进行技艺传承，是皇会中技艺传承发展的又一重要方式。中国是以家庭为本位的社会，家庭是社会存在

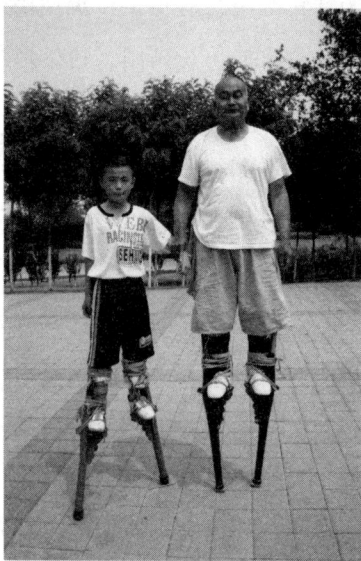

训练中的祖孙二人

（西码头百忍老会会员顾宝地及其外孙）

的基本单位，家族是大的家庭聚合体。19 世纪中叶以前，中国的家庭基本以一种相对稳定的状态存在。但是随着近现代文化的发展、新思潮的影响，19 世纪中叶以后，中国的家庭关系整体呈现日益松动、功能日益消弱的趋势。随着父子关系的融洽并逐步趋于人格平等，子女的独立人格和意志得到了一定程度的实现，这也导致了会组织技艺传承时"子承父业"

---

① 据西码头百忍京秧歌老会时任副会头卢洪义口述资料整理，2011 年 11 月 20 日采集。
② 叶鞞明．远去的记忆——闽南平和县春节习俗的人类学调查 [J]．漳州师范学院学报（哲学社会科学版），2005（3）：126－131.

"父一辈子一辈"传统的打破。纵然是家族出过"大人物"的家中孩子，也可以根据自身的兴趣选择玩不玩会。同时，某一时期下国家政策的实行，如计划生育、提倡男女平等①等措施，也使得村落内玩会人口的基数（参与民间会组织的只能为男性）有了不同程度的下降。

　　皇会作为一种既有神圣意味也有凡俗意味的独特载体，它所承担的功能并不是一成不变的。目前的皇会仍以一种相对稳态形式存在，但这并不是说没有发生过细枝末节上的改变。相反，我们应该认识到妈祖祭典仪式作为非物质文化遗产中的一种，它传播的过程本身就是一种活态流变，是继承与变异、一致与差异的辩证结合。皇会中体现出来的变异性只是在大的文化变迁背景下的一个环节，我们并不能目光短浅地只看到这一点，而应该放到一个更为广阔的时域范围内去做整体的观察。一方面，在皇会存在的这几百年之间，经历了多次的社会环境及自然环境变化，自身必然会为了适应环境变化而必然会在与现实村落生活的互动中做出适时的调整，某些创新的过程较为复杂且漫长，需要一段较长的时间来印证。另外一方面，就算是某一种文化所发挥出来的社会功能已经弱化到不足以维持文化正常存在的程度，但因文化自身具有较强的惯性，文化依然可以依靠这种力量在生活中得以较长时间的延续与存在。

第四节　皇会对民间文化研究的启示性

一、皇会研究对当代民间庙会稳态发展的普适性意义

（一）稳态性是在民间庙会文化中普遍存在的性质

　　皇会中所表现出的稳态是一种相对稳定的形态。所有的民间文化都有稳态性的一面，稳态的实现需要依托于一种背景，而这种背景就是农耕文

---

　　①　随着男女平等规定的实行，使得传统观念中男子才能延续香火、传宗接代的思维被打破。因怀孕是女孩而被迫流产，甚至溺死女婴的现象有所减少。

明。农耕文明时期的社会结构相对稳定，因此，民间文化的生存背景、文化空间都鲜有变化，并以一种相对稳态的状态存在。

皇会所体现出的稳态性，在今日农耕社会迅速向工业社会的转型期间，大部分民间文化正面临断裂式毁坏的现状中，的确是较为罕见的特性。所谓稳态性，是深藏在部分非物质文化遗产中，无论保护不保护都会顽强地传承下去的一种惯性较强的文化现象。有些文化比较脆弱，尽管也有惯性，但受主体社会关系的剧烈改变，很难进行传承。皇会以惯性传承至今，不但皇会个案有此特性，庙会仪式作为民间文化的一部分，所表现出来的也是以一种整体稳态性存在着。庙会所依附的文化空间——传统村落已经发生了改变，但是民众依然从各处聚集来到一处集体玩会，这正可以揭示出庙会当中普遍存在的稳态性特征。从民俗学角度出发，庙会作为一种民间仪式文化传统，实际上是普遍存在于民间社会中的，而且是伴随乡村的发展而发展的。但是这种仪式传统有一个根深蒂固的特点，就是一律地使得每一个自我、每一个个人进入一个历史的、地方社会的"大我"当中。而且，这些"小我"在仪式的过程中，获得了一个展示自我的机会。也就是说，在日常的生活中，每个人已经是社会的一个份子了，也是有角色扮演的。但是在仪式中，每个人又重新寻找到了一个角色在扮演。个人的身份认同的需求，和整个地方社会对自我展示的一种需求结合了起来。每个人要想进入，首先要展示的还是自我的地方社会，也就是参与了一个地方社会的身份的展示。在这个地方社会里面，又有个人的自我展示。所以，这两边都有动力，一个地方社会有一个自我展示的、成长的动力，一个人也需要依托于这个地方社会来展示自我，地方社会的展示自我，又需要从另外一个更大的范围内展示，而这个范围就是帝制国家，也就是作为帝国隐喻的认同中。也就是说，这是一种身份认同的方式，两种认同之间是有相互联系的，是一种逐层身份认同的集中的仪式活动。这种认同并不完全反叛于日常的生活秩序，它同时又是日常的一种身份包装，如什么村的什么会。这种认同可能平时就建立在日常的生活中。本书认为仪式活动可以用自己的理念来说，这是一种身体语言现象，不是书面语言，要求身体介入、身体力行的去接触。在这个介入的过程中，既被人教育、也在教育着别人，既接收着别人的信息传递，也传递给别人信息，这个仪式非常独特，每个人都是双重的身份。既是表达身体认同，也是表达公众期待的一种身体语言。正是这种认同感的存在，因为精神内涵的稳定，所以庙会中表现出来的稳态性特征较之其他民间文化而言更加强烈，更加不容易改变。

（二）地方信仰场域是任何民间庙会稳态传承的必备语境

庙会文化并不是个人的行为，而是人们在共同的心态、语言、信仰与行为模式下所进行的集体传承，并借助庙会的场来完成传播与扩布。所有的到场者，无论是何阶层，都在有意无意之中成了接受者以及传承的对象。天后宫庙会及各种民间会组织的表演集会场所作为皇会稳态传承的必备语境，为妈祖信仰本身传播、皇会稳态传承及相关民间艺术的发展提供了重要的场域。而借助场域进行传播，本身就是民间庙会的一种最为有效的传承模式。庙会能否坚持下去，就是能否把包含在其中的各种有传统因素的文化与习俗继续传播。相应地，民间庙会或者民间集会消失了，这种最为本真的传承方式也就消失了。因而，重建民间庙会的场域是一种具有普适性意义的方式，在民间庙会的保护过程中进行深入推广。另外，通过场域进行传播的过程，也是发现、提炼民间审美元素的过程，若能对这些方面进行研究，便可为整体庙会保护工作提供更多的指导意义。也就是说，在保护的过程中不但要保持一种欢快的仪式或者外壳，也要注意到其中哪些因素是传承之本、传承之根，是应该牢牢抓住不能改变的。对皇会传承场域中，所表现出的保持其稳态性因素的提取，可为其他民间庙会的发展传承提供良好的启示与借鉴作用。

（三）民间庙会的研究需用多学科、多角度的方式完成

皇会作为一种内涵与外延十分丰富的大文化系统，其中所涉及的民俗及非遗项目种类繁多，既有非物质文化遗产又有物质文化遗产，若没有可靠坚实的理论和学术基础的支持，没有统一量化的标准，很容易在调查研究时造成良莠不齐、价值不辨的后果。首先，要利用民俗学的理论与方法。民俗学始终是感受之学。若从民俗学的基础理论出发，研究皇会的重要性与首要性就是要把研究主体的感受和皇会的参与者（行动者）的感受勾连起来。具体而言，就是把研究主体的感受——皇会的稳定性和研究客体的感受——积极参与，两者之间的感受勾连起来。只有彼此间达到一种相互理解的状态，才能同庙会中活的载体，也是最重要的传承者互动，达到一种最实质的接触。其次，各个学科应该充分发挥各自的优势。如利用民族学、人类学、遗产学、档案学、考古学理论的基础，有助于学者从不同的角度对皇会的相关问题做出全面的认识和深刻的分析，进而更能准确地把握皇会文化的本质，同时也能在田野调查的实践中反思和检验已有的理论和方法，从而构建新的研究理论与分类方法。

二、皇会在"非遗后"时代背景下对民间文化保护的启示

在现代化、全球化的影响下，中国目前处于社会急速转型期的交接点上，正经历着从已经持续数千年的传统农业社会向现代工业社会的急剧转变过程，人与人、人与文化之间的传统交流方式也在发生剧变。天津皇会作为传统农耕文明的产物，作为广受关注的"非遗"项目，虽然正在经受着现代文明一轮又一轮严峻的冲击，但却依然在保持其文化内核不变的情况下生生不息。正所谓"星星之火，可以燎原"——期望通过对皇会及会组织的研究，完成从现象到理论的提升，再将理论重施于田野中，指导相关的工作，为当代非物质文化遗产的保护与可持续发展提供启示性作用。

（一）丰富传承人的脑袋和口袋，利用现代文明善待传统文明

非物质文化遗产之所以宝贵，很大程度上在于凝结在传承人身上的技艺和记忆的脆弱性及不可获得性。皇会的传承和延续，不像有形文化遗产那样有所凭依。皇会传承人往往文化知识有限，历经百年的老会传承全部依靠口传身授，鲜有文字记载。一旦这些"活化石"式的人物离世，他们所掌握的绝技与记忆，就会戛然而止，再难寻得踪影。就目前皇会的传承现状分析，普遍存在后继乏人的窘境，集体传承的皇会文化，其角色之间是相互依存、缺一不可的，若其中一位老人离世、一种技艺失传、一片记

忆断裂，就会导致整体演出无法进行，集体传承断裂，甚至造成整道会瘫痪。所以，必须运用适当的手段阻止或延缓传承中断。

目前，在非物质文化遗产保护的过程中，已经普遍意识到不能以过度开发、牺牲文化换来经济的一时发展。但是，由于部分传承人掌握不好"开发"与"过度开发"之间的界限，专家学者必须对其进行合理的关怀与引导。而这一点正与"非遗"保护的目标之一——唤起人民文化自觉的观点不谋而合。文化自觉和文化自信在"非遗"的传承过程中，互相依托，交融共存。传承人只有对所掌握的文化产生自信，才可以做到既不疏远市场也不过分依赖市场，既汲取其他文化的精髓也不被过分同化，既不会裹足不前也不会在寻求发展的道路上迷失方向。大而言之，只有当全民形成文化自信，才能形成全民性的科学价值观与遗产观。这为保持人类文化多样性，珍视种类各异的文化遗产打好基础。但是，我们也必须面对传承人在当今社会生存中的境地，不能忽略"人"的现实需求，也绝不能以降低传承人的生活质量为代价换取文化遗产的表面发展。

皇会举办、会组织出会的费用多来自两种途径：商家资助和民众捐助，其中前者的资助是资金的主要来源，民众的捐助只占少数。现在虽然也有商家资助，但是这毕竟是少数。现在办会的资金来源主要是每次出会邀请方支付的酬劳以及会员们的自发捐助。以会员们的话说，"不出会还好，越出会越穷"。维系组织日常运转的水电费，耗材费，都是一笔不小的开支。更重要的一方面是：部分有着几百年的老执事儿已因风华而亟须养护维修。面对逐渐失去光彩、破败不堪的昔日珍宝，会员们无一不因支付不起维护的费用而心痛万分。"这会就像大海，扔进去东西简单，想捞出来就难了，我们从来都没有想从会里获得什么好处。"这是会员们的真实心理写照，同时他们也的确做到了。在对天津民间会组织的调研中发现，几乎所有会组织的会员都往自己所属的会投入过资金。但是这些资金与办会巨大的开支相比，依然不足，为了出会，会员们甚至还曾卖摩托车换钱。

民间会组织如何复兴？对会倾注着浓厚感情的会员们又以何种理由来

平衡自己的心？特别是对于这些集体性传承性质的"非遗"项目而言，仅靠"搭钱玩会"的模式任其自主发展，能否重现昔日辉煌？答案是否定的，在新的社会体制下，皇会的传统运作模式已经与今天的社会生存环境不适应，或者说整个民间文化都处在一种较为弱势的位置，若不为传承人解决后顾之忧，他们实难全身心地投入到民间文化的传承中去。

保护皇会及花会，绝不是为了保护传统社区而让民众居住于村落，不进行旧房改造，一味保留过去的传承模式。如今是生存环境、生产功能、生活条件全面现代化的时期，包括传承人在内的每一个人，都是平等的，都有享受现代文明、科技所带来的便利与改善的权利。若不充实传承人的口袋，纵然是将人身强硬地留下，也不能保证人心的游离。而在这种情况下所传承的"非遗"定是无心为之的冰冷作品。我们相信，一个有文化自信的传承人是绝对不会在满足经济需求的时候忘记自己精神之根的。同时，也只有获得了他们的全身心投入，"非遗"才可以满足发展需求传承下去。在《非物质文化遗产公约》中，就曾强调：要"努力确保创造、保养和承传这种遗产的群体、团体，有时是个人的最大限度的参与，并吸收他们积极地参与有关的管理"。① 因此，国家、政府及社会各界必须要加强对创造、享有和传承非物质文化遗产的人心态与收入方面的关注，只有用现代文明善待传统文明，"非遗"的保护工作才有可能得到自发传承并顺利进行。

（二）"非遗"保护中，政府要发挥主导作用

作为"民间文化第一责任人"的政府，在皇会保护中所发挥的功能是巨大的，其中包括法律法规的出台、制定未来发展的策略规划、实施具体的保护细则、传承人的认定及资金发放等功能上。这种建立在对文化关怀、保护、救治的，从宏观角度出发的研究已有多位学者，此处不作赘述。本书的着眼点在于皇会发展中所面对的实际困难，希望以小见大、以现象提炼规律，为"非遗"的保护提供可依据的例证。

---

① 出自 2003 年 9 月 29 日至 10 月 17 日在巴黎召开的联合国教育、科学及文化组织第三十二届会议上正式通过的《保护非物质文化遗产公约》。

1. 政府作为"非遗"保护政策的制定者，应改变"一刀切"式的保护方式。有关于"非遗"保护的微观的指导法规，只能由各级地方政府来制定。一方面，地方政府对本地的人力资源、自然资源、社会资源状况都较为了解，在制定"非遗"保护规章制度时可以不与各类资源的保护相矛盾，甚至可以与之相结合，营造共同发展的生态环境；另一方面，在遵循国家"非遗"政策的科学保护观下，地方政府出台的规章制度还更具有针对性，可以深入到民间，根据民间文化的需求出发，做最有的放矢的保护。

会所问题一直是天津城区内大部分花会最亟待解决的问题之一。封建社会时期，各道花会基本都有存放会中仪仗执事儿及训练的会所。土地革命时期，部分民间花会的会所曾搬迁至寺庙中，其中尤以法鼓会居多。20世纪80年代后，城市进程加快，部分花会失去"根据地"后导致流离失所，无处排练、无处存放器具，最终人去会亡。本书认为，在"非遗"保护过程中，诸如会所问题的解决上，地方政府必须出台相关规章制度，为花会解决"后顾之忧"。而在其他"非遗"项目的保护上，也应该视具体项目的发展状况、面临危机、内心诉求而定，进行分批次、有选择、按步骤的有序管理，且不可上演"一刀切""一锅端"的治理方式。

2. 政府作为"非遗"保护工作的执行者，应尊重申报、保护并举。在实施保护措施中，最大问题就在于政府的执行力上。一直以来，部分地方政府及相关部门在申报项目时，表现出了极大的热情，投入大量人力物力给予支持。但是一旦申报成功，保护措施就表现的捉襟见肘了。对于适合开发的"非遗"项目，部分地方政府将其当作经济资源进行过度开发。对于部分不适合开发的项目，由于与政绩难以挂钩，致使部分政府将其束之高阁，任其自生自灭。但是，任何一种文化，只有顺应本质与规律发展，才可被认为是科学的发展，"违反规律与本质的结果就是反科学——在文化上就是反文化的"①。

对于皇会的保护措施，地方政府应该对散落在民间的各种花会进行普

①　冯骥才. 文化怎么自觉［N］.文汇报，2011－08－26.

查，考察会的生存环境与存在现状。对于存续状况良好的会种，进行合理引导，重拾"绝活儿"，提高技艺精准度，待对文化资源整合后，申报入选各级非遗名录；对于濒临灭绝的会种，加大宣传力度，培训传习人，进行资金扶持，多增加其出会的机会，逐步恢复其内循环机制；对于已经消亡的会种，对其参会者与知情人进行资料收集，为其建立档案性记录，保证为后人留下可供研究的资料，增加复会机会。总之，政策的制定应在科学的理念下进行，应当完全摒弃产业化的保护理念，而是本着弘扬传统文化，丰富群众文化生活的思想进行。政府应该认识到文化是精神事业并不是经济手段，只有细致地关注到"非遗"的每一次呼吸、每一次心跳，才能把握真实的生命体征，对其做科学的诊断，也只有了解到民众内心最深处的心理诉求，才能做出"不温不火"的发展规划。

3. 政府作为"非遗"保护工作的引导者，应使民众树立"民间自救"的遗产观。政府要有文化的使命感，要有清晰的文化方略，并通过身份优势，加大"非遗"宣传力度，倡导公众树立正确的认知观念与保护意识，改变部分人对"非遗"认知上的偏差。同时要提高对文化遗产内涵上的深读，理解文化遗产的价值和意义。毕竟，任何非物质文化遗产都是在民间的生活中生发，民间对其传承也有不可推卸的责任。只有政府合理引导民众的价值观念，他们才会对自身创造的文化产生兴趣，若只是依靠市场调节，难免会有所偏失，纵然在短时间内赢得了经济利益，那也只是一时的繁荣，并不利于文化遗产的长久发展。

从过去"当掉估衣玩会"到今天的"搭退休金玩会"，都体现出皇会在部分民众心中的厚重。然而，仅靠这些玩会儿人的热情想换回皇会的昔日繁荣，这是远远不够的。任何一项非物质文化所具有的"原生态性是一定在特定的环境中生长成长的，外界环境必然带来保护对象的变化"。①也就是说，在保护中除了要抓住文化中宝贵的精神传承内涵，还要还原一个社会与全民共同关爱的文化空间。传统文化与现实生活之间是一种互相

---

① 马知遥.非遗保护的困惑与探索 [J].民俗研究，2010 (4)：46—54.

依存的共生关系。一方面，传统文化借助人的力量，依然活在当下，活在公众心中，甚至有部分曾经中断的文化还在新的社会意识形态中获得了又一轮的重生。另一方面，现代生活也少不了传统文化在精神方面的丰富作用，"非遗"的传承可满足百姓对民俗的需要，使这些濒于灭亡之际的宝贵文化遗产得到重新认可，通过文化精神的延续保持人类进步之不竭动力源泉——文化多样性的存在。

（三）重视文化空间的再造

"文化空间"或曰"文化场所"（Culture Place）是联合国教科文组织在保护非物质文化遗产时使用的一个专有名词，用来指人类口头和非物质遗产代表作的形态和样式。[①] "文化空间"一词的最早出现于联合国教科文组织在 1972 年所颁布的《宣布人类口头和非物质遗产代表作条例》之中，在此条例中，"文化空间"被指定为非物质文化遗产的重要形态。时至今日，人们已经越来越意识到"文化空间"存在的重要意义。摈弃了过去那种"只见树木不见森林"标本式保护，更多的是引用一种全方位、立体式、多角度的"活态保护"方式。"文化空间"作为非物质文化遗产代表作的重要形式和举足轻重的保护对象，其存在的核心价值和理论依据在于它完整地、综合地、真实地、生态地、生活地呈现了非物质文化遗产。[②]

就天津花会存在现状分析，普遍存在郊区会种比城区会种丰富，花会数量也较之后者更多的现象。在城市环境中，新型小区的回迁居民户数多少，与花会的繁荣程度成正比。造成此显著差距的原因是多方面的，主要原因有二：其一，在郊区中，花会传承的空间没有较大改变，人们依然处在一种守望相助的生存环境中。纵然不似过去村民之间、宗族之间、家庭之间紧密，却依然是以血缘、亲缘、地缘的方式相处。在这样的文化空间中，村民的流动性相对小，并没有破坏花会作为"乡音""乡情"在人们心中的维系功能，花会的认知程度较之其他处于城市中的花会更加浓烈。

---

① 向云驹．论"文化空间"［J］.中央民族大学学报（哲学社会科学版），2008（3）：81—89.
② 同上。

其二，城市中的花会虽然受到的现代化冲击远比乡村要大，但若能找寻到输送文化养分的"社区土壤"，再通过合理的传承引导，依然可以焕发新鲜活力。如杨家庄永音法鼓就是如此，在社区的"文化空间"中，乡音一响，唤起了多少老人的牵挂与记忆，又影响了多少年轻人的审美取向。从皇会仪式举行的大的"文化空间"着眼，娘娘宫一带的更是天津人心中的"风水宝地"，今日的娘娘宫不但被天津人赋予了新的历史使命，成为具有文化旅游的主牌，也是沟通两岸三地之间心理认同的文化符号。

总之，任何"文化空间"的保护都应是符合自身发展规律、文化自主选择的结果。若非物质文化遗产不再与民众的生活的空间息息相关，不再发展与创新，而以一种供人观赏的虚假形式存在，那么它其实已经成为一种静态遗产样式存在了。因此，保护措施只能起到维持、维护、引导的作用。若过分为之，人为地改变其发展向度及生存空间，而是不符合科学的发展规律的。这不仅不是保护，反而是一种加速其灭亡的"保护性破坏"，是不尊重科学及文化发展规律的举措。

（四）当代皇会的社会文化功能分析

妈祖信仰自宋代传承至今，已过了悠悠千年的历史，其影响力十分深远，辐射范围已涉及全世界，如今的妈祖信仰已成为中华民族又一具有代表性的精神象征。在当代社会中，妈祖信仰的社会文化功能早已从过去仅限于"海神"的护航功能及"城市神"的求子、去疾功能，转变为具有时代特征的文化认同、民族认同、地域认同、增加民族凝聚力、加强两岸三地沟通等新型社会功能。皇会作为妈祖信仰传承中的重要物质载体，纵然在社会转型期大浪的冲击下，也依然能保持其独特的"原生态性"和"活态性"特征，稳态地扎根于百姓生活当中。除了它记录天津城市政治、经济、文化发展的历史功能外，在当今的社会环境中，还被赋予了新的时代特征与社会文化功能。

首先，皇会在当代社会中的文化整合功能。目前，人们对皇会所带来的经济、文娱活动需求已经明显降低。受诸多历史原因的影响，皇会经历了近半个世纪的停摆，人们对妈祖祭祀仪式的热情也有所降温。然而，我们需要认识到：妈祖作为一种民族象征和文化认同符号时，其神性会退居其次。皇会随着妈祖信仰功能的逐渐转变，其文化认同符号也在新的时代背景下被赋予了新的意义：

一方面，"妈祖信俗"在2009年成功入选世界人类非物质文化遗产名录，在这个层面上说，妈祖信仰不但是中华民族的优秀文化遗产，也是在世界范围内影响着全人类的优秀文化遗产之一。在此基础上所形成的文化认同，已走向了世界。我们必须以一种更加科学、公正的态度来看待妈祖信仰的当代功能，抛弃历代封建政府对其频频加封的"封建"之嫌，摈弃能护航医病的维新思想"迷信"之说，若单从人文层面角度分析，妈祖信仰对社会的影响的确是利大于弊的。其见义勇为、扶危济困、无私奉献的高尚人格魅力所表达的是一种"正面""积极""向上"的人生观，在社会中不但起到了传播博爱精神的作用，还发挥出了教化众生向善的功能。

另一方面，如今的皇会已经不单单是一场酬神、谢神、敬神的民间信仰活动，更是作为一种地域性格的体现、民族文化象征和文化认同符号被世俗所接受。皇会包含着人们复杂的宗教感情、信仰模式、宗教意识、礼仪规范等多方面的审美，也是地域性格、心理的集中体现。皇会中不但蕴含着对内部民众的凝聚力、整合力，也表现出了外在的感染力、辐射力，曾与这座城市同沉浮、共命运，荣辱共存了悠悠几百年。

其次，皇会作为两岸三地之间的和平纽带功能。皇会作为一种复杂的社会历史文化现象，是本地民众对妈祖娘娘崇拜最为自然、真挚表现形式。今日，随着皇会作为纽带功能的增强，其辐射范围已经不仅限于天津城市之内，更是吸引着来自世界地区，特别是香港、澳门、台湾民众的热情参与，成为沟通两岸三地之间的坚固桥梁。季羡林曾说过："中国现在广义的文化已有很深的宗教成分，而宗教手段已经成为安定团结的手段之一。"①这种以宗教信仰手段维持安定团结的方式，可以有效促进中国境内的和平、稳定，建立起在两岸三地之间都有广泛信仰基础的民族认同的符号。

---

① 谢重光. 试论妈祖信仰的社会功能 [J]. 中共福建省委党校学报，2002 (1)：67—71.

从更深层次的文化意蕴上来讲，皇会作为民族共通的符号，为构建两岸三地共同的思想感情基础、增进文化之间的交流、促进祖国统一、世界和平有着重要基础。

最后，皇会在经济背景下的旅游功能。若将皇会的"皇"字外衣脱去，它归根到底依然是一种以满足百姓的精神和物质需求为目的，与普通的民间庙会本质并无二异的民间活动。但花会的传承人同"非遗"中民间手工类的生产类文化传承人不同，并不能依靠玩会来解决自身的生计问题。在保护过程中，我们应当格外关切传承人内心的需求，从实用立场满足他们的生存功用。只依靠政府一味的"输血"维持皇会存活并不科学，依然不能换回传承人们经济上的收益，依然不能调动起来他们的积极性。因此，我们需要认识到，经济的发展促进了文化的繁荣，反之，高品位的文化形态也会带动经济的发展。在市场经济日益发展的今天，将皇会变为文化旅游的"代表作"，可以算是一种既不违背皇会自身传承发展，也为传承人谋得一定资金收益的良方。本书认为，可以采取动静结合的方式进行旅游保护。

"动态保护"。政府可以提供一处有文化底蕴的固定场所作为"天津皇会基地"，这个场地可以在娘娘宫附近，也可以是别处具有文物价值的建筑文化遗产。随后，招募民间各类会种进行比赛，根据不同类别进行考评与排序。对于入选了的花会，提供表演机会，并给予相应的酬劳。对于入选不了的花会，可以定期前来"攻擂"，随着技艺的提升来取代"守擂"的会种。每一批入选的会组织，可以参与到传统皇会的复会仪式中去。但是在这里需要注意的是，皇会的复会仪式绝对不是按照现代的方式将会生硬的组合在一起进行出会，而是必须要在专家学者的指导下，按照传统的方式进行复会。皇会复会要在地方政府及相关部门的协调帮助下进行，如政府为皇会表演招商引资，增加表演者的经济收益，旅游局进行旅游方面的宣传，公安局为行会路线扫清障碍、维持秩序。随着作为文化旅游品牌的不断深入人心，皇会定会引起广泛关注，并以一种更加富有活力、生命力的方式传承下去。

"静态保护"。政府要为没有会所的老会提供会所，出会时，老会可将器具取出进行表演。不出会时，可将器具放入展柜内，供游人展览；为已经饱受岁月侵蚀而逐渐老化的器具进行维护。首先要将已经不适合出会的器具进行完整的复制，将修葺完整的老器具放入展柜内，进行妥善保存，花会出会时执新的器具出会。但在复制时，且不可粗制滥造，以"李鬼"取代"李逵"，伤害器物中的精神内涵；对于已经消亡花会中的物质文化遗产，应该从散落的民间中重新找回，也进行维护与修葺。表演器具展示作为一种历史的佐证，也为人们更加了解皇会文化产生一定的积极作用。

"动静结合"的保护方式一方面恢复了天津皇会仪式的昔日辉煌，使更多的人了解皇会的价值和文化内涵，另一方面，将物质文化遗产与非物质文化遗产共同展示，有助于唤起人们脑海中深层的文化记忆，也对皇会有更加深刻的认知与了解。另外，这种根据能力进行选拔表演的模式是过去传统皇会选拔"在会道"的一种今日演绎。这无疑为花会发展注入了一针"强心剂"，在公平公正公开的环境中进行技艺比武，不但可以有助于本地花会之间的互相切磋，还可以引来更多外地的会种的参与。当会与会之间形成良性竞争时，在技艺和记忆的层面，都可以有所提升，甚至还可以促使部分已经没落的会种重回人们视野。

当然，以上这些措施，也是从一种大而化之的角度来谈民间文化的保护措施。我们也应该认识到民间文化的发展态势并不是完全同等的。皇会存在现状并不乐观，但是就目前的传承者的主观意识而言，的确是主动的、积极的。还需要要求专家、学者、政府在实施保护措施的时候，在具体的实施细节方面进行科学的辩证甄别。

结　语

历史的标点全是问号，历史的幕后全是惊叹号。

——冯骥才

皇会曾经让天津卫举城若狂，民间各道老会、圣会各"逞"其能。天津的地域文化在民间会组织中鲜明地呈现出来。冯骥才先生认为"皇会具有'国宝'的价值"，并满怀深情地说，"天津皇会积淀了传统文化生活，是民间的一种创造，具有原生态的特点，保有大量珍贵的文化遗存"。今日，社会转型期的大浪席卷而来，虽然天津皇会本身出现局部瓦解，但较之其他地方的民间庙会有着更为稳固、坚强的表现。本书的论点——天津皇会的稳态性，就是在此基础上形成的。对于皇会稳态性理论的深描与阐释是在一种层层递进的方式下进行的。将皇会个案的研究看作是一个立体的球型，包裹在最外层的、最显而易见的是妈祖信仰所发挥出来的强大稳态特征，中间一层是民间仪式本身所生发出来的强大的凝聚力与向心力，最里层是天津成就皇会的最为特殊的因素，即城市集体文化性格。这几层关系紧密结合、相互依存。若没有妈祖信仰的产生与传播，就不可能有天津皇会的存在，因此信仰可被认为是皇会中保持其存在形态的最牢固外壳。若没有仪式进行时的集体传承方式，就不会有提供传承场域与文化空间为皇会文化带来"文化反复加强"的具体实现路径。若没有天津独特的地理、历史背景所造就的集体城市文化性格，就不可能有千百道性格各异、百戏杂陈的民间会组织及维持皇会蓬勃发展的原动力。

当然，这只是较为笼统的一种划分方式，其中的人与神、人与人、民间与国家的关系在现实的语境下并不能划分得如此层层分明，其中既有显性的因素也有隐性的因素，既有有形因素也有无形因素。抛开具体的形象而言，构成皇会的立体球形的内部，是有无限的子系统或者说子元素组成。诸多复杂的社会因素，在社会权力的网络中如经线与纬线一样错综复杂的交织在一起，织成一张紧密而又结实的网络。国家、地方官绅（地方精英）和百姓所呈现出的是一种频繁的互动，虽然参与同一场皇会的出发点不同，但都与相互之间的借势有密切的关系，因而呈现一种杂混与圆融的存在方式。

一、地域文化性格是妈祖信仰在皇会稳态传承的根脉所在

所谓天津的"地域文化性格"，即是指天津人因独特的历史、地理、文化、风俗等背景下所形成的独特的人生观、价值观、心理特征与行为方式，是本地人独有的内心世界的积淀和折射。天津是一座因水文化的繁荣而兴起的移民城市，形成了五方杂处的民俗民风与多元的地域文化性格。皇会正是在天津地域文化性格的影响与作用下，才得以传承百年。只要天津人的"性格"不变，皇会中的文化基因、文化内核、文化审美、价值观念、传承模式和处事方式就不会变。集体文化性格可以被认为是皇会中最坚固又最柔韧的一个层面。

地域文化性格在妈祖信仰中的具体向心力表现在：天津人对妈祖文化的认同与改造建立在妈祖信仰信义与本地民众的共同心理追求之上，与天津本地人性格中急公好义、开朗强悍的性格特质不谋而合。由于天津是一座城乡二元一体的城市，因此本地的民间信仰中既具有精神性需求也有物质性需求。从天津人喜商轻农的性格特质来说，信仰又发挥出了被商业化、世俗化的功能，如求财、求学等。随后，在本地民众极具包容力的性格作用之下，妈祖逐渐完成了从外来之神内化为城市保护神的在地化过程。在善良的天津民众心中，正是因为妈祖信仰的护佑之下，才使得这座

城市逐步从海滨小镇发展为经济政治地位在国内都首屈一指的商业性城市。可以说，妈祖信仰今日已经内化为天津这座城市集体文化性格的一部分，也可以说，在天津城市集体文化性格的作用下，妈祖信仰也在传统的、初始的模式下被构建、被改造，内涵和外延方面均已经发生巨大的改变，已经成为有"地方特色"的妈祖信仰。这也印证了，一种民间信仰若想持续、长久地站在历史舞台的中央，就必须要保持重心的均衡与稳定，并不断进行适当调适，以便与构成共时性下生活方式所有制度的各种趋向相互适应与匹配。当妈祖信仰沉淀到城市人的血脉与灵魂，并逐渐内化为城市文化的集体文化性格之时，若想撼动它、改变它就非常难了。

天津皇会作为妈祖信仰的文化表征，在现代化的冲击下，仍然能保持其稳态性，与地域集体文化性格与妈祖信仰的融合有密不可分的关系。随着社会意识形态的转变、经济一体化的袭来、城市大规模的改造，可以说，皇会赖以生存的外部条件已经发生了颠覆性的变化。但是天津依然没有发生变化的本质原因就在于其鲜明的、浓烈的、深植于百姓身体中的地域集体文化性格。皇会的创造，包括仪式、审美、规程、技艺、民俗方面的创造，都与天津本地的文化心理有极大的关系。皇会只有符合天津人的地域文化性格，才能得以扎根，也只有具有本地特色的集体地域文化性格才能滋生出皇会。换而言之，皇会文化只有和地域文化性格融为一体，才会得到地域的共同认可，才能使得本地域的人热爱它、传承它，并甘愿与其融为一体。同时，地域文化性格又反作用于或者说丰满着、强化着、建构着皇会文化，让皇会按照自己心中的方向发展。两者之间没有谁先谁后形成的问题，两者的形成是同步的也是互相依托的，是一种相互滋养、相互成就、不断加深的关系。

二、集体、主动的传承力，为皇会传承提供源源不竭动力

民间会组织比较松散自由，因而在立会与散会方面都不受具体组织的管辖。历史上最为鼎盛时期参与到皇会中的数量已经无从确考。据资料记

载，"截止于 1949 年以前，天津尚存七十余种表演类型，近千余道会"①。
如此平均下来，在以天后宫为祭祀圈的辐射范围内的村落中，几乎村村有
会，家家都有亲戚参与玩会。虽然最后能真正"入选"皇会的组织数量不
多，但这足可以反映出妈祖信仰及皇会文化在天津地域内的传播除了依靠
妈祖信众、祭典仪式、国家封禅之外，会组织作为皇会仪式中的子系统，
是皇会在民间传播的主要力量，并以一种最为主动、积极与褒扬的态度进
行着集体性的传播。

　　民俗文化的产生从本质上来说，与人类的群体性活动行为有很大关
系，任何民俗文化都是在人群之中不断创造、完善、传承下来的。其传承
不是以参加到皇会行会之中为准则，而是普遍存在于不同性别、不同年
龄、不同阶层的人身上，只要作为皇会文化的热爱者与参与者，就可以算
作激发和融合文化创造主体的不可或缺的力量。首先，虽然"女子不上
会"是皇会中一条不成文的规定，但她们作为妈祖信仰的最大信众群体，
不但支持家中的男性玩会，也在会期中充当化妆、制衣、置办仪仗等后勤
工作。其次，民众既是会组织的集体拥有者也是会组织的组建者。虽然会
头个人影响力很大，但是他工作的重心在于协调、联络、训练等工作。村
落中的会组织并不属于会头个人所有，而是归于本村民众集体所有，是得
到大家一致公认的。再者，村落中的孩童作为会组织的传习人，在长期耳
濡目染的影响下，早完成了口传身授的熏陶过程。这种全民参与、集体传
承的过程与皇会的运转机制并行不悖。民众服从于仪式需要在一种协调合
作的秩序下完成对皇会的支持投入，又通过皇会仪式举行及会组织出巡得
以确认和强化，并以一种集体认可的方式进行传承。"仪式可能是宗教中
最稳定的要素，因为在很大程度上，仪式是建立在物质性操作的基础上
的，（而）这些物质性的操作不断地再现"②。这种物质性的操作在实体化
的社会关系网络中得以呈现，人际关系、技术能力等各种结构在此实现。

---

　　①　尚洁．皇会［M］.天津：百花文艺出版社，2006：225.

　　②　（法）莫里斯·哈布瓦赫，毕然、郭金华译．论集体记忆［M］.上海：上海人民出版社，
2002：196.

集体仪式又衍生出民众相互依存的共同感和地方感，并在村落社会中实现内部知识的共享、情感上的交流和精神生活的满足等。

从技艺角度分析，皇会文化作为集体传承的项目，是在一个大的文化场域①中完成的。一方面，在这个场域之中，所有参与皇会之中的人都必须以一种主动的方式参与其中。若仅是以一种被动的方式进行传承，或者是说只是在经济利益的驱使下完成表演，那必然在很大程度上会"投其所好"地受到外界人士在仪式、规程和心理方面的影响。相反，若民众对皇会建立了根深已久的共同审美方式与衡量准则，那必然会尊重按照技艺与记忆中的皇会进行传承。当然，这也不是说皇会完全不受外力因素影响与改变，只是这种变化较为缓慢，只有在场域中发生彻底完全的变化时才会初显。在场域发生改变时，文化主体生存心态中的倾向性和导向性又会做自我调整。

另一方面，皇会和民间手艺的传承方式不同。民间手艺是有意识的传承，皇会的传承方式大都是无意识的传承。人们进入同一个文化场域（既包含皇会行会的场域，也包括村落中的传承场域）中，表演者尽情地表达自己，观赏者尽情地享受着整个文化氛围。在这里，人们的集体狂欢其实是一种表象，真实的本质在于：通过对集体记忆的不断反复深化，强化及强调集体内部成员之间的文化认同。"在此框架之内，表演者与观演者的情感释放就与新的意义生成联结在一起，因为这是乡民艺术表演中对于集体内'文化强化'与集体外'文化强调'的实现路径"②。在会与会、会与人、人与集体、民众与政府的交流和互动过程中，仪式中的形式、寓意、文化和记忆，包括审美全都被本地域内的民众接受了，而且这是在一种无意的状态下接受的。这种直观的感受同深藏于脑海中从祖辈传承下来

---

① "场域"（field）概念最早在 1975 年由法国社会学家布迪厄《科学场域的特殊性》一文中提出的。布迪厄认为，"场域是一个关系性的概念。一个场域可以被定义为在各种位置之间存在的客观关系的一个网络（network），或一个构型（configuration）"，"在特定社会空间中的各个行动者的相互关系网络"

② 张士闪. 小章竹马：村落语境中的艺术表演与文化认同 [J]. 民族艺术，2006（3）：24—37.

的记忆与地域内的集体文化性格混杂在一起，在仪式活动的循环反复中得到不断加深与强化，最终成为一种民众解释生活的内心依据和情感表达形式。

此外，随着城市化进程不断加快，很多会组织赖以生存的基本传承场域（会所、训练场地）已经不复存，很多会员搬离了原来的居住社区，但是依然回到老会所或固定的场所进行训练。这属于布朗所说的"'次生的仪式'，即谁也不愿打破对于原有仪式的恪守状态，以免产生'次生的焦虑'"①。在民众心中认为：皇会的基础性仪式"是一种净化的或被除的可以驱除次要焦虑的仪式"，是与作为城市保护神的妈祖娘娘所进行的最为直接的、亲密的人神对话实现途径。纵然是今日，虽然妈祖信仰的威慑力大不如前，但除非在不得已的情况下，会员们既不敢、也不愿放弃祖先恪守了几百年的仪式规矩，放弃为"老娘娘当差"的机会。另一方面，会组织中是基于"子孙会"与"乡亲会"的传承模式，更多是以家族为单位的传承者，个人的退会面临着整个家族无光，会被其他同样身处会中的人认为是"丢了祖宗的脸"，以他们的话说就是"会祖辈传下来的最大财富""不能让会'毁'在自己手中"。当然，继承者在获得继承权与心理愉悦的同时，必然要被赋予相应的责任和义务，因此强大的使命感使得会员们生发出了主动传承的意愿。这一点还表现在，过去每逢出会，会组织附近的居民都会自愿进行捐助，因为在民众看来对会进行资助是每个民众的本分所在。

总之，信仰、亲缘、血缘、地缘的强大约束力，都是形成人们产生"次生的焦虑"的原因。而这种主动的、集体的传承方式，才使得皇会有着广泛的群众基础，并以一种惯性的心理进行着仪式。

---

① 史宗主编，金泽、宋立道等译.20世纪西方宗教人类学文选（上卷）[M].上海：上海三联书店，1995：131.霍斯曼对于此概念界定为，"当一个人遵循支配他的技术程序而举行传统仪式时，他的基本的焦虑保持着潜伏。我们说，仪式给了他信心。在这样的环境中，他只有在仪式并未恰当被举行时，才会焦虑。事实上，这种态度变得成了一般化的规律性的任何时候，社会传统之一只要未被遵守，就会感到焦虑。这种焦虑就可以称作次要的或替代的焦虑"。

三、双轨制是保持皇会稳态发展的重要力量

一切民间宗教信仰活动的兴衰都与国家的意识与策略息息相关。皇会在过去之所以兴盛，源于农耕文明中，生产力低下，百姓对神灵神力的寄托与崇拜。在满足人们精神与实用功能的同时，也被各种阶级用来解决社会中各方面的矛盾，攫取实现各自的利益。在分析后得出的一个最广为有效的方式就是同一种民间文化既作为民间民众文化也作为国家政治手段而存在的"双轨制"。

首先来分析皇会中的一轨——国家（政府）。天津皇会作为民间与统治阶级共同参与的仪式和由国家独自完成的祭祀仪式（如天坛祭祀）存在着诸多的不同之处。虽然国家的势力一直存在于皇会之中，但是却是以一种彰而不显的方式存在。国家没有放弃任何机会、通过任何方式利用民间信仰来完成向民间渗透阶级思想的机会，一般视具体情况而言，对于部分信仰采用的是较为激烈的斗争方式扼制其发展，对于另外一些信仰则采取较为温柔的方式进行拉拢和利用。当然，从本质上来说，无论神圣世界如何风云变幻，都源自于人们内心的写照，所反映出的也不过是凡俗中的社会冲突与社会矛盾。在中国的封建王朝统治下，无论何方神灵被统治阶级所青睐，也不过是一种在特定时间与空间下，君臣权利角逐、国家与民间复杂社会关系共同作用下的结果。在皇会中所表现出的就是利用局外人的身份"无偿"地为民间创造一个看似"平等""和谐"的聚会机会。而实际上，通过皇会仪式，他们可以达到本阶级的目的：一、通过参与皇会，完成国家权利的渗透。国家希望采纳及利用某些更为广博的、深刻的、有信众基础的，同时又不完全破坏此前已在民间有着根深蒂固观念框架的信仰，借此用来完成自身意识的传达与对民间的控制。思想的传递是在地方政府及精英阶层的协同下完成的，国家在实际上通过间接的方式达到了对民间社会的权利渗透；二、通过支援皇会，达到收买民心、缓和阶级矛盾的目的。主要表现为，为有广泛信众基础的妈祖神灵敕封名号、建庙赐额，为民间会组织赐物等方式完成；三、通过举办皇会，促进南北之间的

贸易往来，国家从中获取较为可观的经济收益。当然，经济方面的收益是各阶层民众都可受益的方面，只不过民众的获得远远少于官商阶级的收入。从某方面来说，这的确有利于繁荣国内的经济市场，并有助于文化、经济、政治等方面的交流与互动，在通讯与交通并不发达的封建社会中确实产生了较为积极的因素；四、通过对皇会仪式的不断重构，将封建统治秩序格局逐渐复制至皇会仪式之中，并不断地在百姓脑海中重复与加深。

对于双轨之中的另一轨——民众而言，由于受延续了千年的社会中"君君臣臣"的封建礼教思想影响，早已经认可了自身处于社会弱势地位。若能接触到代表着世间秩序权威的政府力量，国家统治阶级竟能如此"尊重"民间信仰及民间活动，民众会生发出一种被认同的"自豪感"，甚至会表现出强烈的感恩戴德行为。这种被认同的感觉对于百姓来说的确非常受用，所以他们不放过任何一次参与皇会的机会，或者说仪式和意念上接近"皇权"的机会，以一种"愣贴"的态度参与其中。这才出现"不在会道"的会组织拼命勤练技艺，甚至不惜代价"捋叶子"，以求能光鲜地站在天后宫的戏楼前；"在会道"的会组织更是好上加好、精益求精，在皇会中卖力表演，或许有朝一日也能得到皇帝的恩赐。如果说，最初"娘娘会"是一场对妈祖酬神谢神的朴素的答谢盛宴，那随着妈祖神力外延的不断扩展、统治阶级势力的不断渗透、皇会的重构与规模的扩大，作为这场仪式中子系统的民间会组织也在经历着一场价值追求的巨大变革。从最初单纯的答谢神灵，到后来的攫取皇封及经济利益，到今日的实现自我价值，不得不说这场变革和社会意识形态的演进是完全同步的，并反映出了人们精神价值在各个时期内的不同实现意图。

天津民众为皇会进行运营，并求得合法化的过程可谓煞费苦心。妈祖在神界的地位越高，越彰显妈祖的无所不能，意味着妈祖信众有更为广泛的集体及社会认同。皇会作为这种信仰的具象载体，是一种物化形式的表现。皇会在民间庙会中的脱颖而出，意味着参会人所在的地域（大到天津城市，小到所在的村落），在所处社会秩序中的社会资源与人力资源的掌握程度。也就是说，神界秩序以一种合理的方式映射着民间秩序，身处这种民间秩序内的民众为了能获取更高的社会地位，便以相应的物化形式来塑造神灵，重新反馈给神界秩序。从这种角度上说，神界秩序与民间秩序是相通的。这也可以解释每一个与妈祖信仰有关的人或阶层，为其构建合法性的文化逻辑，并将其"打造""加冕"为更高规格的真正原因所在。这也可以从一个侧面揭示中国社会运行的一种文化逻辑。

皇会发展至今日，双轨的痕迹依然明显。无论双轨中的一方是皇帝，还是今日的党和国家，对应的另一方是民间百姓、城乡市民，两轨都是以一种相对应的关系并驾齐驱地存在着。昔日的皇会，在今天更多被称为"妈祖文化旅游节"，这也只是一种名称的变化，代表国家的政府机构与民众共同的参与的模式在实质上却并没有任何改变。当然，今日皇会的目标已经从靠近皇权、追求皇封、求神祈福的思维，转变为实现文化娱乐功能、经济促进功能与自我价值的实现。但是，这并不代表今日民众参与毫无功利心理，如期望借此进入"非物质文化遗产名录"、获得传承人称号等目的的参会，就是一种新时代的靠近政权的行为。

总之，贯穿皇会历史的双轨制，是其稳态发展的重要因素。只依靠民间办会，皇会或者早已如同部分庙会一样随着时代变迁化作历史的尘埃。只依靠官方办会，皇会也会因缺少最为基本、比重最大的基层的参与而丧失民众基础。无论社会仪式形态如何改变，只有国家善待民间文化，积极同民间互动，民众才会积极参与其中，双轨制的车轮才会取得一定的平衡，向前发展。

皇会是天津人的魂，支撑着几百年以来天津城的命运，无论颠沛流离，还是辉煌繁荣，风雨过后，妈祖依然微笑着看待她每一个子民；皇会是天津人的梦，无论是魇是美，都如同空气一般，是每个人无法舍掉的生命之源；皇会是这座城市的记忆，捧一捧海河水，依稀还能映出昔日男扮女装"赛貂蝉"的美丽脸庞，望一望天后宫，似乎那不绝的咿咿唱腔依然萦绕耳边；皇会是天津人绕在小指间的一根红线，无论行至何处，只要锣鼓点一响起，那条绵绵的思乡线总能牵你走上回家的路。皇会几度辉煌，几度没落，与这座城市的命运紧紧地连在了一起。然而今日，天津城正崛起为国际大都市，人民生活富裕安康，皇会却再难现其神话盛世，重忆昔日风采。这是每个皇会人心中的不舍与无奈，也是有着文化情怀的人们隐藏在心中最深处的痛楚。皇会未来的命运究竟如何？谁人也不敢妄断。新一代的知识分子唯能在田野与书斋中往返的过程中，通过不断诊脉，找寻出真正的病灶所在，开出一剂剂良方。今日，祝福作为中华民族非物质文化遗产最具典型性代表之一的皇会，能发挥其巨大的文化影响力，不但为天津城的蓬勃发展增添异彩，也为所有炎黄子孙共同创造的民间文化汪入源源不竭的生命活力。

附　表

附表一：俗语对照表

黄报：在信息不发达的时代，扫殿会向外界宣告皇会举办及相关内容的一种方式。具体包括皇会举办的会期、时间、路线，邀请会组织名称、顺序等内容，应邀出席的会组织也要张贴告示以示回应。黄报张贴地点也有严格限制，必须要在天后宫山门外的院墙上。一旦张贴，扫殿会同外界就达成了相应的契约关系，代表着双方都不能有任何变动。

在会道：旧时参与皇会有严格限制，能够入选的不仅要求会组织本身历史悠久、技艺高超，还需要在会内外有良好口碑、德高望重。一旦选入皇会，就被称为"在会道"，而没有入选的会组织被称为"不在会道"。

露脸：出会时，在技艺、仪仗执事、服装、器具方面都十分精良，并博得行业内外人的一致赞赏与好评。

敛钱：会组织的主要资金来源，除了由支持会的商贾富户和本会会员的捐助外，大部分会组织出会前，还会在会组织所在的村落中张贴黄报进行宣传。随后由会头或是在会中较有声望的老人在村落中挨家挨户上门收取。村民根据自家的经济收入集资，捐钱、食品、布料，及会组织所需品均可，集资完毕后，会组织会在村头张贴告示，公布每户助会财务明细。

老门口：过去对居住较近邻居的称呼。

下处：会所的别称。

会窝子：会所的别称。

玩会儿：有两种人，可以指参与会组织的会员，也可以指会组织提供资金赞助的富商。

吃会儿：主要是指皇会中一类靠办会挣得银两、食物、布料的群体。这个群体通晓皇会中的礼仪会规，在民间有着广泛的人脉基础。他们为皇会大张旗鼓的宣传、操办出会中的事务，自己也可以获得相应的报酬。收入虽并不固定，却较为可观，很多平日喜好热闹、爱管闲事之人尤为热衷此道。

截会：皇会行会中，商家、个人或团体邀请会组织为其进行表演，并给予一定的答谢，如水果、茶叶、糕点及金钱等。

拜会：会与会之间的一种互动形式，一般是资格较浅的向资格较高的会组织主动拜会。拜会要提前下帖，并馈赠一定的礼品，被拜会者要准备好水果、茶水、糕点等物，并在合适的时间进行回拜。

借道儿：一道会（团体行为）走到另一道会的地盘，而且两会交好，需要提前派人去借过地盘的会打招呼。若视而不见或偷偷借过会被认为不懂礼貌，坏了规矩。

子孙会：过去会组织的主要传承方式之一。参与会组织的会员多是以"父一辈、子一辈"的形式在亲缘关系较近的家族中进行传承。

乡亲会：过去会组织的主要传承方式之一。参与会组织的会员多在同一村庄中居住较近的村民之间进行传承。

捋叶子：过去会与会之间的竞争较大，一般技艺不外传，因此常有人乔装打扮偷学其他会中技艺的情况，称呼由此而来。

撂一场：就地表演之意。

逗哏：此处指玩意儿会种在出会演出时，可以制造出笑料供观众娱乐的表演者。

脚行：此行业随天津水运的不断发展而诞生，多由装卸工人（即脚夫）组成。工作内容主要有扛包、码垛、封席、装运等。

上角儿：过去会员较多，不是每个人都有机会在出会时上场表演，需要竞争上岗。因此，能经常上角儿的通常是在本会技艺较为高超的人。

手彩儿：会员所用的表演器具统称，较多指高跷会会种中所执的表演器具。

惹惹：天津本地对平日里爱凑热闹，爱管闲事人群的称谓。

混星子：天津旧时对帮派中人的称谓，现在泛指有江湖气息的人。

五大家：天津本地较为信奉的民间神灵，即黄（黄鼬）、狐（狐狸）、白（刺猬）、柳（蛇）和灰（老鼠）。

愣贴：形容一方向另一方主动示好，有巴结、谄媚之意。

挑费：此处特指出会时的日常开销。

扫听：四处打听的意思。

吟哦：音 yín e，共同商量的意思。

妈妈例儿：天津本地风俗、禁忌方面的条例及规范的统称。

二把刀：形容人的技艺水品不高。

服软儿：认错或者服输。

摆谱儿：形容讲阔气、摆排场。在皇会中，也常形容一个人因掌握了某种技艺非常傲气，在表演前故意推脱。

各色：形容人的言行特殊另类，不合乎常理。

不懂会规别乱抄旗杆：形容出会时会员要严格遵循会规，不能因为自身的失误或无知而做出有损于会组织名誉的事情。

催生的饺子，落地的面：在天津本地为妈祖庆生的习俗中，农历三月二十二要吃饺子，意为为妈祖娘娘催生，保佑其顺利生产。农历三月二十三为妈祖诞辰日，这一天要吃寿面为妈祖庆生，意为保佑其长命百岁。

好面儿：形容自身要求尊严体面，也包括人际交往中情面。

栽面儿：在技艺、技术、排场等物质方面不如别人。

抱团儿：天津本地形容人与人之间的交往紧密，也有结伙、结帮的意思。

引岸：又称"引地""销地"。自明末以后，盐商通过缴纳银钱得到朝廷发给的"引票"，并取得在制定范围内运销长芦盐的特权，从而成为世袭、垄断的专卖盐商，以达到引盐行销的专卖制度。

够板儿：形容人讲义气、够朋友，性格豪爽。

附表二：历代妈祖册封称谓①

朝代	时间	功能	封号
宋朝	宣和五年（1123）	保护路允迪出使之封舟	赐庙额"顺济"
	绍兴二十六年（1156）	救护舟师	灵惠夫人
	绍兴三十年（1160）	神雾迷海寇	灵惠昭应夫人
	乾道二年（1166）	救兴化白湖疫	灵惠昭应崇福夫人
	淳熙十一年（1184）	剿寇	灵惠昭应崇福善利夫人
	绍熙元年（1190）	救济旱灾	灵惠妃
	庆元四年（1198）	救济旱灾	灵惠助顺妃
	开禧元年（1205）	救济旱灾、助擒贼	灵惠助顺显卫妃
	嘉定元年（1208）	救济旱灾、助擒贼	灵惠护国助顺嘉应英烈妃
	嘉定十年（1217）	救济旱灾、擒获海寇	灵惠助顺显卫英烈妃
	宝祐元年（1253）	济兴、泉饥	灵惠护国助顺协正嘉应英烈妃
	宝祐三年（1255）	神佑	灵惠护国助顺协正嘉应慈济妃
	宝祐四年（1256）	助修钱塘堤成功	灵惠护国助顺协正嘉应善庆妃
	开庆元年（1259）	火烧强寇	灵惠护国助顺协正嘉应显济妃
元朝	至元十五年（1278）	庇护海运、漕运	护国明著灵惠协正善庆显济天妃
	至元二十六年（1289）	护佑海运	护国显佑明著天妃
	大德三年（1299）	庇护漕运效灵	护国辅圣庇民显佑明著天妃
	延祐元年（1314）	护佑漕运、漕风得助	护国辅圣民显佑广济明著天妃
	天历二年（1329）	怒涛拯溺水民众	护国辅圣庇民显佑广济灵感助顺福惠徽烈明著天妃
明朝	洪武五年（1372）	神功显灵	昭孝纯正孚济感应圣妃
	永乐七年（1409）	屡立护佑大功	护国庇民妙灵昭应弘仁普济天妃

① 表格参阅马书田．金像妈祖［M］．南昌：江西美术出版社，2006．（清）僧照乘．天妃显圣录．陈洁．天津妈祖文化研究［D］．天津：天津师范大学，2012．

朝代	时间	功能	封号
清朝	康熙十九年（1680）	助克厦门	护国庇民妙灵昭应弘仁普济天上圣母
	康熙二十三年（1684）	征澎湖得捷平定台	护国庇民妙灵昭应仁慈天后
	乾隆二年（1737）	神佑	护国庇民妙灵昭应弘仁普济福佑群生天后
	乾隆二十二年（1757）		护国庇民妙灵昭应弘仁普济福佑群生诚感咸孚天后
	乾隆五十三年（1788）	神火引航	护国庇民妙灵昭应弘仁普济福佑群生诚感咸孚显神赞顺天后
	嘉庆五年（1800）	神佑	护国庇民妙灵昭应弘仁普济福佑群生诚感咸孚显神赞顺垂慈笃佑天后
	道光六年（1826）	庇护海漕	护国庇民妙灵昭应弘仁普济福佑群生诚感咸孚显神赞顺垂慈笃佑安澜利运天后
	道光十九年（1839）		护国庇民妙灵昭应弘仁普济福佑群生诚感咸孚显神赞顺垂慈笃佑安澜利运泽覃海宇天后
	道光二十八年（1848）	庇佑漕运	护国庇民妙灵昭应弘仁普济福佑群生诚感咸孚显神赞顺垂慈笃佑安澜利运泽覃海宇恬波宣惠天后
	咸丰二年（1852）	庇护海漕	护国庇民妙灵昭应弘仁普济福佑群生诚感咸孚显神赞顺垂慈笃佑安澜利运泽覃海宇恬波宣惠导流衍庆天后
	咸丰三年（1853）	助台、澎一带得神护佑	护国庇民妙灵昭应弘仁普济福佑群生诚感默佑咸孚显神赞顺垂慈笃佑安澜利运泽覃海宇恬波宣惠导流衍庆靖洋锡祉天后
	咸丰五年（1855）	海口击退盗艇	护国庇民妙灵昭应弘仁普济福佑群生诚感咸孚显神赞顺垂慈笃佑安澜利运泽覃海宇恬波宣惠导流衍庆靖洋锡祉恩周德溥天后
	咸丰五年（1855）	庇佑漕运	护国庇民妙灵昭应弘仁普济福佑群生诚感咸孚显神赞顺垂慈笃佑安澜利运泽覃海宇恬波宣惠导流衍庆靖洋锡祉恩周德溥卫漕保泰天后
	咸丰七年（1857）		护国庇民妙灵昭应弘仁普济福佑群生诚感咸孚显神赞顺垂慈笃佑安澜利运泽覃海宇恬波宣惠导流衍庆靖洋锡祉恩周德溥卫漕保泰振武绥疆天后之神
	同治十一年（1872）	庇佑漕运	再加封时，"经礼部核议，以为封字号过多，转不足以昭郑重，只加上'嘉佑'二字"。

284

后　记

　　撰写的过程艰苦而又甜蜜，然而掩卷搁笔之时依然拳拳服膺，不敢言
"完成"二字，只能说是暂时告一段落了。书中所呈现的只是几年来对天
津皇会较为浅显的研究与梳理，在未来更长的时间中，依然需要继续收
集、补充资料以及加深学理研究，进一步完善研究的层面、挖掘研究的深
度、拓宽研究的广度。

　　若理论总是远离对象——如果最后都不能回到对象本身，甚至不能解
释对象，这种理论只是一种书斋的奢侈而已。① 因此，利用理论支持田野
调查，田野调查结果升华为理论，新理论再次回归田野调查。在佐证——
的中心观点——天津皇会稳态性时，研读地方文献、口述资料、民间文
书、当代作家文学作品，收集时下最具影响力及代表性的会议发言及流行
观点，利用包括会规仪式、代谱、唱词唱腔、碑刻、信件、传说、老照
片、账本在内的部分资料，从前人的专著与论文中广泛汲取营养是必然方
式。同时，将文献解读与实地调查结合的方式进行编撰，走入历史现场、
与耄耋老人对话、与知情者讨论，在连接过去与当下的文化空间中，切身
感受妈祖的文化渗透、皇会的风俗仪式、参与者的生活风情都是十分必要
的。在人类学调研中，对当事人进行回访，同传承人与皇会的知情人建立
良好的沟通，培养情感，融入其生存环境，对于获取隐藏与其内心真实情

---

　　① 冯骥才. 灵魂不能下跪 [M].银川：宁夏出版社，2007：142.

感有着重大的意义。毋庸讳言，更接近于民间，就更加容易获得第一手资料，纵然是在被正统文化、精英文化不断再创与重构的过程中，百姓参与皇会活动中所反映出来的空间观念及地域认同意识才是其真实的价值与意义所在。毕竟，民众的民间，才是真实的民间。

纵然，这只是一篇有诸多不足的拙作，但若不是有如此多人提供帮助，仅凭一己之力实难成文。在这里，首先要向导师冯骥才先生表达最为诚挚的谢意，从最初选题到完稿，先生都予以悉心地指导与点拨。另外，书稿得以顺利完成还与相关各部门的支持与帮助有很大关系，如南开区文化旅游局尚洁局长、天后宫内的诸多工作人员等。最后，最需感谢的当属老会会员们，在无数次的采访中，他们毫无保留地将自己的所知、所闻、所感进行讲述，有的坐几个小时的长途客车来到采访地点，有的打破自己的作息规律配合采访，有的怕吸烟影响录像效果而坚持几个小时不吸烟。他们所在乎的不是名利，在他们心中，皇会是"国宝"、是命、是根，是老祖辈传下来的"传家宝"。面对皇会的生存现状，他们扼腕叹息，但却无可奈何，他们只是想为皇会发出呐喊和呼声，让更多的人重视他们的宝。感谢在田野和书斋中所遇到的每一个为我指引过的朋友，真诚地感谢你们的帮助。

约翰·洛克说，感恩是精神上的一种宝藏。

蒲　娇

2015 年 7 月